大学生入学指南

主　编：杨丹青
副主编：张建云　陈爱军　周志强
　　　　黄惠媛　易　凡　曾荣华

北京理工大学出版社
BEIJING INSTITUTE OF TECHNOLOGY PRESS

版权专有　侵权必究

图书在版编目（CIP）数据

大学生入学指南 / 杨丹青主编. —北京：北京理工大学出版社，2018.9（2022.7 重印）
ISBN 978-7-5682-6320-7

Ⅰ. ①大… Ⅱ. ①杨… Ⅲ. ①大学生-入学教育-高等职业教育-教材 Ⅳ. ①G645.5

中国版本图书馆 CIP 数据核字（2018）第 210361 号

出版发行 / 北京理工大学出版社有限责任公司	
社　　址 / 北京市海淀区中关村南大街 5 号	
邮　　编 / 100081	
电　　话 /（010）68914775（总编室）	
（010）82562903（教材售后服务热线）	
（010）68944723（其他图书服务热线）	
网　　址 / http：// www. bitpress. com. cn	
经　　销 / 全国各地新华书店	
印　　刷 / 三河市天利华印刷装订有限公司	
开　　本 / 787 毫米 × 1092 毫米　1/16	
印　　张 / 13	责任编辑 / 李慧智
字　　数 / 295 千字	文案编辑 / 李慧智
版　　次 / 2018 年 9 月第 1 版　2022 年 7 月第 5 次印刷	责任校对 / 杜　枝
定　　价 / 36.00 元	责任印制 / 施胜娟

图书出现印装质量问题，请拨打售后服务热线，本社负责调换

弘扬社会主义核心价值观

富强　民主　文明　和谐
自由　平等　公正　法治
爱国　敬业　诚信　友善

江西应用工程职业学院校训

励志　　　崇德

尚学　　　敦行

前　言

亲爱的新同学，欢迎你们来到江西应用工程职业学院。

从高中到大学是人生道路上一个重要的转折点，你们将从这个新的起点开始，继续你们对知识和技能的求索，继续你们对人生真谛的探寻。

哲学昭示我们，世间万物皆运动，运动与变化乃是绝对的。变化是指量变和质变，而发展是指上升、前进的运动与变化。

从孑孓孤草到绿茵成片，从小小树苗到参天大树；从一砖一瓦到高楼大厦，从屋舍散居到鳞次栉比；从懵懂无知到知书达理，从博览群书到德技双馨……这些运动与变化都是前进的、上升的，因而是发展；反之，逆潮流而动，则不是发展，而是倒退。

天高任鸟飞，海阔凭鱼跃。三年之后，你们将从这里起飞，而你飞跃的高度，取决于这三年时间里你所发生的变化。

你们的大学时光，就是用来发展自己的。机会抓住了，你们将增长知识，掌握技能，学会做人，接轨社会。

作为老师，希望你们通过在大学里的发展，将来走出校园、走向社会的时候，能够具备一技之长，常怀感恩之心，懂得关爱家人，立志回报社会。

那么，在大学里如何更好地发展自己呢？

作为指南，本书将告诉你们：如何适应大学生活，如何学好理论课，怎么上好实践课，怎样掌握实践技能，如何与同学相处，如何培养业余爱好，怎样投入丰富多彩的校园文化生活中去，如何践行社会主义核心价值观，如何为将来的职业生涯做好充分准备，等等。同时，为培养同学们的法治意识，本书还将大学生必须了解的政策法规和学院规章制度作为附录，供同学们学习。

本书不直接阐述学业知识，也不直接传授实践技能，编者只是想让你们掌握在大学里发展自己、提升自己的方法。古人云，授人以鱼不如授人以渔。故此，本书乃"渔"也。

然而，囿于水平，加之时间仓促，本书错漏及不足之处在所难免，恳请广大师生批评指正。

编　者
2018 年 7 月

大　学

　　大学之道，在明明德，在亲民，在止于至善。知止而后有定，定而后能静，静而后能安，安而后能虑，虑而后能得。物有本末，事有终始，知所先后，则近道矣。

　　古之欲明明德于天下者，先治其国；欲治其国者，先齐其家；欲齐其家者，先修其身；欲修其身者，先正其心；欲正其心者，先诚其意；欲诚其意者，先致其知；致知在格物。物格而后知至，知至而后意诚，意诚而后心正，心正而后身修，身修而后家齐，家齐而后国治，国治而后天下平。自天子以至于庶人，壹是皆以修身为本。其本乱而末治者，否矣。其所厚者薄，而其所薄者厚，未之有也！此谓知本，此谓知之至也。

　　所谓诚其意者：毋自欺也，如恶恶臭，如好好色，此之谓自谦，故君子必慎其独也！小人闲居为不善，无所不至，见君子而后厌然，揜其不善，而著其善。人之视己，如见其肺肝然，则何益矣？此谓诚于中，形于外，故君子必慎其独也。曾子曰："十目所视，十手所指，其严乎！"富润屋，德润身，心广体胖。故君子必诚其意。

　　《诗》云："瞻彼淇奥，菉竹猗猗。有匪君子，如切如磋，如琢如磨。瑟兮僩兮，赫兮喧兮。有匪君子，终不可谖兮！"如切如磋者，道学也；如琢如磨者，自修也；瑟兮僩兮者，恂栗也；赫兮喧兮者，威仪也；有匪君子，终不可谖兮者，道盛德至善，民之不能忘也。《诗》云："于戏前王不忘！"君子贤其贤而亲其亲，小人乐其乐而利其利，此以没世不忘也。

　　《康诰》曰："克明德。"《大甲》曰："顾諟天之明命。"《帝典》曰："克明峻德。"皆自明也。汤之《盘铭》曰："苟日新，日日新，又日新。"《康诰》曰："作新民。"《诗》曰："周虽旧邦，其命维新。"是故君子无所不用其极。

　　《诗》云："邦畿千里，惟民所止。"《诗》云："缗蛮黄鸟，止于丘隅。"子曰："于止，知其所止，可以人而不如鸟乎！"《诗》云："穆穆文王，于缉熙敬止！"为人君，止于仁；为人臣，止于敬；为人子，止于孝；为人父，止于慈；与国人交，止于信。

　　子曰："听讼，吾犹人也，必也使无讼乎！"无情者不得尽其辞，大畏民志，此谓知本。

　　所谓修身在正其心者：身有所忿懥，则不得其正；有所恐惧，则不得其正；有所好乐，则不得其正；有所忧患，则不得其正。心不在焉，视而不见，听而不闻，食而不知其味。此谓修身在正其心。

　　所谓齐其家在修其身者：人之其所亲爱而辟焉，之其所贱恶而辟焉，之其所畏敬而辟焉，之其所哀矜而辟焉，之其所敖惰而辟焉。故好而知其恶，恶而知其美者，天下鲜矣！故谚有之曰："人莫知其子之恶，莫知其苗之硕。"此谓身不修不可以齐其家。

　　所谓治国必先齐其家者：其家不可教而能教人者，无之。故君子不出家而成教于国。孝者，所以事君也；弟者，所以事长也；慈者，所以使众也。《康诰》曰："如保赤子。"心诚求之，虽不中，不远矣。未有学养子而后嫁者也！一家仁，一国兴仁；一家让，一国兴让；

一人贪戾，一国作乱；其机如此。此谓一言偾事，一人定国。尧舜帅天下以仁，而民从之；桀纣帅天下以暴，而民从之；其所令反其所好，而民不从。是故君子有诸己，而后求诸人；无诸己，而后非诸人。所藏乎身不恕，而能喻诸人者，未之有也。故治国在齐其家。

《诗》云："桃之夭夭，其叶蓁蓁；之子于归，宜其家人。"宜其家人，而后可以教国人。《诗》云："宜兄宜弟。"宜兄宜弟，而后以教国人。《诗》云："其仪不忒，正是四国。"其为父子兄弟足法，而后民法之也。此谓治国在齐其家。

所谓平天下在治其国者：上老老而民兴孝，上长长而民兴弟，上恤孤而民不倍，是以君子有絜矩之道也。所恶于上，毋以使下；所恶于下，毋以事上；所恶于前，毋以先后；所恶于后，毋以从前；所恶于右，毋以交于左；所恶于左，毋以交于右。此之谓絜矩之道。

《诗》云："乐只君子，民之父母。"民之所好好之，民之所恶恶之，此之谓民之父母。《诗》云："节彼南山，维石岩岩，赫赫师尹，民具尔瞻。"有国者不可以不慎，辟，则为天下僇矣。

《诗》云："殷之未丧师，克配上帝；仪监于殷，峻命不易。"道得众则得国，失众则失国，是故君子先慎乎德。有德此有人，有人此有土，有土此有财，有财此有用。德者本也，财者末也。外本内末，争民施夺。是故财聚则民散，财散则民聚。是故言悖而出者，亦悖而入；货悖而入者，亦悖而出。《康诰》曰："惟命不于常！"道善则得之，不善则失之矣。《楚书》曰："楚国无以为宝，惟善以为宝。"舅犯曰："亡人无以为宝，仁亲以为宝。"

《秦誓》曰："若有一介臣，断断兮，无他技，其心休休焉，其如有容焉。人之有技，若己有之；人之彦圣，其心好之，不啻若自其口出。寔能容之，以能保我子孙黎民，尚亦有利哉。人之有技，媢疾以恶之，人之彦圣，而违之俾不通。寔不能容，以不能保我子孙黎民，亦曰殆哉。"唯仁人放流之，迸诸四夷，不与同中国。此谓唯仁人为能爱人，能恶人。见贤而不能举，举而不能先，命也；见不善而不能退，退而不能远，过也。好人之所恶，恶人之所好，是谓拂人之性，菑必逮夫身。是故君子有大道，必忠信以得之，骄泰以失之。

生财有大道，生之者众，食之者寡，为之者疾，用之者舒，则财恒足矣。仁者以财发身，不仁者以身发财。未有上好仁而下不好义者也，未有好义其事不终者也，未有府库财非其财者也。孟献子曰："畜马乘不察于鸡豚，伐冰之家不畜牛羊，百乘之家不畜聚敛之臣。与其有聚敛之臣，宁有盗臣。"此谓国不以利为利，以义为利也。长国家而务财用者，必自小人矣。彼为善之，小人之使为国家，菑害并至。虽有善者，亦无如之何矣！此谓国不以利为利，以义为利也。

《大学》译文

大学的宗旨在于弘扬光明正大的品德，在于使人弃旧图新，在于使人达到最完善的境界。知道应达到的境界才能够志向坚定；志向坚定才能够镇静不躁；内心宁静，遇事即可坦然自安；遇事安和，就能够思虑详审；思虑周详就能够有所收获。天下万物都有本有末，世间万事皆有始有终。知道什么该先做，什么该后做，那么，就接近事物发展的规律了。

古代那些要想在天下弘扬光明正大品德的人，先要治理好自己的国家；要想治理好自己的国家，先要管理好自己的家庭和家族；要想管理好自己的家庭和家族，先要修养自身的品性；要想修养自身的品性，先要端正自己的心灵；要想端正自己的心灵，先要使自己的意念真诚；要想使自己的意念真诚，先要使自己获得知识；获得知识的途径在于认识、研究万事万物；通过对万事万物的认识、研究后才能获得知识；获得知识后意念才能真诚；意念真诚后心思才能端正；心思端正后才能修养品性；品性修养后才能管理好家庭和家族；管理好家庭和家族后才能治理好国家；治理好国家后天下才能太平。上自国家元首，下至平民百姓，人人都要以修养品性为根本。若这个根本被扰乱了，家庭、家族、国家、天下要治理好是不可能的。不分轻重缓急、本末倒置却想做好事情，这也同样是不可能的！

使意念真诚的意思是说，不要自己欺骗自己。要像厌恶腐臭的气味一样，要像喜爱美丽的容貌一样，一切都发自内心。所以，品德高尚的人哪怕是在一个人独处的时候，也一定要谨慎。品德低下的人在私下里无恶不作，一见到品德高尚的人便躲躲闪闪，掩盖自己所做的坏事而自吹自擂。殊不知，别人看你自己，就像能看见你的心肺肝脏一样清楚，掩盖有什么用呢？这就叫作内心深处藏着恶念，总是会在外表上暴露痕迹。所以，品德高尚的人哪怕是在一个人独处的时候，也一定要谨慎。曾子说："十只眼睛看着，十只手指着，这难道不令人畏惧吗？！"富足使屋子焕发光彩，美德则能使人格高尚。心中毫不惭愧，那么，内心就会宽广自若，外貌也必定是舒泰坦然。所以，君子必定要使自己的意念诚实。

《诗经》说："看那淇水弯弯的岸边，嫩绿的竹子郁郁葱葱。有一位文质彬彬的君子，研究学问如加工骨器，不断切磋；修炼自己如打磨美玉，反复琢磨。他态度庄重，模样威武，光明磊落，襟怀坦荡。这个文采风流的君子，让人始终难以忘怀。"说他"如切如磋"，讲的是如何学习未知；说他"如琢如磨"，是指怎样自我修养；说他"瑟兮僩兮"，就是要做到心存惧怯，不敢有丝毫懈怠。所谓"赫兮咺兮"，就是要树立威仪，为民作则。说"有匪君子，终不可谖兮者"，是指由于他品德非常高尚，达到了最完善的境界，所以使人难以忘怀。《诗经》说："呵，文王、武王的功德永志不忘！"这是因为君主和贵族们能够以前代的君王为榜样，尊重贤人，亲近亲族，一般平民百姓也蒙受恩泽，享受安乐，获得利益。所以，虽然前代君王已经去世，但人们还是永远不会忘记他们。

《康诰》说："能够弘扬光明的品德。"《大甲》说："念念不忘这上天赋予的光明禀性。"《帝典》说："能够弘扬崇高的品德。"这些都是说要自己弘扬光明正大的品德。商汤王刻在洗澡盆上的箴言说："假如能一日自新，就要始终如一，永远保持，做到每天新，天天新。"《康诰》说："激励人弃旧图新。"《诗经》说："周虽然是一个古老的邦国，但终能自我更新秉承天命。"所以，君子总是时时处处为达到至善至美的境界而不懈努力。

《诗经》说："京城及其周围，都是老百姓向往的地方。"《诗经》又说："叽叽喳喳叫的黄鸟，栖息在平静的山隅。"孔子解释说："重要的是进退居处，（黄鸟）都知道它该栖息何处，难道人在这方面反而不如黄鸟吗？"《诗经》中还说："端庄恭敬的周文王，他正大光明举措谨慎。"作为君主，言行要归于仁义；作为臣子，言行要归于恭敬；作为儿子，言行要符合孝道；做父亲的，言行要体现慈爱；与人们交往，就要做到坚守信义。

孔子说："听诉讼审理案子，我也和别人一样，目的在于使诉讼不再发生。"使隐瞒真实情况的人不敢花言巧语，使人心畏服，这就叫作抓住了根本。

之所以说修养自身的品性要先端正自己的心灵，这是因为，身有所愤懑，乃由于心不端正；有所恐惧，乃由于内心不曾端正；沉溺于感官的享受，乃是内心不曾端正的缘故；为忧患所困扰，也是由于内心不曾端正的缘故。心不端正就像心不在自己身上一样；虽然在看，但却像没有看见一样；虽然在听，但却像没有听见一样；虽然在吃东西，但却一点也不知道是什么滋味。所以说，要修养自身的品性必须要先端正自己的心灵。

所谓管理家族的关键在于修养自身的缘由是：人们对于他们亲近相爱的人多有偏爱，对于他们畏怯敬重的人多有偏颇，对于他们哀矜怜悯的人多所偏私，对于他们所认为的骄傲懒惰之人多持偏见。所以，在喜爱某个人的同时，能知道他的不足；在厌恶某个人的同时，能够了解他的长处，这种情况普天之下实在少见！所以有句谚语这么说："人们都不知道自己子女的欠缺，也不会满足于自己庄稼的丰收。"这就是不修养自身就不能管理好家族和家庭的道理。

之所以说治理国家必须先管理好自己的家庭和家族，是因为不能管教好家人而能管教好别人的人，是没有的。所以，君子不必越出自己的家族，就可以推广教化于全国；对父母的孝顺可以用于侍奉君主；对兄长的恭敬可以用于侍奉官长；对子女的慈爱可以用于统治民众。《康诰》说："如同爱护婴儿一样。"内心真诚地去追求，即使达不到目标，也不会相差太远。要知道，没有先学会了养孩子再去出嫁的人啊！一家仁爱，一国也会兴起仁爱；一家礼让，一国也会兴起礼让；一人贪婪暴戾，一国就会犯上作乱。其联系就是这样紧密，这就叫作：一句话就会坏事，一个人就能安定国家。尧舜用仁爱统治天下，老百姓就跟随着仁爱；桀纣用凶暴统治天下，老百姓就跟随着凶暴。统治者的命令与自己的实际做法相反，老百姓是不会服从的。所以，品德高尚的人，总是自己先做到，然后才要求别人做到；自己先不这样做，然后才要求别人不这样做。不采取这样推己及人的恕道而想让别人按自己的意思去做，那是不可能的。所以，要治理国家必须先管理好自己的家庭和家族。

《诗经》说："茂盛桃树嫩枝摇曳，叶儿浓密富有光华，这位姑娘要出嫁，她会使夫家和顺吉祥。"举家和顺吉祥，然后才能够教化国内民众。《诗经》说："兄弟和睦。"兄弟和睦了，然后才能够让一国的人都和睦。《诗经》说："容貌举止庄重严肃，成为四方国家的表率。"只有当一个人无论是作为父亲、儿子，还是兄长、弟弟时都值得人效法时，老百姓才会去效法他。这就是要治理国家必须先管理好家庭和家族的道理。

之所以说平定天下要治理好自己的国家，是因为，在上位的人尊敬老人，老百姓就会孝顺自己的父母；在上位的人尊重长辈，老百姓就会尊重自己的兄长；在上位的人体恤救济孤儿，老百姓也会同样跟着去做。所以，品德高尚的人总是实行以身作则、推己及人的"絜矩之道"。如果厌恶上司对你的某种行为，就不要用这种行为去对待你的下属；如果厌恶下属对你的某种行为，就不要用这种行为去对待你的上司；如果厌恶在你前面的人对你的某种行为，就不要用这种行为去对待在你后面的人；如果厌恶在你后面的人对你的某种行为，就不要用这种行为去对待在你前面的人；如果厌恶在你右边的人对你的某种行为，就不要用这种行为去对待在你左边的人；如果厌恶在你左边的人对你的某种行为，就不要用这种行为去对待在你右边的人。这就叫作"絜矩之道"。

《诗经》说："使人心悦诚服的国君啊，是老百姓的父母。"老百姓喜欢的他也喜欢，老百姓厌恶的他也厌恶，这样的国君就可以说是老百姓的父母了。《诗经》说："那高峻巍峨的终南山，崖石层层高高耸立。名气赫赫的太师尹氏，百姓都仰望你。"统治国家的人不可不谨慎。倘若肆意妄为，就会身弑国灭。《诗经》说："殷商尚未丧失政权之时，能够顺应天命享有统治。应当以殷商兴亡为鉴戒，认识到国家存亡大命永保之不易。"这些说的是统治都获得民众拥护就能取得政权，失掉民心就会丧失政权。

因此，君子首先要慎修德性，有了美德这就拥有了民众，拥有民众这就拥有了土地，有了土地这就有了财富，有了财富这就可以支付各种用途。美德是本，财富是末。假如把根本当成了外在的东西，却把枝末当成了内在的根本，那就会和老百姓争夺利益。所以，君王聚财敛货，民心就会失散；君王散财于民，民心就会聚在一起。这正如你说话不讲道理，人家也会用不讲道理的话来回答你；财货来路不明不白，总有一天也会不明不白地失去。

《康诰》说："上天赋予的大命不是一成不变的。"这就是说，不行善便会失去天命。《楚书》说："楚国没有什么是宝，只是把善当作宝。"晋文公的舅父犯说："流亡在外的人没有什么是宝，只是把仁爱当作宝。"

《秦誓》说："如果有这样一位大臣，忠诚老实，虽然没有什么特别的本领，但他心胸宽广，有容人的肚量，别人有本领，就如同他自己有一样；别人德才兼备，他心悦诚服，不只是在口头上表示，而是打心底里赞赏。用这种人，是可以保护我的子孙和百姓的，是可以为他们造福的啊！相反，如果别人有本领，他就妒忌、厌恶；别人德才兼备，他便想方设法压制、排挤，无论如何容忍不得。用这种人，不仅不能保护我的子孙和百姓，而且可以说是危险得很！"因此，有仁德的人会把这种容不得人的人流放，把他们驱逐到边远的四夷之地去，不让他们同住在国中。这说明，有德的人爱憎分明，发现贤才而不能选拔，选拔了而不能重用，这是轻慢；发现恶人而不能罢免，罢免了而不能把他驱逐得远远的，这是过错。喜欢众人所厌恶的，厌恶众人所喜欢的，这是违背人的本性，灾难必定要落到自己身上。所以，做国君的人有正确的途径：忠诚信义，便会收获一切；骄奢放纵，便会失去一切。

生产财富也有正确的途径，生产财富的人众多，享受财富的人寡少，创造财富的人积极努力，动用财富的人舒缓有节，那么，财富就能够时常充足了。仁义之人通过财富来争取民众，不仁不义之辈则依靠丧失民心的做法来增殖财富。没有上面统治者乐仁好义而下边民众不喜欢道义的事情，没有爱好道义而事业不获成功的事情，这样就不会有自己府库中的财产为他人所劫夺的忧患了。孟献子说："养了四匹马拉车的士大夫之家，就不需再去养鸡养猪；祭祀用冰的卿大夫家，就不要去养牛养羊；拥有一百辆兵车的诸侯之家，就不要去收养搜刮民财的家臣。与其有搜刮民财的家臣，不如有偷盗东西的家臣。"这意思是说，一个国家不应该以财货为利益，而应该以仁义为利益。做了国君却还一心想着聚敛财货，这必然是有小人在诱导，而那国君还以为这些小人是好人，让他们去处理国家大事，结果是天灾人祸一齐降临。这时虽有贤能的人，却也没有办法挽救了。所以，一个国家不应该以财货为利益，而应该为仁义为利益。

目 录

第一部分　学院概况篇

第一章　高等职业院校概述 …………………………………………………… (1)
第二章　学院基本情况 …………………………………………………………… (5)
第三章　学院专业介绍 …………………………………………………………… (7)

第二部分　大学生活篇

第一章　适应大学新环境 ……………………………………………………… (13)
　　第一节　解读大学生活 …………………………………………………… (13)
　　第二节　习惯决定成败 …………………………………………………… (14)
　　第三节　成功源于追求 …………………………………………………… (17)
第二章　我的学习 ……………………………………………………………… (21)
　　第一节　新生入学问答 …………………………………………………… (21)
　　第二节　大学生怎样学好实践课 ………………………………………… (35)
第三章　我的校园文化生活 …………………………………………………… (41)
　　第一节　学院学生组织机构 ……………………………………………… (42)
　　第二节　社团和协会 ……………………………………………………… (46)
　　第三节　青年志愿者协会 ………………………………………………… (49)
　　第四节　心理健康教育 …………………………………………………… (52)
第四章　国防与安全教育 ……………………………………………………… (55)
　　第一节　大学生征兵入伍政策 …………………………………………… (55)
　　第二节　新生军训 ………………………………………………………… (59)
　　第三节　安全教育 ………………………………………………………… (64)
第五章　消费与网络 …………………………………………………………… (74)
　　第一节　大学生消费观 …………………………………………………… (74)
　　第二节　大学生与网络 …………………………………………………… (78)
第六章　大学生人际交往 ……………………………………………………… (82)
　　第一节　大学生人际交往的含义与意义 ………………………………… (82)
　　第二节　人际交往技巧 …………………………………………………… (83)
　　第三节　大学生人际交往的特点 ………………………………………… (86)

第四节	人际交往礼仪	(86)
第七章	**职业生涯规划与就业创业指南**	**(88)**
第一节	从三句话说起	(88)
第二节	职业生涯规划的重要意义	(89)
第三节	规划建议	(90)
第四节	过来人之言——从学生到职业人	(93)
第五节	关于创业那些事	(96)
第六节	学院职业生涯规划相关工作	(105)
第七节	我院创新创业教育工作简介	(107)

第三部分 政策法规篇

Ⅰ	**教育行政法规**	**(111)**
第一项	普通高等学院学生管理规定	(111)
第二项	高等学院学生行为准则	(120)
第三项	普通高等学校辅导员队伍建设规定	(121)
第四项	江西省学校学生人身伤害事故预防与处理条例	(124)
Ⅱ	**学院学生管理有关规定**	**(136)**
第一项	学院考勤与纪律管理规定	(136)
第二项	学院学生处分管理规定	(137)
第三项	学院学生申诉处理办法	(142)
第四项	学院学生日常管理办法	(145)
第五项	学院劳动课管理暂行办法	(148)
第六项	学院学生宿舍管理规定	(149)
第七项	学院各类先进奖励及评比实施细则	(149)
第八项	勤工助学管理规定	(152)
第九项	学生学籍管理规定	(155)
第十项	毕业生档案管理办法	(160)
Ⅲ	**资助政策和制度**	**(163)**
第一项	普通本科高校、高等职业学院国家奖学金管理暂行办法	(163)
第二项	普通本科高校、高等职业学院国家励志奖学金管理暂行办法	(164)
第三项	普通本科高校、高等职业学院国家助学金管理暂行办法	(167)
第四项	中等职业学院免学费补助资金管理办法	(169)
第五项	江西省中等职业学院免学费补助资金管理实施细则	(170)
第六项	中等职业学院国家助学金管理办法	(175)
第七项	江西省中等职业学院国家助学金管理实施细则	(176)
第八项	学院国家奖学金、励志奖学金、国家助学金评审办法	(181)
第九项	困难学生资助和学杂费减免办法	(184)
第十项	生源地信用助学贷款政策宣传纲要	(185)

第一部分　学院概况篇

第一章　高等职业院校概述

能够进入大学学习的同学无疑都是高考中的佼佼者，那么进入大学是否依然是成功者呢？迈入大学就"万事大吉"了吗？答案是否定的，因为大学不是"保险箱"。

（1）大学新生要了解大学、正确认识大学的基本情况，才能迅速融入大学生活。

（2）要正确看待家长和高中老师的教育引导，用心体会大学生活与高中生活的不同。

（3）大学生新生不能太看重高考成绩，要从高考中迅速走出来。统计表明，高考成绩与学生在大学中的学习成绩的相关性不大。

（4）大学新生需要重新审视自己，做一个有明确自我的人。只有在自我认识、社会适应、社会责任等方面不断获得经验，在思想和行为上摆脱对外界的依赖，才能开拓属于自己的未来。

第一节　国内外职业院校分类

一、职业院校概述

（一）人们对职业教育的认识误区

首先，是家长方面。多数没有让孩子接受职业教育的家长对职业教育表示抗拒，多数已经让孩子接受了职业教育的家长也是无奈。

其次，是学生方面。大多数人认为选择职业教育是无奈之举，在有选择的情况下，他们都更倾向于接受从高中到大学的普教之路，他们认为职业教育是蓝领的代名词，是社会劳动力结构的最底层。

（二）职业教育亟待解决的几大问题

（1）职业教育的质量有待提高。

（2）职业教育的办校体制灵活性还需提高。

（3）不仅要保障职业教育的资金投入，更要加大投入监管。

（三）职业教育的前景

国家不断出台相关政策，加快发展现代职业教育。2014年6月出台的《现代职业教育体系建设规划（2014—2020年）》指出，国家将大力发展职业教育体系，总体保持中等职业学校和普通高中招生规模大体相当，高等职业教育规模占高等教育的一半以上，总体教育结构更加合理。

二、国内外高等职业院校分类

（一）国内高等职业院校分类

高专和高职同属大专。大专，大学专科的简称。

我国高等教育大学生教育阶段分为两种形式：大学本科（简称大本、本科、大学）和大学专科（简称大专、专科）。两者区别主要有两点：①学制，大学本科4~5年，大学专科2~3年。②学位，大学本科可申请学士学位，大学专科没有学位。

大专教育主要有两种实现形式：高等专科学校（简称"高专"）和高等职业技术学校、职业技术学院、职业学院（简称"高职"）。两者只是侧重不同，无本质差别，前者重能力（如师范高等专科学校），后者重技术（如工业职业技术学院）。

高职，高等职业学校的简称，是经国家教育部批准设立，以大学专科教育为主的普通高等院校。专科教育主要有两种形式：高职（高等职业学校）、高专（高等专科学校）。

（二）国外高等职业院校分类

国外大学学科一般分为两个大类：一类是基础学科，包括自然科学（数、理、化、生）、社会科学（经、政、社、心）和人文学科（文、史、哲）；另一类是实用学科，包括工学、农学、法学、医学、管理学、艺术学、教育学、体育学等。

三、国内外大学学科分类与学院设置的共同点和不同点

国内外大学学科分类与学院设置的共同点是，院系普遍按照学科专业设置。其不同点主要包括：

（1）学科划分依据有不同。

（2）学院设置层次有不同。

（3）学院数量有不同。

第二节　高等职业院校的特点、性质

一、高等职业院校的特点

高等职业教育是我国高等教育的一个新的类型。高等职业教育的产生，加速了我国高等教育的发展，为我国整个民族素质的提高和综合国力的发展起到了巨大的推动作用。

（1）培养目标的职业定向性。

（2）教育教学的实践性。

（3）师资队伍的"双师型"。

（4）办学形式的开放性。

（5）毕业生的"双证型"。

（6）专业设置的灵活性。

（7）服务面向的区域性。

（8）课程建设的务实性。

二、高等职业院校的性质

高职院校的性质定位：开展应用高级技能教育的高等院校。基于高职院校性质首先定位于高等院校，因此要把握好以下几方面：

第一，高职院校的教育不能简单等同于就业教育。

第二，高职院校与社会的外部关系不是一种简单的依附和承接关系，可根据社会的需求培养专业的人才，但要有预见性，要用明天的科技培养今天的人才。

第三，高职院校的教育不是职业技术培训式的教育，不是简单的唯专业的零距离技术性教育，掌握与运用技能不是高职院校教学的唯一目的。

第四，高职院校必须加强科研工作，必须在应用性研究、科技创新、为社会服务与促进经济社会发展方面有所作为。

第五，职业性是高职院校的一般属性，不是本质属性，除了基础教育外的其他的学校教育都是职业人或准职业人的培养，学生的归宿总要进入具体某领域、某行业从事某项工作。

第三节 高职院校的功能及高职学生学历提升的途径

一、高职院校的功能

（1）传播知识。
（2）培养人才。
（3）科学研究。
（4）服务社会。

二、高职学生学历提升的途径

（一）专科衔接本科（专衔本）

1. 专衔本的培养目标

专衔本专业培养目标参照开设同样专业的一般普通高校或高等职业学院的培养目标来确定，课程考试标准与同层次同专业普通高等学校或高等职业学院的要求大致相当。

2. 专衔本的优势

（1）最省时。
（2）费用低。
（3）过关率高。

3. 专衔本的文凭及待遇

专衔本的文凭由国家教育部印制、自考委和主考本科院校共同签章，在中国教育网上电子注册，国家承认其学历，与普通高校本科文凭具有同等效力

（二）统招专科升入本科（专升本）

国家教育部政策法规司规定，普通高校统招专升本为国家统招计划普通全日制学历，本科为第一学历。专升本是全日制普通高等教育性质的本科，指在普通高等学校专科应届毕业

生中选择优秀学生升入普通高等学校本科层次进行两年制的深造学习，修完所需学分，毕业时授予普通高等教育本科学历证书，符合条件的颁发学位证书，并核发本科就业报到证。

(三) 自学考试本科（自考本科）

自考本科是我国基本高等教育制度之一，是我国现阶段高等教育的一个重要组成部分，是以学历考试为主的高等教育国家考试，是个人自学、社会助学、国家考试相结合的高等教育形式。自考文凭效力与个人的努力学习程度相关，成绩合格后由主考学校和高等教育自学考试委员会联合颁发大学毕业证书，国家承认学历，学信网可查，符合条件者由主考大学授予学士学位。

第二章　学院基本情况

　　江西应用工程职业学院系一所经省政府批准、国家教育部备案、具有高等学历教育资格的国有公办全日制普通高职学院,隶属江西省国有资产监督委员会。

　　学院坐落在工人运动的发祥地和秋收起义的策源地——江西萍乡,拥有近百年的办学历史。学院前身为安源路矿工人补习学校,创办于1922年1月,老一辈革命家李立三任第一任校长。中华人民共和国成立后,恢复了工人补习学校,大力开办煤矿职工教育、培训工作。学院数易校址,经过江西共产主义劳动大学萍乡分校、工人技校、"七二一"工人大学、萍乡煤矿职工大学的变迁,2003年,经省人民政府批准成立江西应用工程职业学院。

　　学院占地总面积410亩,有2 000多万元的教学科研仪器设备、52万册馆藏图书、1 800GB电子图书。面向全国各省(市、自治区)招生。设有建筑工程系、经济管理系、机电工程系、计算机信息工程系、思政基础部5个教学单位,拥有26个专业,80多个教学实践基地。现有专任教师179人,其中高级职称35人,中级职称101人,初级职称43人,有108名教师具有"双师"素质。

　　学院以"培养高素质、高技能人才"为办学宗旨,积极探索办学特色,形成了"以终身教育为目标、职业教育为主体、多种形式教育为补充"的办学格局,实现了"多层次、多渠道、多形式、全方位"的办学模式,走出了一条特色教育之路。

　　学院以工科为主、兼顾文理,现有教育部、人力资源和社会保障部等部委设立的全国信息技术应用培训教育工程基地、计算机信息技术考试站、大学英语等级考试中心、国家职业技能鉴定所、国家安全培训中心以及汽车驾驶员培训中心等多个基地,为广大学子取得各专业国家级技能等级证和从业资格打造了良好的平台,是就业、培训等方面皆具雄厚实力的院校。

　　求实创新、扬帆远航,在新时代的奋进中,江西应用工程职业学院承扬传统,开拓新天。学院将始终肩负培育国家金蓝领人才、服务社会发展进步的历史使命与社会责任,再谱现代职业教育大学继承与创新并进、光荣与理想融会的新篇章!

　　近年来,学院先后获得了"全国十佳职业院校""全国先进办学单位""全国就业先进院校""全国煤炭教育先进单位""全国职业教育百强(院)校"等一百余项荣誉。如图1-1、

图1-1　学院所获荣誉

图1-2所示。

图1-2 学院荣获全国职业教育百强院校

第三章 学院专业介绍

一、经济管理系

1. 会计（注册会计师方向）

培养掌握会计和审计的基本理论，具备熟练进行会计核算、公司理财、帮助企业报税和办理企业开办手续的能力；同时具备对企业内部审计和会计软件操作能力的高端技术技能型专门人才。

就业方向：行政事业单位、金融保险业、工业、商业等各行各业的会计、出纳、审计、统计等。

2. 电子商务（国际商务方向）专业

培养面向国际电子商务一线，适应经济建设需要，德、智、体、美全面发展，掌握国际商务知识，具备较强的电子商务实践应用能力，能运用电子商务技术开展国际商务活动的高端技术技能型人才。

就业方向：电子商务技术工作；电子商务网络开发与维护；电子商务客户管理；外贸进出口运输、保险、单证、结算、报关等相关工作。

3. 市场营销专业（营销策划与管理方向）

培养具有市场营销核心专业知识、较强的营销实践能力，同时掌握现代工商企业管理基本知识的高端技术技能型营销人才。

就业方向：各类工商企业的销售部、市场部、企划部、公关部。基本岗位有业务员、销售助理、市场助理、产品专员、品牌专员、市场调查专员、市场企划专员、客户服务专员、客户服务助理等。上升岗位有销售主管、销售经理、渠道分销主管、渠道分销经理、大区经理、市场部经理、产品经理、品牌经理、市场调查经理、市场企划经理、客户经理、公关经理、营销总监。

4. 工商管理

培养具有扎实科学文化知识和专业知识、较强专业实践能力，能够胜任党政机关、企事业单位文秘及其相关工作的具有较强"办文""办事""办会"等能力的高端技术技能型专门人才。

就业方向：从事党政机关、企事业单位文秘、文员工作，也可胜任（总）经理助理、行政主管、公关策划、新闻、宣传等方面的工作。

5. 物流管理

培养掌握现代物流管理理论、信息系统的手段、方法，具备物流管理、规划、设计等较强实务运作能力的高级现代物流管理人才。

就业方向：从事制造业和大型连锁经营企业的采购与供应管理、仓库管理、仓储设计、物流规划、运输与配送等工作。

6. 酒店管理

培养学生具有良好的语言应用和公关能力，掌握酒店管理基本经营、管理理论技能，适应市场经济发展需要的实用性高级酒店管理人才。掌握餐饮服务、餐厅服务和客户服务等三项基本服务技能，具有良好的礼仪修养和社交能力，具备涉外酒店管理人员的基本素质以及旅游业相关知识，能胜任旅游行政管理部门、旅游企事业单位管理的高等技术应用型人才。

就业方向：从事餐饮服务与管理、酒店人力资源管理等工作。

7. 导游

培养具有良好旅游学科基础知识和基本理论，受到旅游经营管理方面基本训练，熟练掌握旅游行业服务技能，具备旅游管理理念和管理潜质，能够从事导游讲解、旅行社业务、旅游产品营销、旅游企事业单位基层管理、现代饭店经营与管理工作的应用型与复合型人才。

就业方向：从事以旅游兴业相关的工作。

8. 营销与策划

培养掌握市场营销管理与策划理论，具有较强市场营销业务与策划实际能力，在工商企业、咨询公司等相关行业从事营销业务及策划工作的高级技术应用性专门人才。

就业方向：从事营销策划机构的市场研究、策划、推广工作、企业策划部、媒体公关、文化传媒公司栏目包装等工作。

二、建筑工程系

1. 煤矿开采技术（江西省特色专业）

培养掌握煤矿开采技术和通风等方面的理论知识，具备采煤、掘进、通风与安全等方面的实践能力，具有较强的创新能力，适应煤矿生产一线需要的高端技术技能型专门人才。图1-2-1为采矿系老师带领学生在煤矿实习。

图1-2-1　采矿系老师带领学生在煤矿实习

就业方向：从事煤矿采掘生产领域采煤技术员、掘进技术员、通风技术员等岗位工作以及政府煤矿管理部门安全教育、技术管理、安全监察、煤矿应急救援等工作。

2. 建筑施工技术（学院重点建设专业）

培养掌握建筑工程技术专业必备的基础理论知识，具有从事本专业相关领域工作的职业素质和职业能力，能在建筑生产、建设管理第一线，运用所学专业技术及管理知识，从事建筑施工现场技术与管理的高端技能技术型专门人才。

就业方向：主要面向建筑施工企业的施工员、质检员、安全员、材料员及预算员等岗位，从事土木工程施工、组织管理、工程监理、设计、基建管理等工作。

3. 工程造价专业

培养适应社会主义经济建设需要，具有较扎实的工程造价基础理论知识，熟悉工程建设法规，掌握拟定和管理工程合同、编制工程预结算、工程投标报价和撰写招投标文件等技能，能在建筑及相关行业从事工程造价相关工作的高端技术技能型专门人才。

就业方向：现场施工管理工作；施工放线测量工作；建筑工程及安装工程的施工图预算编制工作；房地产企业的经营与管理工作；工程项目招标与投标工作、可行性研究报告的编制工作；工程经济分析及工程造价咨询等相关工作。

4. 工程测量技术

培养掌握地理信息采集处理、表达与利用的基本原理、基本方法和基本技能，掌握工程测量理论和技术，善于工程组织与管理的高端技术技能型专门人才。

就业方向：从事国土开发、地图测绘、工程建设、矿山开采、地理信息系统建设等测绘测量岗位工作。图1-2-2为学生在测量实习。

图1-2-2 学生在测量实习

三、机电工程系

1. 机电一体化技术

培养掌握机械、电控、液压、传感技术和智能控制等专业技能，具备相应实践技能以及较强的实际工作能力，具备工业系统的模拟、编程、调试、操作及自动化生产系统维护与管理、生产管理、商业服务等能力的高端技能型专门人才。

图1-2-3为机电一体化技术专业学生在参加比赛。

就业方向：机电设备的安装、调试、维护、销售、技术管理工作；自动化生产线的运行操作、维护维修及技术改造工作；工业机器人设备的调试操作与维护维修；机电一体化产品的设计、生产、改造、技术支持工作等。

2. 矿山机电技术

培养掌握矿山机电专业必需的矿山通风、压气、排水、提升、采掘运、供电等方面的专业知识和技能，有较强的实践能力，适应矿山建设、生产、服务、管理第一线需要，能从事矿山机电设备的制造（改造）、安装、运行、维护与管理等方面工作的高端技术技能型专门人才。

图1-2-3 机电一体化技术专业学生在参加比赛

就业方向：矿山机械设备、电气设备和电气控制设备的操作运行、安装调试、维护检修工作；矿山机电设备的选型设计、制造、改造和营销工作；工矿企事业单位安全、检查、培训工作等。

3. 模具设计与制造专业

培养具有与本专业领域相适应的文化水平与素质、良好的职业道德和创新精神，掌握本专业的技术知识，具备相应实践技能以及较强的实际工作能力，能使用CAD/CAM软件工具，运用模具技术和相关工程技术，从事成形工艺与模具设计、模具制造工艺编制、现代模具制造设备操作和模具项目生产组织与管理工作的高端技术技能型专门人才。

就业方向：制件成型工艺编制工作；冷冲压与塑料模具设计工作；模具制造技术工作；模具企业生产、技术与设备管理工作等。

4. 汽车运用与维修技术（学院重点建设专业）

培养能够从事汽车技术服务、汽车生产服务、汽车销售服务、汽车运输服务等工作，适应经济社会发展第一线需要的高端技能型专门人才。

就业方向：汽车驾驶、运营及管理等技术工作；汽车检测与维护的技术工作；汽车销售、保险及导购等服务性工作；中等职业学校的汽车专业的教学工作；汽车的一般设计、制造理论及其生产组织管理工作等。

5. 数控技术专业

培养承担企业数控加工工艺设计与数控编程，具备较强的实践动手能力，并能从事数控设备操作、调试、维护与维修的高端技术技能型专门人才。图1-2-4为江西应用工程职业学院数控技术实训中心。

图1-2-4 江西应用工程职业学院数控技术实训中心

就业方向：企业数控加工工艺设计与数控编程工作；能从事数控设备操作、调试、维护与维修工作；职业技术培训中的实训指导工作；企事业机械部门的有关管理工作等。

6. 制冷与冷藏技术

培养从事制冷、冷藏系统和设备的生产、安装、调试、检修和管理的高级技术应用性专门人才。

就业方向：从事制冷设备维护管理与安装、中央空调设计与安装、小型冷库的设计与维修、家用制冷设备维修等工作。

四、计算机信息工程系专业介绍

1. 计算机网络技术（学院重点建设专业）

培养掌握计算机网络技术、物联网工程的基本理论和基本知识；具有较强的实践应用能力与知识创新能力，具有物联网核心网络管理与维护、网络系统设计与施工、网络设备配置与维护以及网站规划设计维护能力，能够从事智能交通、智能医疗、智能家居、智能物流、智能电力等行业的系统集成与物联网应用工作的高端技术技能型专门人才。

就业方向：物联网系统集成工程师、网络管理与维护工程师、物联网应用系统开发工程师、网站建设与维护工程师。

2. 软件技术（智能手机应用开发方向）

培养具备良好的身体与心理素质，掌握新一代网络环境下智能手机应用与 web 应用软件系统的开发、测试、维护、应用等相关技能，适应团队工作环境，能熟练使用主流软件开发技术进行规范的软件项目策划、设计、开发、测试、维护与应用的高端技术技能型人才。

就业方向：Android（安卓）手机软件测试工程师、Android（安卓）手机技术工程师、Android（安卓）手机软件开发工程师。

3. 动漫制作技术

培养面向动画制作、影视剪辑、广告制作、游戏制作、多媒体制作等企业的动画制作、特效制作、渲染合成、音频音效制作等技术岗位，培养具备良好的职业素养及团队精神，适应快速发展的计算机动画行业的高端技术技能型专门人才。

就业方向：动漫公司的动漫、游戏开发设计及制作等工作；游戏公司的三维角色和场景制作、手机游戏像素制作、游戏策划、运营等工作；传媒公司的从事与影视相关的特效、策划、包装、剪接、后期合成等相关的工作。图1-2-5为动漫制作技术专业学生在机房上课。

4. 数字媒体应用技术（视觉传达方向）

培养具有扎实的计算机基本理论，实践能力强，掌握计算机网络多媒体实用技术和手机多媒体开发技术，有较强的平面、网页设计能力，具备多媒体相关软件开发应用能力，能进行网页美工设计，独立完成平面设计任务，可以胜任 UI 设计，并且懂得网络营销方面知识的高端技术技能型专门人才。

就业方向：平面设计师、网页设计师、书籍装帧设计师、包装设计师、高级 UI 设计师（界面）、复合型 UI 设计师（3G）、视觉工程师、软媒设计师等。

5. 物联网应用技术

培养掌握计算机网络技术、物联网工程的基本理论和基本知识，具有较强的实践应用能力与知识创新能力，具有物联网核心网络管理与维护、网络系统设计与施工、网络设备配置

图1-2-5 动漫制作技术专业学生在机房上课

与维护以及网站规划设计维护能力,能够从事智能交通、智能医疗、智能家居、智能物流、智能电力等行业的系统集成与物联网应用工作的高素质技术技能型专门人才。

就业方向:从事物联网系统集成、网络管理与维护工程师、物联网产品运营、物联网技术支持等方面的工作。

五、思政基础部

1. 商务英语

培养面向涉外企事业单位,在国际商务第一线能从事涉外商务、涉外文秘等职业岗位群工作,具有商务环境下的英语语言应用能力,掌握国际商务的基本知识和业务操作技能的德、智、体、美全面发展的高端技术技能型专门人才。

就业方向:单证员、外贸业务员、跟单员、货代、国际贸易业务员、商务助理、商务秘书。

第二部分 大学生活篇

第一章 适应大学新环境

第一节 解读大学生活

挥手告别昨日荣誉，怀揣五彩斑斓的梦，学子们迈进了大学校园。人生的历程开始了崭新的一页，人生的理想将在这里启航，未来的成就将在这里奠基，大学美好的生活将在这里开始。面对崭新的学习、生活环境，同学们既充满好奇与兴奋，也会有些许不适与困惑。因此，尽快转换角色，适应大学生活，是同学们面临的首要问题。与中学生活相比，大学生活发生了显著的变化：

一、社会角色的变化

大学生与中学生担任的社会角色不同，在中学时，不少人是在校内或班内担任一定职务、受到老师喜爱和同学钦佩的学习尖子，而在人才荟萃的大学校园里，他们中的大多数可能成为不担任任何职务的普通学生。大学新生须适应这种由受人瞩目到默默无闻的转变。中学生的心理和思想正在发展中，职业方向和社会角色还不确定；而大学生的职业方向基本确定，社会地位有了较大提高，社会对大学生的期望和要求比中学生高得多。因此，大学新生要实现从中学生到大学生这种社会角色的变化，处处用大学生的标准严格要求自己，既学会做人，又学会做事。

二、奋斗目标的变化

大一新生上了大学，原来的目标实现了，但新的目标却是模糊的。有的学生说，我们读高中像在黑夜里摸索，上大学是激励我们前进的一盏明灯。考上大学了，天亮了，前进的目标没有了，就会感到彷徨。新生进入大学，学习与竞争进入了新的阶段，开始新的起点。上大学，这只是向新的高度攀登的开始，征途漫漫，任重道远。

大学是人生成才、成就事业的一个新起点。古人云，"有志者事竟成"，"学必先立志"。大学生应从高考的满足或失落中清醒过来，根据大学教育目标的要求和自己的实际，制订出个人学习计划，明确新的奋斗目标和行动方略，增强进取的内动力，为创造成功人生打下良好的基础。

三、生活环境的变化

进入大学以后，同学们离开父母独立生活，许多同学还远离家乡，衣食住行等日常生活都要自己安排。自主、自立、自律是大学生活的主旋律。大学生应适应这种生活方式的变化，自主而合理地处理好个人的学习和生活问题，注意培养自己独立生活的能力，要自觉遵守学校的规章制度和作息时间，养成良好的生活习惯；要积极参加学校、班级组织的文体活动和第二课堂活动；还要学会理财，家中寄来的钱要计划开支，不要月头松，月尾空，要优先把基本生活费打入校园卡，这是生活、学习的基本保证。

同学们来自五湖四海，兴趣爱好、生活习惯可能存在差异，主动地加强沟通和交流，互相理解和关心成为一种需要。自理能力强的同学会很快适应，应对自如；自理能力弱的同学，则可能计划失当，顾此失彼。因此，同学们要尽快适应新的环境，既要学会集体生活，又要学会独立处理学习生活中遇到的各种实际问题。

大学生与中学生的来源不同。中学生大多在家乡就读，同学间充满乡音乡情；而大学生来自全国各地，其语言、个性、生活习惯有较大差异。这就要求交往方式要有所转变。首先，要做到相互了解，相互适应，要提倡主动交往。其次，同学间要相互尊重，相互关心，为人要诚恳热情，待人宽，律己严，大事讲原则，小事讲风格。最后，与同学交往要坚持与人为善；要搞"五湖四海"，全方位交往，而不要有老乡观念，搞宗派、拉帮结伙等庸俗作风，注意人际关系的和谐性。

四、课外生活的变化

在中学阶段，同学们除了在上体育课的时候打打球，自娱自乐一下，基本就没有什么课外活动，除了吃饭、睡觉，基本上就是在读书学习了。进入大学之后，这一切都发生了实质的变化。党组织、团组织、学生会、班委会等组织的活动增多；由志趣、爱好相同的同学自愿组织起来的各种学生社团的活动丰富多彩，同学们参加各种第二课堂活动的机会大大增加。第二课堂活动是展现自我的舞台，既可以锻炼同学们的组织和交往能力，又可以让同学们在活动中拓展自己的素质，成为更加全面的人才。因此，同学们可以根据自己的特点和爱好、时间和精力积极参加各种活动，合理安排课余活动，合理安排学习与生活，锻炼组织和交往能力。

五、学校管理模式的变化

步入大学，这是人生的又一个新起点。与中学时代不同，大学生个人自由空间和时间更加充足，同学们每周只要上20多节课，其他的时间全部由自己支配和安排。高校为了保证正常的教学秩序，制定了一系列的规章制度，如学校的学生管理规定、学籍管理制度、考试管理规定、学生违纪处罚规定等。这些规定是大学生大学生活的行动指南，这就要求我们新生入学之初，就要尽快了解大学生的行为规范，适应大学管理模式，遵守大学生守则，养成良好的行为习惯，努力塑造良好的大学生形象，使自己成为知书达礼、文明向上的大学生。

总之，大学阶段是人生一段最美丽、最难得的时光，在此期间，我们不仅要掌握扎实的理论知识，同时需要培养自学能力，提高自己的思维水平，完善自身的人格素质。因此，大学生要抓紧实现上述5个方面的转变，尽快地适应大学生活，取得适应大学生活的主动权。

第二节　习惯决定成败

良好的习惯是成功的基础。孔子曰："少成若天性，习惯成自然。"说的是从小培养怎样的习惯，习久成性，就会形成怎样的品性。当然，习惯的培养是一个从外化到内化的过程，需要相当长的时间。因此，良好习惯的养成贵在坚持。

由于应试教育的升学压力没有根本改变，中小学生都不得不面临着升学的巨大压力。同时，由于目前国家就业政策的设计问题以及社会对人才评价存在的问题，使得学生和社会、家庭及各个方面都过多地关注学生的学习成绩，而疏于考虑学生良好生活习惯的培养。进入大学后，有些同学由于学业负担的减轻，突然放松了自己，不知不觉养成了不良的生活习惯，这将会对大学生未来走向社会带来极大的负面影响。良好的生活习惯不仅能促进个人的身心健康，而且能形成高尚的品德，也能对个人的未来发展有重要作用。大学生精力旺盛，又处于长身体、长知识的阶段，良好的生活习惯是确保大学生顺利度过大学阶段的一个重要基础。因此，我们从进入大学开始，就应该养成良好的习惯。

一、要安排好作息时间，形成良好的作息习惯

现代医学证明：有规律的生活能使大脑和神经系统的兴奋和抑制交替进行，能在大脑皮层上形成动力定型，这对促进身心健康是非常有利的。基础教育阶段特别是高中阶段，学生学业负担重、学习压力大，不少学生形成了自己的学习和作息习惯。进入大学后，学生没有了学习的压力，没有了父母的管教，有的学生便没有了明确的学习目标，失去了明确的努力方向，不少学生没有把主要精力放在学习上，有些学生整日无所事事，或沉溺于网络，或浑浑噩噩，或过多考虑个人感情问题，等等，以至于形成了不良的作息习惯。这必将对我们未来的学习和生活造成严重的影响。大学生应注意培养自我控制和约束能力，增强时间观念，养成良好的作息习惯，睡眠时间每天一般不少于7个小时，早睡早起，适当午休。

二、要进行适度的体育锻炼，养成自觉锻炼的习惯

"生命在于运动"，"一天锻炼1小时，健康工作50年，幸福生活一辈子"。现在不少大学生不懂得体育锻炼的重要性，没有锻炼意识，认为自己年轻、身体好，没有锻炼的必要，体育锻炼是中老年人的事。其实青少年体育锻炼的效果最好，从青少年开始锻炼并形成习惯，对身体、工作或学习，乃至一生都是大有裨益的。等身体出现了问题或年龄大了才想到体育锻炼，往往达不到理想的效果。作为"天之骄子"的现代大学生，要坚持执行学校制定的早签到制度，不睡懒觉，按时早签到，在安排好学习的同时，也要根据自身的条件进行适当的体育锻炼，这样不但可以缓解刻板紧张的学习和生活，还可以放松心情，增加生活乐趣，有助于提高学习效率。跑步、打篮球、踢足球、打羽毛球等各种体育活动都有助于增强体质，提高对疾病的抵抗能力，这也是一种积极的休息。大学生还要注意在锻炼过程中逐步找到适合自身特点的体育活动项目并一直坚持下去，将会受益终生。

三、要安排好饮食，养成良好的饮食习惯

饮食不良现象在大学生中比较普遍，主要表现在以下几个方面：一是饮食不规律。很多学生早晨起床比较晚，来不及吃早餐便去上课，或匆匆忙忙随便吃一点就赶往教室，有的索性取消了早餐，有的则在课间饿的时候随便吃些零食。二是不懂营养搭配、荤素搭配。喜欢吃什么就经常吃什么、想吃什么就吃什么。三是暴饮暴食。学生经常吃食堂，难免会有吃腻的感觉，于是隔三岔五会出去聚餐改善生活，在聚餐时容易暴饮暴食。

研究表明：最近几年，我国因饮食问题产生的疾病逐渐增加，发病率越来越高，如青少年中肥胖率的快速增高，高血压、高血脂等老年病的低龄化倾向，等等，都与饮食习惯有关。大学时期应注意安排好饮食，逐步形成良好的饮食习惯。良好的饮食习惯包括：饮食要定时定量；"早饭要吃好、午饭要吃饱、晚饭要吃少"；吃饭要细嚼慢咽，不要狼吞虎咽；注意营养搭配、荤素搭配，不要只吃"好的"、喜欢吃的，不能挑食偏食；要加强全面营养，还要多吃蔬菜和水果。

四、不沉溺于网络世界，形成合理掌握使用计算机和网络时间的良好生活习惯

时至今日，网络生活已成为人们日常生活的重要组成部分，网络为大学生的学习和生活带来极大便利，但同时也对大学生的思想品德、学业、身心、人际关系、情绪情感、兴趣爱好等多方面带来不少负面影响。有些同学甚至达到网络成瘾的程度，经常"包夜"，沉溺于网络游戏或"网聊"，白天无精打采或在课堂上睡觉。这既给学生及家长带来了一定的经济负担，也严重地影响了学生的身心健康和学业成绩，同时也会对以后的工作和生活产生消极影响。

理想和信念是人生的精神支柱，大学生应志存高远，奋斗不息。有些大学生进入大学以后，人生的目标不明确，特别是没有崇高的人生追求；个别大学生胸无大志，缺乏对生存问题的理性思考；许多人碌碌无为，虚度年华，并不是因为他们没有智慧和才华，而是因为没有崇高的人生追求。21世纪是知识经济时代，对大学生提出了更高的要求。大学生应努力学习，努力创造人生的辉煌，对社会多做贡献。有了这样人生追求，大学阶段自然会过得比较充实而有意义，就不会沉溺于网络。

五、要远离烟酒，注意公共卫生和个人卫生，形成良好的卫生习惯

烟酒的危害尽人皆知，但由于不良环境的影响、奋斗目标不明确、就业压力的增大等，不知不觉与烟酒结缘。生活中有些学生既不注意公共卫生，也不注意个人卫生，具体表现为随地吐痰，乱丢乱扔废纸、塑料袋，不打扫宿舍卫生，乱倒垃圾，被褥长时间不晒，脏臭的袜子乱扔，不洗衣或者洗衣不及时，没养成早晚刷牙的习惯等。

时代赋予了大学生新的历史使命，对大学生提出了更高的素质要求，当然也包括卫生习惯的要求。俗话说："一屋不扫，何以扫天下？"很难想象基本的公共卫生和个人卫生都不会做、做不好的人，工作上会有大的成就。而且众所周知的是：一座高度发达的文明城市绝对不会接纳一位没有公共卫生和个人卫生意识的市民；一家有着丰富文化底蕴的公司同样不会接纳一位没有公共卫生和个人卫生意识的员工。如果我们在大学时代没有养成良好的卫生习惯，就会跟不上时代的步伐。因此，大学生应该明确目标、振奋精神、从自身做起、从一点一滴做起，逐步养成良好的卫生习惯。

六、要积极参加劳动，养成良好的劳动习惯

如今，生活现代化以前所未有的速度向前迈进，家庭生活中的体力劳动日趋减少，加上许多家庭对独生子女的溺爱，从来不要子女在家做任何的家务劳动，子女在家中就过着饭来张口、衣来伸手的生活。我们经常把"素质教育"挂在嘴边，却没有很好地理解素质教育的本质，素质教育最重要的是注重学生人格的养成。教育家陶行知曾说过："千教万教，教

人学真，千学万学，学做真人。"在实施教育过程中，对于学生劳动品质的培养往往被忽视，很多人认为，只要把学习搞好了，别的无关紧要，忽略了自立意识与能力的培养。我们应充分认识到新世纪的人才不应是"四体不勤，五谷不分"的书呆子，而应是既有科学文化知识，又有各种劳动技能的高素质人才。所以，培养大学生吃苦耐劳、热爱劳动的观念是学校教育的基础课程，也是家庭教育的一个重要组成部分。

劳动是人类最基本的实践活动，对大学生的全面发展有着极其重要的意义。它能使我们的肌体充满活力，促进我们的身体发育与强健，还能培养我们的智慧、情感、意志和高尚的品格。劳动对培养大学生的自理能力，促使学生养成良好的劳动习惯和纯朴的生活习惯起着重要的作用。一方面，同学们要定期整理寝室内务，打扫房间，养成良好的卫生、劳动习惯；另一方面，我们可以积极参加学校的一些社团活动，经常参加这些社团组织的校内校外的公益性劳动。我们学校还专门给大学一年级的学生开设了公益劳动的课程，学生的劳动成绩纳入学校的学分制管理。

第三节 成功源于追求

英文中，大一新生称为"freshman"，它既代表大学新生对新生活环境的陌生与好奇，又代表同学们进入大学有新的希望、新的追求。社会是一个大舞台，每个人都是这个舞台上的一个角色。当然，只有进入了角色才能演好人生这台大戏，才能实现自我的价值。因此，我们应尽快转换角色，调整心态，积极面对新的生活环境，树立崇高理想与人生追求，塑造良好的大学生形象。

一、政治上要有追求

（一）正确认识党组织

我们的祖国经历了许多磨难，受尽了西方列强的凌辱。正是在中国共产党的领导下，祖国才走上了复兴之路。改革开放和新农村建设所取得的伟大成就，展示着我们党领导人民英勇顽强、波澜壮阔的奋斗足迹，为我们绘制了一幅透迤而又气势磅礴、雄浑而又绚丽多彩的画卷。当然，我们生活在一个这么大的国家，就像一棵参天的大树，即使是满树翠叶的春天，也会有几片枯黄的落叶，但这并不影响它的美丽；任何国家、政党都存在腐败现象，问题的关键在于对待腐败的态度。中国共产党敢于正视腐败现象，并切实采取行动反腐败。因此，作为大学生，我们不能"一叶障目"，应正确认识党组织，坚定自己的信念。

（二）积极向党组织表达愿望

争取加入中国共产党，首先要积极主动地向党组织表达自己要求入党的愿望。在这个问题上，有些同学存在着模糊认识。比如，有的同学认为自己刚入学，各方面还不够优秀，没有取得申请入党的资格，想等做出了成绩后再向党组织申请。实践证明，争取入党是一个过程，只要有入党愿望，就应当表达出来，要通过努力做出成绩，接受党组织的考验。我们党对每个要求入党的同志，从来不是看一时一事，而是看他的全部历史和全部工作。所以，每一个有入党愿望的同学，都应该积极地向党组织靠拢。这样做，不仅使自己有了具体的奋斗目标和前进动力，同时也能够得到党组织的及时帮助和指导。

(三) 端正入党动机

任何要求入党的同学在申请要求入党之时，都会面临着要回答入党是为了什么的问题，这就是入党动机。在现实生活中，要求入党者的入党动机往往是不相同的，例如，有些同学是为了实现共产主义、全心全意为人民服务而要求入党的；有的则认为入了党个人和家庭都光荣，在亲戚同学面前也好看；有的是看到周围一些同学提出了申请，随大流而要求入党；也有的同学认为，大学入了党可以更好就业，以后在个人名利、地位、金钱、享乐等各方面会更有优势。上述种种入党动机中，只有信仰共产主义，更好地全心全意为人民服务而要求入党，才是唯一正确的入党动机。只有拥有正确入党动机，我们才会在自己的学习和工作中，刻苦学习科学文化知识，在知识的海洋中顽强拼搏，并始终以共产党员的标准严格要求自己，时时处处起先锋模范作用，为党和人民的事业勇于奉献出自己的力量。

(四) 自觉接受党组织的培养、教育和考察

一般来说，一个人刚刚提出入党申请的时候，尽管有要求进步的愿望，但他对党的性质、纲领、宗旨和任务的认识可能不那么深刻，与共产党员的标准还有一定距离。要缩短这个距离，既需要个人的主观努力，又需要党组织的培养、教育和帮助。所以，申请入党的同学应该自觉地接受党组织的培养、教育和考察。首先要主动向党组织汇报自己的思想情况，这有利于党组织加深对自己的了解和有针对性地进行教育帮助，使自己更快地进步。其次要积极参加党的活动，实际体验党内生活，接受党内生活锻炼，学习党的基本知识和党员优秀品质，从中接受教育。同时，要自觉接受党组织的培训，提高自己的思想觉悟，并且接受党组织的考察。

(五) 关心国家时政，以实际行动报效祖国

争取入党离不开实践，争取入党的过程也主要是实践的过程。当前，全党和全国人民正在为全面建设有中国特色的和谐社会而努力，这就要求我们在实际工作和学习中"与时俱进"，关心国家时政，积极参加社会实践活动，为中国特色社会主义建设做贡献。"未进党的门，先做党的人"。同学们只有按照党员标准严格要求自己，积极投身于全面建设有中国特色的和谐社会，才能把自己锻炼成为合格的共产党员。

二、学习上要有追求

(一) 理想的学习目的

一说到学习，我们一般都会想到读书，考大学或多半是为了考证、考级。当然，作为大学生，考证、考级是理所当然的分内之事。但是，我们更应该充分发挥自己的个人兴趣，充分展示自己的天赋，为了发展自己的爱好、发掘自己的才能而学习。21世纪需要的是与时俱进的创新型人才，这就需要我们有自己独特的学习理想，按照自己最大的兴趣来设计学习目的，规划自己的学习过程。具体来说，是要能使自己全面发展，充分激发自己的潜能、学习主动性及学习欲望，让自己充满快乐地学习。

(二) 快乐的学习态度

学习本来是件快乐的事，追求知识与真理是人类最快乐的事。但是由于"应试教育"的影响，学习成了大多数学生的"苦海"。如果我们立足于充分发挥个性与天赋的角度，我

们的学习一定会充满乐趣。学习的幸福,在于有符合自己个性发展的目的、理想。有了这些理想,就会有快乐的学习态度。只有把学习当成自己的追求,把学习当成快乐的事,才会有较大的进步,才会有自己的创造与作为。

(三) 幸福的学习过程

任何事情的幸福,都是存在于创造幸福这个幸福的过程之中。幸福的学习是最高意义的学习,学习的幸福在于学习的过程而不是单纯的学习结果。在学习过程中,每一次"顿悟"与"豁然开朗",每一点滴知识的获取,都是一种幸福的感受。幸福的学习是我们把学习看成是一种游戏,而不是一种负担。如果我们有自己理想的学习目的、快乐的学习态度,就能使学习过程充满着幸福。

(四) 科学的学习方法

学习要有效果,体会到了学习的进步,我们才会感受到学习的快乐。要有学习效果,除了要有耐心和刻苦的学习精神之外,还必须有科学的学习方法,学习的方法有很多,但它也会因人而异,并不是所有的方法都适合每一个人。所以,同学们必须结合自己的特点,选择适合自己的学习方法。具体来说,科学的学习方法有以下几种:精读法、反复法、联想法、浏览法、抄书法、浓缩法、笔记法、评读法、交叉法、借读法、写读法……

(五) 永恒的学习精神

"一天不读书,没人看得出;一周不读书,动口就爆粗;一月不读书,智商不如猪",这是网络上流传的一句俏皮话,虽然说得有点粗糙,但它说明了"终身学习"的重要性。现代社会是信息爆炸的时代,知识的更新速度日新月异。如果我们不与时俱进,就跟不上时代的要求。再说学习真的没有早晚的问题,台塑创办人王永庆70岁还在学习英语。知识是无止境的,学习也是无止境的,再多知识都是相对的,世界上没有一项事物的知识是被人类穷尽了的。正因为如此,所以追求知识和真理才是最大的快乐,并且这种快乐也是无止境的。

三、生活上要有追求

(一) 独立生活,自信自强

大学生适应新的学习、生活环境,很重要的就是要培养和提高独立生活能力,无论是学习、生活、交友还是认识社会和人生,都需要更多地依靠自己去思考、判断、选择和行动。大学主要是为社会培养有用的合格人才。因此,从一定意义上说,进入大学就意味着逐步独立地走向生活,走向社会。在这个新的起点上,为了给自己的人生理想夯实基础,就需要摆脱依赖、等待和犹豫,树立自信、自律、自立、自强的精神,勇于面对社会和生活。

(二) 虚心求教,细心体察

面对新的生活环境,同学们随时都可能遭遇到过去所没有遇到的问题、矛盾和困惑。过去没有接触过的人,需要去交往;过去没有做过的事,需要学着去做;过去没有解决的问题,需要自己去解决。为了尽快提高自身的能力,同学们必须在各个方面虚心求教、细心体察,多向周围的老师、同学学习。人无完人,伟人都有犯错误的时候,何况是我们这些年轻的学子?所以说,年轻人犯错误是正常的,不要怕犯错误,但不要为自己所犯的错误找借口,要勇敢去面对错误,虚心求教。同时,一定要有主见,因为这有利于培养自己的独立精神，也有利于发现解决问题的新思路，以便下次不犯相同的错误。勇于面对错误、虚心求教而又有主见的人，是一个很有可能做出成就的人！

（三）大胆实践，积极交往

任何能力都是在实践中积累起来的，都有一个从不会到会、从不熟悉到熟悉的过程。人们常说，"实践是最好的老师"。意思是说只有在实践中不断磨砺，才能逐渐提高自己的能力。作为大学生，社会实践活动会更多，除了每年假期学院安排的社会实践活动外，同学们还可以利用节假日和课余时间参加各类社会实践活动，以积累未来走向社会必须具备的社交、口才、胆识和社会经验。在人际交往方面，中学阶段的人际关系和交往环境比较简单，交往关系不复杂，人际关系也比较容易处理。随着大学生活的日益丰富与交往环境的变化，大学生处于"半社会化"的新环境中，这就要求我们要大胆参与、积极交往，在交往中要既注意自己的大学生形象，又要注重细节，但不必拘泥于小节。

（四）爱好广泛，兴趣高雅

作为大学生，最主要的任务是学习，但学习不只是局限于课堂和书本，社会是一个大课堂，有丰富的知识值得我们去学习和探索。现代社会需要的不是"两耳不闻窗外事，一心只读圣贤书"、只会啃书本的书呆子，而是熟练掌握多门技能，全面发展的"通才"。因此，在学习之余，我们可以根据自己的特点和爱好、时间和精力积极参加各种活动，培养自己高雅的兴趣爱好，积累自己的社交、口才、胆识和社会经验。在参加活动方面要注意3点：一是认真对待。除了上课以外，宿舍、校园、社团活动场所是学生最主要的生活空间，专业技能可以从课堂学习获得，而其他素养很大程度上从课堂以外获得，来自隐性的课堂。校园活动具有培养"领导力"的作用，它是培养个人特长的重要舞台。二是积极参与。大学生参与校园活动的深度和广度随着年级的变化而变化，一年级、二年级是参与校园活动的最佳时期，大学生可以让自己参与校园活动的深度和广度达到最大，而三年级是大学生活的收获期，大三学生应将自己全部或更多的精力放在毕业设计和未来职业的考虑上。三是主动组织。大学学生干部是校园活动的组织者，学生干部岗位也是一种学习资源，它能锻炼大学生的组织管理能力和处理人际关系的能力等，大学生要充分利用这一学习资源，在校期间争取做一次学生干部。

第二章 我的学习

学习是构成大学丰富多彩生活的中心内容，也是大学生最重要的职责与使命。大学阶段的学习与中学阶段的学习相比，在学习内容、学习方法等方面发生了较大变化。对于刚进入大学的新生而言，如何适应这些变化，尽快了解和掌握大学学习的基本规律，是摆在每一名新生面前的首要问题。

第一节 新生入学问答

一、大学学习比中学学习任务更轻了吗？

在中学学习期间，老师和家长往往会告诉学生："高中的学习是苦一点、累一点，没有时间玩，但考取大学就好了，学习任务轻，玩的时间多。"这类观点和说法造成很多同学考取大学后没把学习作为主要任务，在学习上没有投入足够精力，结果不少同学学习成绩一团糟，部分学生考试成绩经常是"大红灯笼高高挂"，最终连毕业证都拿不到。

其实，与高中相比，大学的学习任务并没有减轻。因此，希望新生抛弃"该好好休息一下"的错误想法，充分认识到学习在大学生活中的重要地位，进一步确立学习是大学生的首要任务的观念，将主要精力投入大学学习中去。

（1）中学阶段，我们一般只学习10门左右的课程，而大学里所开设的课程分核心课程、专业基础课程、核心能力课程和选修课程4类课程。每类课程又由许多门课程综合而成。一般说来，我们大学几年需要学习的课程在30门以上，学习内容远比中学广。

（2）根据高职人才培养目标特点，学校还专门组织大学英语A、B级考试和计算机等级考试，这些考试大多需要学生自己在正常教学课程学习之余抽出时间来进行学习和复习，学习难度远比中学大。

（3）根据各专业要求，学校还组织一系列的职业从业资格证考试。学校虽然会组织学习和练习，但更多的是靠学生自学。

上述情况足以表明，大学学习的内容广、课程多、难度大不言而喻。因此，不能认为大学学习比中学任务更轻了。

二、大学学习与中学学习相比，有哪些不同的地方？

大学学习与中学时期的学习相比，存在着许多不同之处，其中最主要的区别是学习内容、学习方式、学习方法上发生了较大变化。

1. 大学学习内容广、课程多、难度大

如第一个问题所述，大学学习与中学阶段的学习相比较，学习的内容更广泛，课程数量更多，学习难度更大，对学生自学能力的要求更高。

2. 学习任务不同

中学的学习任务主要是学习各种科学文化基础知识，为进一步的升学或就业做准备。大学则是以培养各类高级专门人才为目标，既要学习专业知识，又要掌握专门的技能，学会应用知识去解决问题，这需要与整个社会紧密地结合在一起，使大学的学习任务具有很强的实践性和针对性。

3. 学习方式不同

在学习方式上，中学学习的主要方式是课堂讲授，教学过程中的每一天、每一节课，老师都安排得非常具体，多进行频繁的课堂提问，教学节奏紧凑，课后还有大量的作业。而在大学里，课堂讲授相对减少，自学时间大量增加。大学为学生学习提供了非常好的环境，有藏书丰富的图书馆，有设备先进的实验室，有丰富多彩的课外科研、实训活动。大学的教学计划还安排了大量的教学实验、实习、社会调查、毕业设计等教学环节。

4. 学习方法变化明显

在学习方法上，中学时期，老师教学生是"手把手"领着教，老师安排得详细周到，不少同学养成了依赖老师，只会记忆和背诵的习惯。而大学采用的方法则是"老师在前面引，学生在后想着走"，提倡学生自主学习，课外时间要自己安排，逐渐地从"要我学"向"我要学"转变，不采用题海战术和死记硬背的方法，提倡生动活泼地学习，提倡勤于思考。

5. 教师讲课差异显著

大学教师讲课有以下特点：一是介绍思路多，详细讲解少。主要讲授重点、难点内容，而且许多教师都使用投影仪、多媒体授课，实现了授课手段多样化，授课进度比较快，一节课可能要讲授一章或几章的内容。二是抽象理论多，直观内容少。三是课堂讨论多，课外答疑少。四是参考书目多，课外习题少。此外，大学学习的教学环境也发生了变化。中学时期，我们有固定的教室、固定的座位，而且是小班授课，但是在大学里，有些班没有固定的属于自己独享的教室，有时第1、2节课可能在这一栋楼的某个教室学习，但第3、4节课又会到另一栋楼去上课，与自己一起上课的可能还会有不同专业的同学。

三、大学学习的主要方法有哪些？

针对大学学习与中学学习的变化，大学新生必须尽快适应大学学习的特点，掌握科学的学习方法，可以从以下几个方面去努力：

第一，要认真学习所学专业的专业培养计划中有关本专业核心课程、专业基础课程、核心能力课程和选修课程的设置情况，了解本专业培养目标、培养计划和获得毕业证书的必要条件，做到有的放矢。

第二，要充分把握教学环节。首先是要做到主动预习，通过预习，发现课程重点和难点、了解课程的前后关系及内在联系，做到心中有数，掌握听课的主动权，从而事半功倍。其次是要认真听课，努力提高听课质量，紧跟老师的思路，适时做好笔记。然后是要重视作业，大学的作业相对高中而言，量少而精，着眼于加深对原理的理解和思考方法的培养，因此必须认真对待。最后，要做到自觉复习，及时消化课堂繁重的教学内容，使所学知识成为自己知识链条中的一个有机组成部分，最终达到开阔思路、扩展知识领域、为进一步学习创造条件的目的。

第三，科学安排学习时间。新的学习方式为学生安排时间提供了较大的自由度。为了避免出现时间空白带，新生可以制定一张时间计划表，认真落实时间计划表的安排内容，合理地确定时间计划表中各个时间段的学习内容，努力提高单位时间内的学习效率。

四、大学新生应主要克服哪些学习心理问题？

1. 学习适应不良

大学新生要主动尽快地适应大学的学习方法和教学方式，不能始终只习惯中学阶段的被动接受式的教学方式，要改正中学时养成的被动、机械的学习习惯。

大学阶段由于课程内容多、教学进度快、抽象性较强，更多地要求学生学会自主学习。如果你表现出对学习环境怨气较多，哀叹学校、院系和专业，指责教育教学条件不够如意，抱怨师生、同学关系的冷漠和冲突等现象，就有可能是你还没有主动适应大学的学习。

2. 目标计划不明，策略不多

要有明确合理的学习目标，具体可行的学习计划。要有正确的学习定位，不可太低，只求考试过关、如期毕业，也不可定位过高，导致个体所追求的"理想"成为"空想"而逐渐丧失斗志。很多大学生习惯于中学阶段的学习策略和方法，产生学习的定式心理，对不同学科、不同任务所采用的学习方法趋同，满足于机械识记、题海战术等较低水平的复述策略，而很少对学习内容进行高水平的思维操作，难以将所学知识整合为一个知识体系。大学生应采用的是高效率的预习、复习、听课、笔记、阅读、应试、时间和环境管理等学习策略。

3. 学习热情不足，动机不强

很多学生进入大学后，由于远离师长的管束，缺少外部学习压力；缺乏引发他们学习热情的内在动力，他们认为自身似乎已经"自我实现"，难以产生继续学习的需要。同时，进入大学后，多数大学生会有一种从过于繁忙劳累的高中学习中获得解脱的感觉，缺少学习的自主性，产生懈怠、惰性的心理，学习热情不足，厌学情绪突出，往往产生一种"混"的学习心态，难以取得良好的学习效果。他们往往安于现状，不思进取，难以取得学习上的突破和发展。

4. 知识基础不实，忽略知识应用

大学生要有广阔的知识背景和扎实的知识基础。所有的认知过程都在知识基础这一背景中运行，接受和加工信息以及输出的程序化都是在知识基础上进行的。有的学生在学习过程中比较浮躁、冒进，缺乏刻苦敬业的学习精神；有的学生忽视专业知识的学习；有的学习不够努力，直接导致其知识基础不够扎实。

大学生即将走上工作岗位，在不久的将来就需要将所学知识应用到工作实践中去。多年来，应试教育的影响导致从教师、家长到学生都过于重视知识记忆和解题技能的训练，忽视了对知识的灵活应用和创造，很多学生成为"语言的巨人，行动的矮子"。

5. 学习毅力不强、缺少学习反思

大学生的学习有着极强的自觉性，学习计划和学习目标都是在完成学校的专业培养计划的基础上自行制定和执行。这就要求大学生要有学习的自觉性、自制力、自律性、坚持性，要有学习的决心和恒心，在学习过程中保持充沛的精力和顽强的毅力，坚持执行学习计划，知难而进，自觉灵活地去除干扰学习的不利因素。

学习反思有助于对学习合理归因，从而有效调节学习过程，不断提高学习的有效性。学生们从一年级起每周至少需要一次机会来反思自己在这一周的学习情况，对学习目标、方法、策略和过程等进行深层反思，提出有效的改进措施。

6. 学习考试焦虑

一些大学生对于学习，更多的是恐惧失败而不是渴望成功。由于学习压力的逐渐增强，他们会担心不能达到预期的学习目标，导致自信心、自尊心受挫而产生学习焦虑。学习焦虑主要表现为容易产生过度的紧张不安、注意力分散、记忆力减退、思维迟钝、情绪烦躁，甚至头痛失眠等。平时学习焦虑水平较高，考试焦虑的程度也比较高。过度的考试焦虑可能会诱发诸多认知障碍，如注意障碍、回忆障碍和思维障碍等，严重影响考试结果。

五、大学新生应如何合理转变学习方式？

大学学习与中学学习的区别决定了大学生要能科学合理地转变学习方式，并加以自由选择、优化组合、创新发展，这样才能不断提高学习效率，成为具有创新精神和实践能力的高素质人才。

第一，在学习态度上，由他主学习转为自主学习。大学生应该始终以主动积极的态度对待学习，摆脱被动消极的学习方式，注重训练独立学习、思维和工作的能力。

第二，在学习性质上，由重复学习转向创新学习。大学生要学会创新学习，发展其创新个性，培养其创新意识，发展其创新的积极信念和坚强意志。

第三，在学习空间上，由课堂学习转向社会学习。社会学习能使大学生获得更为丰富的学习资源和知识信息，能培养大学生学习和工作的态度和能力，能使大学生掌握学习和工作的方法和途径。

第四，在学习途径上，由经验学习转向体验学习。体验学习有利于大学生亲历学习过程并在过程中体验生动的知识和丰富的情感；有利于大学生更好地反思自己的学习，培养动手操作能力，使手脑结合，身心结合。

第五，在学习内容上，由理论学习转向应用学习。"学以致用"是知识学习的最终目的。不要把应用知识仅仅看作是一种做事的方式，更应当把它看作是一种思维方式。大学生不应仅仅是为"学"而学，而应树立为"用"而学的观念。

第六，在学习规模上，由单独学习转向结伴学习。结伴学习能增加同伴之间的交往互动，可以帮助大学生去除自我中心的思维方式，彼此取长补短。

第七，在学习风格上，由匹配学习转向失配学习。通过学习方式的匹配与有意失配策略的相互补充，最终促使学生更好地应对复杂的学习任务，掌握多样的学习方式。

六、大学生如何建立明确的学习目标？

人体潜能是不可估量的，只要同学们建立目标，坚定信念，努力进取，就一定能达到成功的彼岸！

学习目标是激发大学生学习积极性、自觉性的前提，起着非常重要的作用：

首先，学习目标具有启动作用。如果大家只有学习需要，而没有可以满足学习需要的学习目标，就难以催生学习动机，也不会有自觉的学习活动，学习目标对学习需要转变为学习动机有启动作用。

其次，学习目标具有导向作用。在大家自觉的学习过程中，都是朝着一定的学习目标进行的。如果学习活动偏离了学习目标的要求，就需要调整和纠正。如果一个人没有自己明确的学习目标，在今后的大学学习生活中，就很可能在铺天盖地的各种信息面前迷失方向，不知所措。明确的学习目标可以通过对学习活动各方面的调节和控制，引导学习活动朝着正确的方向前进，以具体的近期学习目标为具体的学习活动导向，人生总的学习目标为终身学习的导向。

与此同时，当有了可以满足需要的学习目标后，就能增强信心，形成自我实现的内在驱动力，能使人产生成就感，激发实现目标的能动性。同时，实现学习目标后满足需要的意义越大，期望程度就越高，激发作用就越大，学习积极性和努力程度就越高。

大学生的学习是一种艰苦的脑力劳动，需要具有锲而不舍的钻研精神和坚韧不拔的顽强意志。所以，大学生建立学习目标要考虑以下几个方面的问题：

第一，学习目标必须适应社会、经济、学科和人的个性发展的需要，这是树立学习目标的首要原则。一个人价值的大小，主要是以他对社会贡献的大小来衡量的。要使自己能够对社会做出较大的贡献，就必须根据社会的需要树立学习目标。如果不考虑社会发展的需要，只顾个人的兴趣爱好，就可能使自己的学习与社会需要之间产生较大的差距，因而很难适应社会。

第二，学习目标要考虑到超前性和超越性。一方面，大学生必须对社会发展的趋势有一个基本正确的预测和判断，要有前瞻性，必须放眼未来，要有较长远的眼光，尽可能使自己的学习目标超前一些；另一方面，大学生要意识到自己的不足，并且决心克服自己的欠缺，才可能产生学习的欲望和动力，如果认为自己现在的情况非常完美，就会觉得没有继续学习的必要，也就不可能有学习的动力。

第三，学习目标要考虑个人条件，要切实可行。应充分认识自己，扬长避短，制定出既适合自己的条件，又能够超越自我的学习目标，难度、高度、深度要掌握"跳一跳，摘得到"的原则。不要眼高手低，好高骛远，要量力而行，尽力而为，要正确估计自己的能力，正确认识自己。

第四，学习目标还要考虑目标的动态性和具体性。即根据科学技术发展对人才素质的要求，随着情况的变化而进行不断的修正和调整。学习目标确立后，要根据情况的变化，修正和调整自己的目标。因为目标仅仅是一张蓝图，实施目标应是一个实际的、动态的发展过程。

学习目标如果选定，应该保持其相对的稳定性，同时，在实现目标的过程中，还要注意收集反馈信息，根据新情况，对目标进行自我调节，包括目标方向的调节和目标层次的调整，并使得方方面面变得更为完善。

七、建立学习目标时应注意哪些方面的问题？

在中学阶段，学生有一个具体而确定的目标——考上大学。但上了大学之后干什么？许多同学都感到比较茫然，许多同学进校后进入了目标盲区，如何尽快越过盲区，重新确立新的学习目标，直接关系到我们能否顺利度过大学生活，圆满完成学习任务。每一个同学都要清楚地认识到这一点，确保自己本专业学习任务能够圆满完成是一切目标的根本与前提。因而，新同学进校后，应根据自己的目标和具体情况，进行合理定位，确定好远期目标和近期目标、主攻目标和附带目标，不能不切实际地"眉毛胡子一把抓"。

1. 时间短与知识多的矛盾

我国高职教育的学制一般为3年，加上顶岗实习等因素，学生实际上在校学习时间只有

2年左右。而刚走进大学的同学们在整个大学期间又需要一个逐步适应的过程，这样一来，高职学生真正有效的学习时间实际不到2年，这是一个比较短暂的时间。

就高职生在校期间的知识学习来说，任务是相当繁重的。大学生要学习的课程总共达30门以上，在两年左右的时间内要学习纷繁复杂的各种知识，要培养学生适应社会、胜任职业的各种能力，时间短、任务重是一对尖锐的矛盾。如何解决知识多与时间短的矛盾是每个大学生都会遇到的问题。为了帮助同学们加强时间管理、提高学习效率，给出如下建议：

（1）要有明确的学习目标和方向。

大学生在学习中要有明确的学习目标和方向，才能对时间进行有效管理。管理时间的最好办法就是提前了解每学期具体的教学任务和教学进度，对学习做好总体安排。有的同学不做学习规划，不清楚教学安排，自作主张参加一些活动，打乱了教学计划，影响了学习成绩。根据目标规划管理时间，就能让你花最短的时间，实现你要达到的更多目标，以求时间利用的最大化，保障事情做得顺畅。

（2）要分清事情的"主"与"次"。

有些同学除了学习之外，还有许多学生工作，在学生会、社团、系部以及班级任职，一天忙忙碌碌，总是感到时间很紧。有的同学工作抓得好，可是考试成绩却明显下降。为什么会产生这样的结果呢？主要是由于没有正确处理好学习与工作的关系，没有分清学习与工作的"主"与"次"。学生在校的主要任务是学习，其次才是参加各种工作或社会活动，要时刻将学习放在首位。

2. 思想准备不足与各种要求严格的矛盾

高职教育的学制一般为3年，许多大三的学生往往都感觉，还没学到什么东西，也还没有做好相应的准备就面临毕业了，知识结构以及能力结构肯定与学校、社会的要求还有一定距离。当代大学生准备不足与各种要求严格的矛盾主要体现在以下两个方面：

（1）确立学习目标的思想准备不足与学校严格要求的矛盾。

许多学生一走进大学就产生一种错觉：大学的学习比中学要轻松许多。中学的学习太难、压力太大，到大学应该放松放松，所以进校以后没有明确的学习目标，对自己放松要求，学习没有动力。其根本原因在于新生进校只看到现象，没有看到本质。中学生在教师的帮助下十分注重学习过程，每一门课都必须注意到细微的知识点。而大学每学期都要开设6到7门课程，每天要上4到6节课。平时，学生对课堂内容只能是一个大概的了解，消化吸收的过程全靠自己在课堂外完成。相对而言，学校对学生平时学习过程的关注度，不如对期终考试结果的关注。考试不及格，学校还有严格的补考、重修等制度。所以，大学生入校的时候就应该对学校的相关规章制度进行全面的了解。

（2）全面提高自身素质的思想准备不足与社会严格要求的矛盾。

相当多的同学走进大学以后都有一个共同的想法，认为学生的主要任务就是学习，只要学习成绩好，其他的一切都会好。这种认识在当今社会是不全面的。当今社会对大学生的素质提出了严格的要求，大学生苦读几年之后，走向社会谋求自身的发展之时，许多学生在求职的过程中遇到比在校期间更加严格的气质、品质和人格的考察，思想、文化和素质的考察。高等教育是社会教育，大学生必须具备全面的素质。这些素质包括政治素质、理论素质、思想道德素质、科学文化素质、身体素质和心理素质等。这些素质既相互独立，又相互联系、相互影响和相互制约，作用于大学生的整体形象中，使大学生在未来的工作、学习和生活中随时都能反映出素质的高低。大学生只有在学习各种具体知识的同时，不断在课堂学习中、在实践课程中、在社会实践中、在校园活动中提高自身的综合素质，才能适应社会的需要。

八、大学生应掌握哪些学习规律及学习原则？

学习规律是学习过程中存在于人们意识之外的，学习自身固有的客观存在的本质联系和必然趋势。它是第一性的。学习原则是指在学习过程中人们在长期积累的经验的基础上所制定的对学习的基本要求。它是第二性的。学习原则对学习活动有着重要的指导作用，并且随着人们对学习规律认识的不断深化而逐步得到发展和完善。学习规律和学习原则既有区别又有联系。这里，分别从5个角度介绍学习规律及其派生出来的基本原则：

（一）学习的"不可替代规律"及其派生的"自主学习原则"

学习是学习者通过感觉，系统地将知识灌输进入自身大脑，形成自己的语言、知识、技能、方法、态度、情感和行为习惯的过程，是任何人无法替代的。其他人可以帮助学习者学习，譬如使学习者具备学习的动力，协助学习者获得学习对象、掌握科学的学习方法等，但学习活动仍然是学习者个人的事情，如学习动机的产生、学习目标的确立、学习内容的选定、学习效果的优劣等都是其他人无法帮助的。

在这一规律的指导下，同学们应该在老师的指导下主动地、有见地地学习，即通常讲的"自主学习"。这一原则是基于以下3点提出的：

（1）学生是学习的主体。

（2）大学生有发挥自主学习能力的条件。

（3）只有充分发挥自己的学习自主性，才能真正达到提高学习质量的目的。

因此，在学习过程中，同学们应该充分调动自身学习的主动性和积极性。

（二）学习的"受环境制约规律"及其派生的"充分利用学校教育环境原则"

学习的主体是学习者本人，个人知识经验的获得和思想行为的变化受到先天遗传和后天环境等因素的制约。这里先天因素指生理方面的遗传因素，后天因素指社会条件、教育环境和个人健康状况。

根据这一规律，同学们在学习中要充分利用学校优越的学习环境。具体包括：

（1）认真听取老师讲课，争取老师指导，密切师生关系。

（2）利用图书馆作为当前博览群书的战场以及今后建立信息联系的渠道。

（3）利用实验室作为钻研理论和锻炼探索能力的基地。

（4）利用体育馆和体育器械增强体质和体能，养成良好的运动习惯，为毕业后长期健康工作打下坚实的基础。

（5）利用校园内浓厚的学习风气来建立自己良好的学习习惯，利用校园内组织的文艺社团活动发展自己的课余爱好，锻炼自己的组织才能。

（三）学习的"认知发展规律"及其派生的"理论联系实际原则"

任何人的学习都需要从感觉开始，再到知觉、表象、思维的认知发展过程。学习的意义在于研究和解决实际问题，大学生在学习过程中必须重视理论联系实际的原则。这条原则要落实到下述4点认识上：

（1）学习的目的在于运用。
（2）所学理论知识必须付诸实践。
（3）既要重视理论课程，也要重视实践教学环节。
（4）要善于利用一切参与校内外实践的机会，充实自己头脑，全面提高素质。

（四）学习的"知识积累规律"及其派生的"靠已知掌握未知原则"

人的知识是不断积累的，学习是一个循序渐进的过程，知识积累到一定程度就为变革打下基础，使人产生更新、改革、创新的本能和欲望，这是一个由量变到质变的过程。

学习新知识是把新知识结合在人脑固有的知识网络里，形成新的知识网络。因此，同学们应该做到：

（1）重视所学课程的基本原理、基本体系、基本内容和基本方法，将它们作为吸收新知识的知识网络基础。

（2）对已学知识要及时巩固和掌握，否则它们不会由"已学"转变为"已知"。

（3）要努力提高自己的思维能力，从已知知识到未知知识的过程不是简单的知识积累过程，而是靠联想、推理、判断，通过比较、分析、综合得来的，这就需要较强的逻辑思维能力。

（五）学习的"终身性规律"及其派生的"讲究学习方法原则"

人的经验的取得以及行为的变化都具有终身性，所以，学习同样具有终身性，既通常说的"活到老，学到老"。人的生存过程就是一个不断学习的过程，每个人都是在不断学习、不断成长和不断完善的过程中生存的。

学习方法既是为了完成学习任务而采取的手段和措施的总和，又是一种为个人终身学习服务的既定的学习秩序和法则。大学生在处理学习时间短暂和学习内容无限这对基本矛盾时要清晰地看到：

（1）从学习方法与掌握知识的关系来看，学生在学习知识的同时必然寻找学习方法。从某种意义上来讲，方法比知识更重要，因为掌握了好的方法，才能获得数量更多、质量更高的知识，这将对毕业以后的工作和终身学习产生深远的影响。

（2）从学习方法与事业成就的关系来看，爱因斯坦在谈到他获得成功的经验时说道："成功等于艰苦的劳动加上正确的方法。"这深刻揭示了掌握科学方法与取得成功的因果关系。

九、大学生应掌握哪些学习技巧？

大学的学习不同于中学的学习，具有更多的自主性。老师讲课的内容也不全来自书本，教学中对学习方法的传授多于知识点的讲解。习惯了中学学习形式的同学们一定要掌握科学的、适合自己的学习方法，才能在大学的学习中游刃有余。

（一）掌握科学的学习技巧

1. 学会快速阅读

一个掌握阅读技能的学生，能够更迅速、更顺利地掌握知识，学得更主动、更轻松。在实际学习中，许多同学习惯于上课听讲，下课做作业，即使是教科书也不认真阅读，更不用说大量阅读课外书籍。长期下去造成的结果是不会读书，没有形成熟练的阅读技能，对学习的发展造成严重阻碍。我们讲的阅读技能并不是指能简单地读,而是指在阅读的同时能思考,在思考的同时能阅读的能力。而是指能够根据不同书籍的特点迅速分清主次、把握书中内容的一种技能。这就要求同学们必须多读书,注意了解不同书籍的特点和阅读技巧,加强读思结合,并且有意识地加快阅读速度,逐渐形成快速阅读技能。

2. 学会快速书写

大学学习中,如果没有掌握快速书写的技能,学习负担会更加沉重。比如,课堂上跟不上老师的速度记录笔记,课后完成作业用时过多,考试因书写太慢而答不完试卷等,这些现象都与书写技能有关。可以说,书写技能是我们借以掌握知识的工具,将决定我们能否有效而合理地使用时间。那些书写速度慢的同学对此应引起足够的注意,自觉地加强这方面的训练,尽快掌握这一技能。当然,快速书写的同时还要保证字迹的清楚与规范。

3. 学会做笔记

做笔记是一种动脑与动手相结合的学习行为,有助于对知识的理解和记忆,是一种必须掌握的技能。大学生的学习笔记主要有课堂笔记、读书笔记和复习笔记等,课堂笔记应注意结合教材进行记录,不能全抄全录老师的板书。读书笔记应注意做好圈点勾批,所谓"不动笔墨不读书"。复习笔记应注意做好知识的归纳整理,理清知识结构和联系。还需要指出的是,不论哪种笔记都要做好疑难问题的记录,便于集中处理。

十、大学生应养成哪些良好的学习习惯?

学习成绩的好坏,往往取决于是否有良好的学习习惯,特别是思考习惯。

1. 总是站在系统的高度把握知识

很多同学在学习中习惯于跟着老师一节一节地走,一章一章地学,不太关心章节与学科整体系统之间的关系,只见树木,不见森林。随着时间推移,所学知识不断增加,就会感到内容繁杂、头绪不清,记忆负担加重。事实上,任何一门学科都有自身的知识结构系统,学习一门学科前首先应了解这一系统,从整体上把握知识,学习每一部分内容都要弄清其在整体系统中的位置,这样做往往使所学知识更容易把握。

2. 追根溯源,寻求事物之间的内在联系

学习最忌死记硬背,特别是理科学习,更重要的是弄清楚道理,所以不论学习什么内容,都要问为什么,这样学到的知识便似有源之水,有本之木。即使你所提的问题超出了所学知识范围,甚至老师也回答不出来,也并不要紧,重要的是对什么事都要有求知欲,好奇心,这往往是培养我们学习兴趣的重要途径,养成这种思考习惯,有利于思维品质的训练。

3. 发散思维,养成联想的思维习惯

在学习中我们应经常注意新旧知识之间、学科之间、所学内容与生活实际等方面的联系,不要孤立地对待知识,养成多角度地去思考问题的习惯,有意识地去训练思维的流畅性、灵活性及独创性,长期下去,必然会促进智力素质的发展。知识的学习主要是通过思维活动来实现的,学习的核心就是思维的核心,知识的掌握固然重要,但更重要的是通过知识的学习提高智力素质,智力素质提高了,知识的学习就会变得容易。所以,上面讲的学习的3个习惯实质上是3种思维习惯。学习的重点就是学会如何思考。

十一、大学生学习中应该坚持哪些原则?

学习的具体方法,往往因人而异,不同的人有不同的学习特点,完全可以根据自己的实际情况采取不同的措施。但也需要我们严格遵守一些共同的原则，它们是取得好成绩的重要保证：

1. 自觉性原则

自觉性要求学生能够自觉地安排自己每天的学习活动，自觉地完成各项学习任务。我们应当明确，当学习是一种自觉的行为时才更有效，特别是大学生的学习，主要依靠自觉来完成。如果把学习变成一种被别人压迫的行为，学习的动力就会减弱，久而久之就会产生厌倦感，失去学习兴趣，学习效果可想而知。所以，对于那些学业不佳的同学应首先检查自己的学习自觉性如何，一切属于自己的事，必须自觉地去做，这是做好一切事情的前提。

2. 主动性原则

主动性要求大学生的学习有热情，主动获取知识，不等待，不依靠，不耻下问。做任何事情，积极主动是取得成功的必要条件，学习也不例外。很多同学在学习中恰恰缺乏这一点，不懂的问题宁肯烂在肚子里，也不愿开口问一下别人。老师讲什么，就学什么，不越"雷池"半步，很少主动与老师、同学交流，有的同学甚至一年也不会问老师一个问题。这些同学绝不是一个问题也没有，而是缺乏学习的主动性和积极性，而这种被动的学习状态是十分有害的，必须改变。

3. 独立性原则

独立性要求大学生做事有主见，不轻信，不盲从，不人云亦云，能独立完成学习任务，不轻易受群体因素的影响。很多优秀的学生往往具备这样的特征，当别的同学总愿让老师反复讲解时，他们却更愿意独立思考，依靠自己独立的智慧去努力获取知识。正是他们这种学习的独立性，造就了他们的出类拔萃。我们认为，如果在学习中没有独立性，就没有创造性，就不可能取得最佳的学习效果。

十二、大学生应怎样听课？

大学老师讲课的基本特征是知识容量大，研究性强，授课方式灵活多样。所以大学生听课时就要特别注意：

1. 明确学习目的，及时调整好听课的心理状态

大学生听课的心理状态，较常见到的有以下3种类型：

（1）逆反型。

厌烦课堂，不愿听课，听课完全是迫于外来压力，不得已而为之。因此老师一讲课就反感，对老师的讲课熟视无睹，充耳不闻，心不在焉。在这种心理状态下，听课效果当然不佳。

（2）随意型。

其表现为讲得好就听，讲得不好就不听；高兴了就听，不高兴就不听；有兴趣的就听，没有兴趣的就不听。这类学生把听课看成是自我感觉的一种很随意的事情，无目的性和方向性。在这种无所谓的心理状态下，听课效果显然也不会好。

（3）兴奋型。

这是学习最佳的心理状态。一坐在教室里就精力集中、情绪高涨、思想兴奋，对新知识、新问题有浓厚的兴趣，并能勤奋好学，因此听课效果很理想。

这些心理状态，是由不同的学习目的、学习动机、意志和情绪以及老师的德才水平等因素决定的,大学生应及时矫正自己某些不理想的心理状态。当然,关键是要有远大的学习志向、正确的学习目的,这样才能具备良好、稳定的心理状态。

2. 注意控制好日常生活中的生物节律,做好听课的精神准备

课堂上有时经常看到,教师在课堂上"津津乐道",而有的学生却在下面"呼呼睡觉",还听到有的学生讲"上午第一、二节课非打瞌睡不可"。这些情况的形成,大多是由于学生晚上学习时间过长,或是由于无节制地娱乐等,打乱了自己的生物节律,使精神该兴奋时却进入抑制状态,该休息了又进入兴奋状态,导致神经衰弱,长期失眠。

而学习优秀的学生,其共同点为:听课精神饱满、全神贯注。这并非是他们比听课差的学生精力充沛,而是由于他们养成了良好的生活习惯,使自己的生物节律与学校的作息时间相适应。所以,学生要保证听课效果,必须严格遵守学校的作息时间,养成良好的生活习惯,把握好自身的生物节律。

3. 听课过程中要展开积极的思维活动

古人云:"学而不思则罔,思而不学则殆。"积极的思维在听课中起着核心作用。学生要做到上课积极思考,聚精会神,专心听讲。如遇有某问题没有听懂,可以先记下来,下课之后再及时问老师。上课的思路一定要追随教师的言行延伸,积极进行思维活动。要特别注意教师是怎样提出问题的,如何进行分析的,以及最后得出了什么结论。注意在听老师讲课时,最好不要随意翻阅参考书及笔记,以免分散注意力,影响听课效果。听完、思考完之后再做一些必要的笔记。

十三、大学生怎样预习、复习?

1. 预习

预习,就是在教师讲课前,学生首先独立地学习新课有关内容,使自己对新课有初步了解的过程。从心理学角度来看,预习可以为学生上课创造有利的心理准备,打好注意听课的心理基础,以便上课时把注意力集中在主要问题上,这是听好课的前提。预习的主要任务有以下几个方面:

(1) 了解教材有关内容的较完整的概貌。

(2) 形成较完整的思路,能将教材有关内容的各个支撑点串联起来。

(3) 找出新、旧知识点的联系,并复习、巩固和补习有关的旧知识,为学习新内容扫清障碍。

(4) 把重点、难点标记出来,并争取自己解决或理解一次。

(5) 把头脑中出现的疑问记下来。

(6) 估计一下老师将会采取何种方法授课。

课前预习要注重3个方面:阅读教材,回顾相关知识与发现疑难。形象地说,强化大学生学习的预习环节,如同出行前先做好路线规划,然后再按路标指示行驶。如不提前熟悉线路,不知在哪里拐弯,到哪里上坡或下坡等,势必会影响后期的行程。

2. 复习

听课以后必须及时复习。课后复习,不是听课的简单重复,而是听课的深化和巩固,是听课内容的精选和连贯。俗语说:"拳不离手,曲不离口。"不善于复习的学生十之有九是学不好的。因此,课后复习同样是学习过程中的一个重要环节。

大学学习中的复习，要努力克服中学时代的"查字典式"的作业法。因为，大学生的学习应以理解、应用为主，不要单纯应付教师的检查，并且大学的学习是"作业量少、自习时间多"，仅靠做作业显然达不到复习的目的，因此，必须采用新的课后复习方法，才能搞好复习，提高学习效率。复习的时机应注意"三先三后"：即先回忆，后看书；先复习，后做作业；先独立思考，后请教别人。

（1）尝试回忆。

课后复习时可先不看书本和笔记，而对在课堂上所听的内容进行几分钟的回忆，想想课堂上讲授的中心内容是什么，哪些内容听懂了，哪些内容还不大懂，边回忆边把重点写出来，如果能回忆出全部或大部分内容，就证明自己的预习和听课的效果好，在领会的基础上把所学知识基本记住了。如果回忆不出，就要查出原因，改进预习和听课方法。

这种尝试回忆法，俗称"过电影"，是一种积极主动的活动，需要高度集中注意力，把学过的知识在头脑中"再现"一遍，从而巩固所学的知识。可以一个人单独回忆，也可以几个人在一起互相启发、补充回忆。课后回忆可按老师的板书提纲进行，也可按教材的纲目结构进行，从课题到重点内容，再到例题和每部分的细节。

（2）重在阅读教材。

在尝试回忆的基础上，带着问题阅读教材。可用自己所熟悉的符号标注教材中的重点、难点、疑点，以进一步消化和巩固教材内容。注意复习阅读时应抓住中心内容反复钻研，特别是对于在课堂上没有听懂的地方更应注意。有些易忽略的内容，一定要认真分析、动脑思考一番，以求加深印象，掌握关键。当用到前面已学过的内容时，应再温习一遍，以起到联系巩固的作用。阅读教材，重在一要全面，二要突出重点。对课堂上未完全理解或在回忆中未能再现的内容要着重精读。阅读教材时要注意：把握要领，从多个角度分析同一个内容，并有意识地加强对易混淆概念的辨析。

（3）整理笔记。

课堂听讲时间是有限的，而且老师讲课的速度较快，难免会漏记一些内容，这就需要课后整理笔记时加以补充。特别是提纲式笔记，它只记录了课堂内容的纲要，因此必须整理笔记，充实内容。此外，在课后复习中，可能会有新的发现、新的体会，也需要及时补充到笔记中去。因此，把笔记整理成符合自己个性的复习资料，其实质是把知识深化、简化和系统化。同时笔记记忆法，亦是强化记忆的最佳方法之一。

（4）看参考书。

适当阅读有关参考书，可使知识深化和拓宽，争取学会用多种方法从不同角度对同一问题加以解释，旨在博采众家之长，为我所用。

十四、大学生怎样解决学习中的疑难问题？

在大学学习期间，由于老师教学方式方法的改变，学习范围的极大扩展，我们难免不时遇到一些疑难问题，寻找有效的解决疑难问题的方式方法对提高学习兴趣、提高自主学习的能力、提高学习效率、培养终身学习的习惯具有重要的促进作用。

1. 问自己，不断给自己提问题

在学习过程中，当我们遇到困难时，你首先应当想到谁呢？答案就是你自己。大学生应当具备自己探索问题的能力，而大学这个平台也为我们提供了自主探索问题的条件。所以，当我们面对疑难问题时首先应该寻求自己的思考。在学习的过程中，我们应当刻意养成不断给自己提问题的良好习惯。面对专业领域里的某种现象、社会问题中的某种现象，我们一定要问问自己"这种现象究竟是怎么一回事？"也就是说，我们要注意去了解这种现象的全貌，尽可能从各种不同角度去认识它。然后，我们再思考一下"这种现象为什么会存在，为什么会这样而不是那样存在"。最后，我们尽自己的能力去解决它，即继续向自己提问"这个问题用什么办法去解决"。在这一系列的问题中，我们一步一步找到了问题的答案。当然，也可能在这一系列提问中，我们靠自己的能力找不到答案，那么，不要不了了之。我们可以向老师寻求答案。

2. 问老师，将思考的问题向老师请教

老师的职能之一就是"解惑"。我们经过自己思考无法解决的问题可以寻求老师的帮助。也许你会发现，自己百思不得其解的问题，拿到老师的面前就会迎刃而解。现代社会，老师不可能是精通任何领域的全才，但是，我们一定要坚信，大多数老师在他所研究、教授的专业领域里有比我们高超的地方。所以，在大学期间，我们需要养成有了疑问找老师的习惯。

3. 问同学，将学习中共同的疑难问题开展讨论

在大学期间，接触最多的恐怕还是我们的同学了。所以，在学习中遇到疑难问题时，条件最充分的还是向同学请教。我们可以就自己解决不了又找不到老师去问的问题，向学习程度好于自己的同学请教。所以，我们在新入学时不妨注意结交几个高年级的同学或成绩比自己好的同学。这样，在以后的学习中可以给自己较大的帮助。

4. 问书本，通过教科书、参考书来解决问题

书本是不会说话的老师。大学生遇到疑难问题时，求助书本也是一种良好的方法。在大学学习期间，养成良好的读书习惯对自身的发展可以说是终身受益的。教科书、相关参考书是大学生最容易接触的书籍。在学习中遇到疑难问题时，我们应当学会从教科书、参考书中寻求答案。有些大学生可能学完了某一门课程，教材还几乎是新的。那么可以肯定的是，他的这门课程肯定是没学好的。大学老师讲课也许并不是严格按照教科书中的内容去讲授，他要考虑到教学的各方面需求。但是，教科书毋庸置疑是我们全面、系统了解某一门课程的最好依据。所以，学习任何一门课程，我们都不能抛开教科书。当我们遇到疑难问题时，系统阅读教科书，积极思考，大多数情况下是可以解决问题的。

十五、大学新生如何利用好图书馆来学习？

一进大学门就要尽快学会自学。俗话说："师傅领进门，修行在个人。""修行"的理想之所，就是图书馆。如图2-2-1所示。

高校图书馆最主要的职能是教育职能，是大学生构建和更新专业知识的基地。图书馆是知识的宝库，它拥有浩如烟海的文献，各种有价值的知识、信息蕴藏其中。大学图书馆作为大学生专业教育的"第二课堂"，既能为学习有困难的同学提供启发和帮助，又能为有能力的学生提供充分发展的广阔空间，它是高校课堂教学必不可缺的补充。在大学利用图书馆来完成学业，是大学生迅速成才的最大优势，大学生必须在课余时间利用图书馆的最新文献信息，汲取新的专业知识，了解学科的发展方向，否则就无法全面理解、融会贯通教师讲授的知识，更谈不上主动去探寻和掌握最新的专业知识。

图 2-2-1　图书馆——知识的海洋

由于大学学习具有以下特点：课内学时大幅减少、课内信息量明显增加、教材作用降低、参考书刊的作用相对提高、主动式学习取代被动式学习等，新生必须解决好一个重要问题：如何利用图书馆来学习。

1. 新生应把图书馆当作一个大课堂

大学阶段，课内学时减少，知识的信息量增加，要求学生在课前做好预习，在课后花较多的时间去复习。也就是说新生大量的课余时间不应在"花前月下"，也不应在游戏、电视中耗费，而应主要用在图书馆等这样的大课堂中学习。

2. 新生应利用图书馆良好的学习氛围，尽快养成良好的学习习惯

事实证明：一个学生学习的好坏，固然和其智力有关，但更重要的是取决于他的勤奋努力及学习习惯。图书馆是知识的殿堂，是信息知识的集散地，更是众多学生努力学习的最佳场所。新生应该积极利用这一有利条件，想方设法使自己养成潜心读书、专心学习的良好习惯。

3. 新生应充分利用图书馆学好本专业知识

教师在课堂上讲的只是本专业最基本、最主要的东西，而图书馆备有各个专业的多种教材、参考书和专业刊物。有志于学好某一专业知识的学生，应充分利用图书馆的多种信息资源，了解本专业的全貌、前沿和发展趋势，并通过在图书馆的学习加深对课堂教学内容的理解。

4. 新生应充分利用图书馆拓宽自己的知识面

大学生在图书馆一方面钻研本专业的知识和理论，另一方面通过广泛涉猎，在知识的海洋中畅游，对于成为一专多能的复合型人才无疑是十分有益的。

5. 新生应在图书馆学会获取知识和信息的技能

这种技能的学习与提高，比在图书馆学习有限的知识更重要。因此，新生在图书馆既要学习用传统的方法获取书刊资料的技能和途径，更要学习现代信息技术。

（1）熟悉图书馆文献检索。

（2）熟练使用计算机检索系统。

（3）了解图书分类法。

知识分为两种，一种是需要记忆的知识，一种是"知道从哪里获取知识"的知识。后一种知识的学习是非常重要而且终身受用的。知识面的拓展、学习研究的深入等都要求当今的大学生有强烈的图书馆意识和丰富的图书馆利用知识。所以，大学生掌握对图书馆利用的知识具有重大的现实意义。

十六、高职学生的学习有哪些特点？

1. 高职高专学生的学习兴趣

高职高专学生的学习情绪化较强，对感兴趣的东西学习积极性较高，而对于内容枯燥的内容则学习效率较低。因此，在组织教学过程中必须注意结合社会实际，增强教学的生动性，从而提高学生的学习兴趣。

作为高职高专教育，实践教学应该是其一大特色，学生对实践性环节的学习兴趣明显高于理论课程的学习，我们应该通过加强实践教学，来培养学生的学习兴趣。

2. 高职高专学生的学习动机

动机是导致人的特定行为的重要原因。高职高专学生的学习动机多种多样，而且也随着学生生活的社会历史条件和个人成长经历的不同而发展变化。高职高专学生的学习动机主要有以下两个方面：

（1）自尊心、进取心和不甘落后。

（2）为了自己今后能有一份好工作，多挣点钱以使自己和父母能生活得好一些。而学习困难的高职高专学生，他们往往存在更多的情意障碍，表现为学习动力不足。在教学过程中，教师要善于启发学生的学习动机，特别关注学习动机不明的学生，帮助他们建立起强烈的学习动机。

3. 高职高专学生的学习方式

高职高专学生的学习具有较高层次的职业定向性。他们在进校之初，自己就已经基本明白将来的工作岗位（岗位群），并围绕一定的职业定向学习基础课、专业基础课和专业课。

与中学阶段的学习相比，高职高专学生的学习具有更多的自主权，学习途径具有多样性。高职高专学生具有更多自由支配的时间，学习内容有一定的可选择性，而且高职高专阶段的实践性教学环节（如案例分析、专业实训等），提供给学生更多可以发挥的余地。

4. 高职高专学生的学习方法

高职高专阶段的学习不同于中学时期的学习，新生入学后，对高职高专的学习活动需要有一个适应过程。如何使刚入学的学生尽快适应高职高专的学习生活，这不仅涉及教师的教学方法问题，也涉及学生的学习方法问题。高职高专学生在学习时，学习的积极性和主动性还比较差，大多数学生还没有记课堂笔记的习惯。

第二节 大学生怎样学好实践课

一、大学生对实践课的期望

实践既是产生理论的源泉，又是检验真理的标准。作为一名合格的大学生，必须具备良好的实践能力，才能适应现代科学技术高速发展的需要。

欧美国家大学生动手能力强，这与他们从小就受到的各种实践训练分不开。他们受到的实践训练来自三方面的渠道。一是家庭教育，从小就接触各种电子、电动玩具和各种自动化的家用电器，这种熏陶是一种无形的"学校"，时刻都在对他们进行着实践能力的训练。二是社会教育，他们从小就有机会到现代化的儿童乐园，或各种有综合知识的游乐场和青少年宫活动，这些科技活动对培养人们的兴趣、好奇心、思维和动手能力极有帮助。三是学校教育，先进工业国家对实践教学相当重视，它们投资多，设备新，实践学时也多，而且实验、实训室大多是开放的。

可以这样说，高校的实验、实训室是开展科学研究的重要基地，实验、实训教学则是训练和培养学生进行科学实验和独立工作能力的重要环节。实践不仅是科学发展的原动力，而且也是当今新兴科学技术的生长点。

实践课是在教师指导下，主要由学生独立完成的一种教学活动，学生借助于仪器、实验用品及专门设备而人为地引起某种自然现象的变化，在动手实践和观察的过程中，加深对知识的理解，同时培养实践技能。大学生在实践课上可以培养自己的思维和动手能力，养成良好的情感和意志品质。

1. 在知识、技能、能力方面

首先，通过实践课，大学生可以进一步掌握和巩固所学的基本理论。学生通过自己动手实践、观察现象，可获得丰富的感性知识；又通过对实践结果的分析、验证理论，使感性认识进一步深化，上升为理性认识，从而达到深刻理解、熟练掌握的目的。而且，实践课的设计与模拟方法是科学研究的主要方法之一。实践课的安排是通过人为设计来控制某些自然现象，排除一些次要因素，突出所要观察的因素，以认识事物的本质。模拟方法则是一种特殊的实践方法，它借助于相似性原理，对那些不能直接做实验的物理过程、化学过程、生物过程等进行模拟实验。通过实践的设计与模拟，更有助于学生正确掌握重要的基本理论，扩大知识领域并灵活运用这些理论。

通过实践课，还能够培养学生具有高级技术人才所必需的实验研究能力。比如，设计实践方案的能力，选用测试手段的能力，正确使用仪器的能力，布局、观察和测试的能力，数据处理的能力，分析、总结和表达的能力等。

2. 在情感和学风方面

实践课形式多样，内容丰富，能够激发兴趣，引人入胜，可以培养敏锐的观察力和丰富的想象力。大学生的平均年龄在 20 岁左右，记忆力最强，好奇、敏锐，有利于通过具体实践的训练，培养起对科学的兴趣，从而被实验课一步步引入科学的大门，去探索、创造和发明。

深厚的理论基础和扎实的实践技能是新型工程技术人才必须具备的两个主要本领，而实践技能的获得又是来源于实践课程。通过实践，可以培养创新能力和"举一反三"的素质。科技发展史表明，许多科学家由于有较高的理论知识和丰富的实践素养，因而对"机遇"（即新现象）提供的线索十分敏感，一旦"机遇"出现，他就能抓住不放，深入研究并取得重大成果，这是有创造力的表现。

3. 在意识和意志方面

实践课的教学过程对于培养学生掌握辩证唯物论的认识论有独特的作用。上好实践课，要求理论与实际、动脑和动手相结合，通过实践的过程使学生受到认识论的训练，通过实践，学生可以知道一个事物如何产生、如何控制、如何测量和运用，从而学到处理具体实际问题的可调、可控、可测、可算技术的初步本领。作为未来的新型工程技术人才，必须具有把从实践中学到的对自然界规律的认识方法运用到生产实际中去的能力。

二、大学生实践课的要求

1. 实践课要复习有关理论

复习有关理论是上好实践课的保证。由于实践是在一定的理论指导下进行的，只有从理论的高度搞清楚实践课的目的和方法，才能抓住重点，在实验过程中才能观察得更仔细，分析得更深入。

2. 实践课初期，要了解实践方案

实践课的顺利进行要依据一定的方案。大学期间在老师的带领下进行的实践课，一般都有老师或者教材预设了相应的实验方案，大学生在实践课初期要了解实验方案才能有目的地进行实践。

实践课初期，要了解本课程的目的、要求和基本原理，熟悉所采用的方法、步骤，所要使用的仪器设备以及注意事项等，并要运用已学过的理论知识尽可能地分析、估计可能出现的现象和成败的关键，最后写出预习报告或预习笔记。在预习报告中，要简明扼要地写明目的、步骤，设计好数据记录表格，写清楚计算公式，等等。从复习理论、阅读实践课讲义到写出预习报告的过程是很好的自学培养过程，也是从中吸收知识和准备应用的过程。许多学生开始时不习惯这样做，认为太花时间，而把希望寄托在上课时听老师讲解。这种做法是不足取的。须知，自学能力的培养对上好实践课程尤其重要，大学里的实践课，教师讲得很少，基本上靠自己动手实践，如果预习不充分，自己心中无数，就会掌握不住重点，操作步骤连贯不起来，只能"照方抓药"，机械地测，机械地记，对实践过程中出现的现象、问题手足无措，更谈不上运用学过的理论给以正确的解释，这样上实践课是不会有多大收获的。图 2-2-2 为实践课堂上的师生。

图 2-2-2 实践课堂上的师生

3. 实践过程中的各项要求

实际操作是实践课的中心环节。实际操作包括对仪器性能的检验、正确使用，设备的组装、接线，按要求操作、调节，观察现象并记录数据，处理实践过程中发生的问题，排除故

障，等等，内容十分丰富。为做好实际操作，应做到以下几点：

第一，注意教师的提问和讲解。实践课上教师的讲解虽然很短，但往往是学生在预习时产生的疑难或容易忽视的关键问题、关键设备的使用方法及安全方面的知识等。要集中精力听讲，不要急于动手。

第二，认真观察，积极思考。观察和思考是上好实践课的最重要的一环。要有目的、有意识地培养自己的观察能力，注意从观察中了解问题的本质，同时，要注意独立地应用所学的理论来分析、解决实践中出现的问题。

第三，积极动手，正确操作。按照讲义的指导和预习报告中拟定的步骤，在明确每步操作的目的和要求的基础上，大胆操作。有两种倾向应当避免，一种是不敢动手，畏首畏尾，怕弄坏仪器，怕触电，怕出事故等。另一种倾向是动作粗糙，顾此失彼，或盲目尝试。

如果不是一人一组做实验，应轮流担任记录数据、操作、读数等工作，争取每位同学都得到操作的机会。有的同学不爱动手，每次都做记录，当了旁观者，放弃了宝贵的实践机会，实在是很可惜的。

不要为了急于拿到数据，而不深入思考实践中的原理和正确的操作方法，拿到数据并非唯一的目的，必须重视每步操作，仔细观察，实践课才会有较大的收获。

4. 实践课后期，要重视文字总结

实践操作之后，要分析和处理结果，书写报告。学会对数据进行科学的处理、分析和总结，这是实践课学习的重要组成部分，也是每个学生必须具备的一种能力。在书写报告时应注意：

第一，正确处理数据，获得合理的结果。将实测数据按一定规律排列，分析其合理性、平行程度等。如有明显的凌乱数据，则要更仔细地分析原因，有时需要重新操作加以验证。对数据的正确处理，是报告中最主要的内容，关系到实践课的成败，一定要充分重视。

第二，真实的记录是正确分析结果的基础。决不允许拼凑数据，更不得为了完成报告而制造假的数据。在实践过程中，不仅要学习知识和培养能力，而且要培养严格、严密和严肃的作风。

第三，在正确分析和处理数据和现象的基础上，找出规律性的东西，总结实践的结果，提出自己的见解。

三、素质要求

高职学生的培养目标决定了高职教育的人才培养模式。现阶段高等职业院校在人才培养模式上正在进行大幅度的改革。许多高职院校采取了"2+1"或"2+0.5+0.5"的人才培养模式。也就是说高职学生在校进行集中理论学习的时间为两年，有一年的时间要在校内外接受实验、实训、课程设计、顶岗实习等形式的实践课程。有的院校是半年的校内实验、实训、课程设计，半年的校外顶岗实习。实践教学，特别是顶岗实习，对高职学生提出了较高的素质要求。

实习是指学生在教师或技术人员的带领下，到工厂、工地等其他场所进行一定的实际观察或从事一定的实际工作，以获得与书本知识相联系的大量实践知识和实际能力，并学会运用理论知识分析和解决实际问题，培养独立的工作能力。

实习包括认识实习、课程实习、生产实习和顶岗实习等多种形式。

认识实习主要是离开学校到生产第一线、展览馆、博物馆、纪念馆、一些历史文化遗迹等地进行参观访问。这种实习形式能够给予学生以课堂上所没有的更多的感性事实材料，有助于学生加深理解书本理论知识，并激发学生对该门课程的热情和兴趣。

课程实习主要是一些实践性较强并兼有技能培养目的的课程，一般是安排在校内课堂上进行的实习活动。如计算机课要安排上机实习、电工电子课要安排实验室实习等，这种实习主要是培养学生的操作能力。一般来说，这种实习课程次数越多，越有利于学生实际技能的形成和提高。但学校受仪器、设备等物质条件的限制，其课程时数总是相对固定的。因此，大学生一定要珍惜每一次的课程实习。实习前做好准备工作，实习中严格按照操作要领认真操作每一具体程序和步骤，提高每一次课程实习的实际效果。

大学生实习的主要形式是生产实习或顶岗实习。生产实习或顶岗实习主要是根据专业知识特点深入与该专业直接有关的实际场所参加一定的实际工作。如工科学生要到工厂去实习，财会专业学生要到金融系统或各单位的财会部门去实习。生产实习或顶岗实习的主要特点一是时间相对较长，一般至少有一个月时间，有的可多达半年、一年。二是综合性强，不仅要使学生获取大量感性知识，加深理解书本理论知识，同时，还要对学生进行世界观、人生观、价值观的教育，转变学生的思想。

大学生对生产实习或顶岗实习要做到3点思想准备：一是要谦虚一点，在生产实习或顶岗实习过程中，始终要抱着甘当小学生的态度，以能者为师，虚心向实习单位的操作人员、管理人员、科技人员学习，哪怕是年龄比自己小，只要他有实践经验，就应虚心地向他学习。常言道："满招损，谦受益。"这样，别人才会把自己的实践经验对你心贴心地讲，手把手地教。如果总觉得自己是大学生，理论知识比别人强，这个也瞧不起，那个也看不上，将会一无所获。二是勤快一点，就是在实习期间要找事做，多做事。要想向别人学到知识，就要用劳动和汗水沟通感情，比如，提前上班打开水、打扫卫生，尽量减轻实习老师的体力劳动，腾出时间好让他们多传授实践经验。三是要"刻苦一点"，要刻苦学习实习老师的实践经验，刻苦学习专业前沿知识，写好毕业论文或做好毕业设计。毕业论文或毕业设计是自己在大学学习期间总体水平的体现，要下功夫把它写好，要争取达到能发表的水平。所以在顶岗实习阶段，完全靠自己管理自己，自己约束自己，自己给自己定任务、提要求、定目标。

实习过程中要注意：

第一，做好实习前的各项准备工作。实习前的准备工作非常重要。准备工作的好坏程度直接影响着实习过程和结果。这种准备工作包括：一是思想准备。实习要来到一个新的不熟悉的环境中，有可能遇到这样或那样的意料不到的许多问题和困难。因此，要有吃苦的思想准备。二是知识准备。实习前，要把已经学过的各种基础和专业知识再复习一遍，特别是自己相对不熟悉但实习过程中可能需要的知识要多下功夫。因为，实习过程中各种事务性工作或琐事较多，没有较多的时间再翻书本知识。三是物质准备。如新的工作生活环境中所需的个人必备的工具、生活用品，等等。

第二，严格遵守实习单位的各项规章制度。来到实习单位后，首先要尽快熟悉实习单位的一些基本情况，熟悉自己经常接触到的有关人员，特别是熟悉实习单位的各项规章制度。因为，规章制度是任何一个生产单位正常运行的基本条件，该单位的任何人员都必须严格遵守。大学生来到实习单位，以一个普通工作人员的面目出现，也必须严格遵守这个单位的规章制度。绝对不能以不熟悉为由，我行我素。

第三，摆正位置，虚心向实习单位的工作人员学习。在实习过程中，实习学生可能会看到许多学校中没有看到过的社会生活中的一些落后的因素和阴暗面，可能会看到所接触的某些工作人员的缺点和不足，因此，极容易产生瞧不起他人、放不下学生架子的心理倾向。这种倾向是极其有害的。实习学生应该学会用辩证唯物主义的观点，全面地认识社会生活，理解社会生活的本质，认识群众的本质、主流，认识实际工作人员的丰富的社会实践经验，善于发现他们身上一切闪光的思想和品质，善于发现他们身上的一切长处和优点，真正放下大学生架子，拜工人为师，拜所有实际工作者为师，虚心向他们请教，心甘情愿地做他们的小学生。这既是完成实习任务的一个非常重要的基本条件，同时，它本身就是实习工作的极其重要的任务之一。当然，虚心向实际工作人员学习并不是说盲从实际工作人员的一切认识和行为。对于所看到和接触到的一些错误的不健康的思想和行为也应该有一定的辨别能力，自觉抵制这些思想和行为对自己的影响，并在力所能及的情况下，同错误思想和行为做必要的斗争。

第四，坚持理论联系实际的原则。实习学生在实习单位总要承担一定的具体工作任务。作为实习学生来说，一定要认真完成这些工作任务。但实习学生不只是为完成任务而完成任务，更重要的是要把在学校所学的书本理论知识应用到实际工作中来，同时，观察和搜集学校里和书本上接触不到的实际生活中的各种感性事实材料。因此，要求实习学生一定要坚持理论联系实际的原则，把书本知识与实际知识很好地结合起来。一方面用感性事实材料验证书本知识，另一方面用书本知识指导实际工作，培养自己的实际工作能力。同时，还要善于发现书本理论知识的缺陷、不足甚至是错误的内容。为了便于实习后的总结工作，实习学生最好在实习过程中做实习笔记或记实习日记。

第五，认真做好实习后的总结工作。实习结束之后要做好实习总结工作。实习总结的过程，实际上是在实践中从获得的大量感性认识上升到理性认识的过程，是再认识、再提高、再学习的过程，实习者一定要认真对待。实习总结主要做三方面的工作：

一是总结专业知识和专业能力方面的收获、体会和存在的问题。自己究竟在哪些专业知识方面体会和认识较为深刻，哪些能力方面有所提高和增强，实习中暴露出自身的知识结构和掌握程度方面究竟存在什么问题，原因是什么，等等。

二是思想方面的收获、体会和存在的问题。实习的过程也是一个不断加强世界观改造和提高思想觉悟的过程。实习总结中也要结合这方面的内容，谈谈自己对社会生活的认识，自身世界观和思想觉悟方面暴露出来的问题及其原因，人生价值观和社会责任感方面有什么变化和提高，等等。

三是自己今后的努力方向和教育改革的建议。根据从实习中所反映出来的自身存在的各种问题制定自己在以后的学习生活中努力的方向和应采取的措施、方法等。同时，实习中在学生身上反映出来的问题在一定意义上也反映了学校教育和教学方面存在的问题。因此，实习学生在分析自身的问题及原因时，也要从大学的教育制度、教学内容、教学方式、课程设置等方面寻找根源，揭露和批判这方面存在的问题，并对学校今后的教育改革提出这样或那样的建议来。这样一方面可以促进学校的教育改革，另一方面也体现了当代大学生对我国教育发展的社会责任感。

第三章 我的校园文化生活

校园文化是以学生为主体,以校园为主要空间,以课外文化活动为主要载体,并涵盖院校领导、教职员工,以育人为主要导向,以精神文化、环境文化、行为文化和制度文化建设等为主要内容,以校园精神、文明为主要特征的一种群体文化。它主要包括:以青年学生为代表的文化观念以及有所规范的学生特有的思维特征、行为特征和方式;学生课余生活中一切以群体形式出现的文化活动,如篮球社、跆拳道社、书画社、文学社等社团活动,其中最能体现校园文化本质内容的是校园学风或校园精神。校园文化是社会整体文化的一部分,是学校所具有特定的精神环境和文化气氛。它包括校园建筑设计、校园景观、绿化美化这种物化形态的内容,也包括学校的传统、校风、学风、人际关系、集体舆论、心理氛围以及学校的各种规章制度和学校成员在共同活动交往中形成的非明文规范的行为准则。健康的校园文化,可以陶冶学生的情操、启迪学生的心智,促进学生的全面发展。图2-3-1为学生在晚会表演上大显身手。

图2-3-1 学生在晚会表演上大显身手

校园文化是学校本身形成和发展的物质文化和精神文化的总和,由于学校是教育人、培养人的社区,因而校园文化一般取其精神文化之含义。即学校共同成员在学校发展过程中,逐步形成的包括学校最高目标、价值观、校风、传统习惯、行为规范和规章制度在内的精神总和。校园文化对于提高师生员工的凝聚力,培养良好的校风,培育"四有"新人都具有重要的意义。学校没有了千万个朝气蓬勃的学生,无论多么英明的领导团体、多么扎实的硬件设施、多么雄厚的师资队伍都不可能使得一个学校的校园拥有强大的生命力。在大学校园文化中,大学生特有的思想观念、心理素质、价值取向和思维方式等是校园文化的核心。在这种由大学生自己为主体营造的人文环境和文化氛围中,有校园特色的人际关系、生活方式以及由大学生参与的讲座、社团及其他科学文化体育活动和各类文化设施会作为校园文化的主要特征充盈着大学校园的各方面,从而使得大学校园更富有生机和活力。图2-3-2为学生技能大赛。

在当今高等教育中校园文化应该发挥重要的作用,校园文化是常新的,但是是能够保持

图2-3-2 学生技能大赛

永恒魅力的,是能够激发青年学生激情,能够唤起青年一代高尚、独立的人格追求和道德追求的文化。

当代校园文化建设进入了网络环境,应运而生的各种网络社团、校园文化宣传站从软件层面提升了校园文化的内涵。

由此可以看出,校园文化是一种融学术性、知识性、团体性、趣味性和现代性为一体的活动,它充分发挥了同学们的青春热情和张扬的个性,对每一个学生都具有强大的吸引力。校园文化,折射了我们心灵的阳光,每一缕都是我们灵魂的体现。

第一节 学院学生组织机构

学院各级团组织和学生会如图2-3-3、图2-3-4所示。

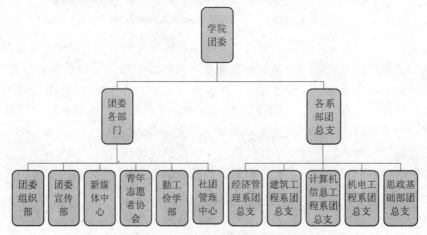

图2-3-3 学院各级团委组织机构

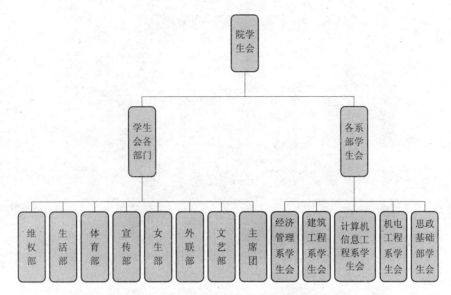

图2-3-4　学院各级学生会组织机构

　　学院各级学生团总支和学生会是校园中的两支不可缺少的学生队伍力量，既有着鲜明的特点和作用，又有着千丝万缕的联系。在建设美丽平安校园过程中，要充分地发挥二者的主观能动作用，加强思想政治引导工作，使得校园文化和学生干部队伍更加繁荣。

　　学生会作为学生自己的群众性组织，是学校联系学生的桥梁和纽带。学生会在学校党总支领导和学校团委的指导下，紧紧围绕学校的中心工作，以服务同学、促进全体学生全面发展为工作宗旨，通过开展有益于同学身心健康的学习、创作、文体、社会实践、志愿者服务、社会公益等活动，积极创造良好的学风、校风，引导全校学生不断提高思想觉悟，牢固掌握各科知识，争做品德高尚、志趣高雅、知识广博、全面发展的大学生。学生会作为团结、带领广大青年学生发展、成长的群众组织，它在维护广大学生利益、丰富学生业余生活、促进大学生全面发展方面发挥着重要作用。同时，学生文化建设是校园文化建设的重要组成部分，学生会及其下属的各级部门开展的各种形式新颖、内容健康、有品位、有档次的活动成为校园文化活动中的品牌项目。如图2-3-5、图2-3-6所示。

　　共青团是中国共产党领导的先进青年群众组织，是中国共产党联系青年群众的桥梁和纽带，是中华人民共和国的重要社会支柱。共青团工作的主要任务：一是以理想信念教育为重点，引导学生树立为国家富强、民族复兴而奋发成才的远大理想，初步了解中国特色社会主义理论体系，逐步确立跟党走中国特色社会主义道路的信念。二是以思想品德教育为基础，引导学生践行社会主义荣辱观，锤炼意志品格，增强法制意识，明确社会责任，树立积极向上的生活态度。三是以提高综合素质为导向，帮助学生掌握表达、交流、沟通和组织、协调、合作等技能，提高学习能力、实践能力、创新能力和社会观察能力，促进学生全面发展。学院充分利用丰富的红色资源，每学期都组织优秀学生及学生干部赴革命圣地进行革命传统教育。

　　我校充分发挥团总支和团支部在广大团员里的作用，在校园文化建设方面开展丰富多彩的主题团日活动，使广大学生通过对世界观、人生观、价值观的正确认知，逐步学会做人、学会做事，学会生活。优美的校园文化环境、浓厚的学术氛围、丰富多彩的校园文化活动、

图2-3-5 传统匠工艺人指导学生社团进行手工剪纸

图2-3-6 学院樱花诗会

崇高的校园精神，使学生置身其中，耳濡目染如沐春风，陶冶自己的性情，净化自己的灵魂，逐渐体验出人生的意蕴，努力培养自己的良好习惯和崇高情操，如学雷锋活动、爱我校园、义务维修、校园文明主题活动等。学院围绕育人这一目标来定位，加强学生思想政治建设，特别是引导团员坚持正确的政治立场和政治方向，在丰富多彩的团委活动中加强对学生的思想政治教育。比如，学院开展的主题团日学习、院长面对面思政专题讲座、励志讲座，通过举办各类讲座提高学生的思想认知，同时也让校园内涵更加全面丰富。这类讲座引导教育学生热爱祖国，热爱劳动，讲正气，树新风，做个对社会负责任的人。学院团委还通过举行团干培训班、学生干部素质拓展班等活动，加强团员干部的业务能力和沟通能力，让他们在今后的工作学习中除了掌握自己的专业知识外，能够更好地融入社会。团委活动如图2-3-7~图2-3-9所示。

团委活动在校园文化中是一道亮丽的风景线，积极地引导团员和组织团员创建美好的校园文化，使得校园文化得到了提升和发展。学生在参加团活动时增进了相互了解和思想交

图2-3-7 团员学习

图2-3-8 学院两名大学生获誉萍乡市"最美大中专学生"

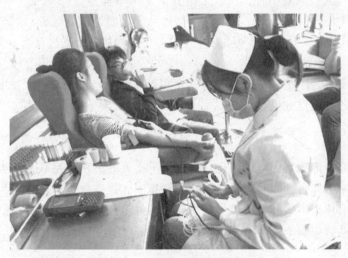

图2-3-9 青年志愿者参加献血

流,人际关系越来越和谐,更加懂得合作、关怀、宽容。团委活动让校园文化更加人性化,更加具有学生时代的特色。

第二节 社团和协会

社团（协会）活动是丰富多彩的大学生活中必不可少的，我们学院现共有 23 个社团（协会）：

1. 计算机协会

计算机协会是计算机信息工程系的一个专业性较强的协会，协会的宗旨是普及计算机知识，传播网络文化，参加校园文化建设，活跃校园文化氛围，丰富校园文化生活，提高计算机水平。我们会经常组织协会成员参加关于计算机方面的比赛和活动，在互联网＋时代，我们尤其注重互联网思维在实际生活中的运用，会不定期地开展此类学习。

2. 心理协会

人的健康包括两方面：生理健康和心理健康。当今社会，在快节奏和高压力的工作生活中，心理健康的保持尤为重要。心理协会主要是宣传和普及心理学知识，唤起大众对心理健康的关注并促进其心理健康发展，提高会员的心理素质。希望每一位在校生都能有一个健康的心理状态，这样才能更好地投入精彩的大学学习和生活中去。

3. 创业协会

当今社会，政府非常注重大学生创业，并且提供了很多优惠政策来促使更多的大学生进行创业。创业协会的活动不仅是丰富大学生活的一种方式，还会给学生传授创业方面的知识，根据社会需要，来促进会员的成长。

4. 美术协会

以提升学生的修养品质为目标，以培育素养、崇尚个性为理念，以提高学校的知名度为理想与追求。

5. 羽毛球协会

为了贯彻"每天锻炼一小时，快乐工作五十年，幸福生活一辈子"精神，深入开展全民健身运动，在学工处的领导下，羽毛球协会团结广大羽毛球爱好者，组织开展全校性羽毛球运动，丰富校园业余文化生活，为我校羽毛球爱好者提供一个增进友谊、交流球技的平台。

6. 篮球社

篮球社本着友谊、团结、奋进、提高、充实、以球会友的宗旨为广大篮球爱好者服务，会经常性地组织各种篮球比赛，通过这种比赛来提高同学们的综合素质。篮球社活动如图 2-3-10 所示。

7. 电子协会

电子协会主要是传播当代电子信息、揭示电子世界的奥秘，是联系学生与科技活动的纽带、展现学子风采的舞台，同时以营造科技创新氛围、提高成员科技素质为宗旨，以全心全意为成员服务为己任，组织和帮助成员从事各项课外科技活动，给成员提供理论联系实际的机会。电子协会活动如图 2-3-11 所示。

8. 英语协会

英语是世界上使用范围最广的一种语言，随着社会的不断进步，我们和外界的联系会越来越多。学一门有用的语言不仅是以后跟外界交流的途径，更是丰富自己的一种手段。英语协会本着丰富学生生活的目的，会不定期地组织会员观看英文电影，也会经常性地组织英

图 2-3-10 篮球社组织五校篮球赛

图 2-3-11 电子协会义务维修活动

语角。

9. 子衿汉服社

古语有云:"有服章之美曰华,有礼仪之大曰夏。"汉服是华夏文明最好的一种体现,汉服社本着传承传统服饰的宗旨,使人们领略汉服之美。汉服社活动如图 2-3-12、2-3-13 所示。

10. 轮滑社

轮滑是集娱乐性、艺术性、运动性于一身的一种运动。轮滑社会努力让大家体会轮滑的乐趣,使同学们的大学生活更加丰富多彩。

11. 会计协会

会计协会以"展现校园风采,扩展学生知识,繁荣校园文化"为宗旨,本着"互相学习,互相促进,共同提高"的原则,为对会计知识感兴趣的同学营造一个良好的交流平台。

图 2-3-12 汉服社活动（一）

图 2-3-13 汉服社活动（二）

12. 文学社

文学是人类公认的 7 种艺术之一，并且排名首位。文学社本着深化大学素质教育，促进学生全面发展的宗旨，团结和组织文学爱好者，加强校园精神文明建设，提高学校师生的人文素养，扩大学生视野，提高学生素质。

13. 书法社

见字如见人，书法在中国历史的很长一段时间内都是衡量一个人学识品德修养的重要指标。习得一手好字既能充实自己，也能提高自己的文化修养。书法社以广交书友、切磋书艺、取长补短为方法来完善自我、培养人才、发掘新秀。

14. 乒乓球协会

乒乓球是我们国家的国球，为国家在世界体育中争得了非常多的荣誉。乒乓球协会在这里以球会友，互相提高，激发大学生对课外活动的积极性，培养大学生的良好心态和强健体魄。

15. 电竞社

电竞社通过开展技术交流和社团活动，提高社员的社会竞技意识以及竞技能力，激发大学生对课外活动的积极性，培养大学生的良好心态，为构建多彩校园文化与和谐校园氛围贡献一份力量。

16. 曳舞社

电舞社遵守宪法和国家的法律、法规及学校的各项规章制度，遵守社会道德风尚，注重陶冶情操，宣扬以舞健身，传播舞蹈文化，丰富同学们的课余文化，促进我校的精神文明建设。

17. 读书协会

倡导"参与、务实、奉献"的校园思想文化氛围，贴近读者，以文会友，充分利用图书馆资源，求知成才。读书协会会经常性地组织会员在图书馆集体阅读并分享自己的心得体会，让大家一同体验到读书之美。

18. 跆拳道协会

跆拳道协会弘扬尊师重道、忍耐克己、百折不屈的跆拳道精神，提高大学生体质，丰富大学生的校园生活。

19. 骑行社

丰富校园文体娱乐活动形式，积极开展活动，营造良好的校园文化氛围，充分发挥学生第二课堂的作用，为校园文明建设服务。骑行社会不定期地组织学生到外面骑行，让学生领略大自然之美，提升学生的意志品质。

20. 演讲与口才协会

演讲与口才协会希望学生不只能把学到的知识藏进脑海里，还希望大家能把知识讲出来。人与人的交流主要是通过说话来完成的，好的口才能使交流更舒适愉快。协会的创立初衷就是服务同学，锤炼自我，学以致用，让大家都能好好说话、交流。

21. 剪纸社

传播非物质文化遗产，继承传统文化，培养广泛的兴趣爱好，剪纸社每个星期五下午都会组织剪纸课，来丰富大家的课外活动。

22. 吉他社

音乐能使人在繁忙的工作学习中放松自己，吉他是一种浪漫好听的乐器，它能给大家呈现出丰富多彩的音乐。古典音乐的厚重、弗拉明戈舞曲的热情、摇滚乐的激情都能通过它演奏出来。吉他社给爱好音乐、爱好吉他的人提供了一个展示自己的平台。

23. 花式跳绳社

运动使人健康，花式跳绳社希望通过传播健康的生活方式来提高大家的体质，通过努力使更多的人认识花式跳绳，加入花式跳绳的大家庭。

第三节　青年志愿者协会

江西应用工程职业学院青年志愿者协会成立于2003年9月，是一个志愿者自发成立的群众组织，下设3个志愿者服务队（义工、文艺、科教），现有注册志愿者500余人。学院青协积极响应上级团组织号召，在学院团委的大力支持和指导下，秉行"团结、友爱、互助、进步"的志愿者精神，以"服务和谐社会，提高思想素质"为主题，深入农村、企业、社区各领域开展形式多样的志愿服务，多次被评为江西省优秀社团。

一、服务理念

志愿精神是一种利他主义和慈善主义的精神，指的是个人或团体，依其自由意志与兴趣，本着协助他人、改善社会的宗旨，不求私利与报酬的社会理念。中国青年志愿者精神是"奉献、友爱、互助、进步"，我们学院志愿者都秉承着这种精神，为社会贡献自己的一份力量。

二、基本任务

院青年志愿者协会以"奉献、友爱、互助、进步"的志愿精神，旨在培养我院青年大学生的公民意识和奉献精神，提高大学生的素质，主要在点滴公益课堂、文明交通、无偿献血活动、文明城市创建以及其他社会公益活动中提供志愿服务。在活动中志愿者们都能认真负责地完成本职工作，积极参与到志愿者服务工作中去，得到了社会的肯定。

三、丰富多彩的志愿活动

1. 点滴公益课堂

点滴公寓课堂一直都是我院团委牵头，学院青年志愿者协会具体实施的一项尝试性关爱留守儿童项目，主要解决父母在外务工、爷爷奶奶无法辅导孩子学习，或者父母工作忙、没时间辅导孩子学习的问题。点滴公益课堂每天都会有志愿者轮流在教室值班，利用我们大学生的专长，义务为学院周边地区的留守儿童辅导中小学生课程，与他们做小游戏互动交流。如图2-3-14所示。

图2-3-14 志愿者义务辅导学习

2. 萍乡文明城市创建活动

我院青协的志愿者们到萍乡市繁华地区、交通要道及路口，经过交警同志的简单培训，为市民分发和宣传文明交通的有关知识，在交警的协助下将逆向行驶的非机动车拦下，进行文明宣传之后，车主也都意识到了错误纷纷改道顺行。志愿者们顶着寒风，给过往的非机动车进行宣传，目的是让广大市民增强道路安全意识，文明交通，为萍乡文明建设做出自己的微薄贡献。如图2-3-15所示。

图2-3-15　志愿者扶老人过马路

3. 无偿献血活动

我校青协在每年4月份和10月份配合萍乡市血液中心组织同学们参加献血活动，为献血的学生做信息的登记，做献血知识的宣传。志愿者也毫不逊色，积极参加到献血活动中，参与献血。如图2-3-16所示。

图2-3-16　学生义务献血

4. 绿色家园环保活动

我校青协组织责任心强且热爱公益事业的同学到学院附近，高坑镇周边村庄清理路边垃圾、打扫草坪，使高坑成为我们的绿色家园。此活动是我们院青协的一个长期活动，在活动中，我们得到了社会的好评与鼓励，这将激励我们志愿者在今后的工作中更加积极努力，争取更大的进步。如图2-3-17所示。

图2-3-17　志愿者义务清扫马路

5. 武功山志愿者

为了配合萍乡大型武功山帐篷节活动，青协在武功山金顶核心景区观音宕，海拔1 600米处负责前台、超市、帐篷的发放和搭建，使得游客在高峰期能在景区有序游玩。志愿服务可以培养吃苦耐劳的精神，是提高自我、锻炼自我的有效途径，因为奋斗的青春最美丽。图2-3-18为部分志愿者的合影。

图2-3-18　部分志愿者合影

无论是常规活动还是特色活动都充分体现了青年志愿者协会"奉献、友爱、互助、进步"的精神。近年来，青年志愿者的校外活动有所增加，且都发展良好。在崭新的工作中青年志愿者协会满怀对公益事业的热情，为社会奉献青春的力量。

第四节　心理健康教育

校园文化建设为大学生的心理健康发展营造氛围。校园文化不仅丰富和活跃了大学生的业余生活，而且能够满足大学生归属的需要和交往的需要，具有感染、熏陶、规范、引领等多重作用，是培养大学生身心健康和人格健全必不可少的文化依托。校园文化建设的延伸——大学生心理健康教育有助于大学生的人格健全。循序渐进、深入普及的大学生心理健康教育是和谐校园文化建设的主题中应有之义，它能够使大学生在和谐的校园文化氛围中感受其潜移默化的影响，让他们有意无意地在思想观念、行为方式、心理品质等方面与教育目标保持一致，从而实现对大学生健康心理、健全人格的塑造。学院专门设有心理咨询中心，主要负责我院的大学生心理健康教育工作，以服务学生为宗旨，积极开展形式多样的心理健康教育活动。

1. 心理咨询中心简介

我院于1999年开始心理健康教育和咨询工作，2004年成立大学生心理咨询中心，2005年开展大规模的学生心理素质普查排查。现心理咨询室由学生工作处主管，心理咨询教师和辅导员参与并协同心理教育工作。咨询中心有专职教师2名，兼职教师8名，其中国家二级心理咨询师5人，国家三级心理咨询师3人。

心理咨询中心的宗旨是：开展心理学知识普及、心理健康教育和心理咨询，帮助学生克服心理障碍、防治心理疾病，促进大学生人格协调发展，提高大学生心理健康水平。

2. 心理咨询室的日常心理咨询工作

心理咨询室的日常咨询工作包括面谈、网络咨询、电话咨询等，需做好咨询记录并保存。每学期制定值班表，各专、兼职共5名老师按中心规章制度完成值班任务。心理咨询的主要对象有：预约各年级心理普查高分的同学、主动求助的同学、辅导员和班级同学反映的有问题同学及突发意外状况需要进行心理干预的同学等。每学年中心接待各类咨询学生约100人次。

3. 新生的心理档案建设

每学年的学期初，对全校所有大专新生完成心理档案建设。整个建档过程由心理咨询中心老师负责组织实施，各班心理委员协助。从前期的宣传准备、测试培训，再到组织心理测试、收集整理并统计原始数据，得到结果并形成心理档案。每学年通过心理档案的数据，发现并预约高分学生，做到对新生问题及时发现、早期干预和有效控制。

4. 心理健康主题宣传活动

每年5月举办心理健康知识系列宣传活动，普及心理健康知识，宣传积极健康的观念，倡导健康快乐的生活方式。活动内容丰富、形式多样，包括心理健康知识宣传单、主题海报、心理图片、心理学名言、现场心理测验、心理咨询、留言板、心理影片播放等。

5. 心理健康主题班会

每学期心理咨询中心指导心理委员在本班组织心理健康主题班会，为保证主题班会质量，各班从选择主题，到班会流程，再到最后PPT的制作，都经过心理咨询中心老师的具体指导。班会内容形式多样，有心理游戏、案例介绍、专题讨论、心理测试、趣味心理等，配合PPT讲解。心理主题班会旨在促进学生自觉维护心理健康，同时，在班级营造一种积极健康、合作互助的氛围，增强了班级凝聚力，真正让心理健康教育走进班级。

6. 辅导员和心理委员的心理培训

辅导员心理培训，内容包含心理知识培训4次，以及1次案例督导交流。心理知识培训旨在提高辅导员的心理知识水平，帮助辅导员学习如何应对工作中遇到的学生问题。在案例督导过程中，中心老师将专业心理知识与具体案例相结合，对案例进行督导、点评，能够启发辅导员处理问题的思路、方法和技巧。

心理委员每学期参加中心组织的心理培训和指导，不断提高工作水平和方法。培训内容涉及心理委员的自身发展以及工作内容，如心理健康知识、心理测试培训、工作职责与技巧、心理主题班会等。鼓励心理委员把心理健康教育工作带进班级，积极开展各种适合班级的心理健康教育活动，提高班级学生的心理健康水平，促进学生顺利适应和主动发展。

7. 各种专题讲座

新生心理适应讲座。在每学年的新生入学教育中，对全校所有新入学的大专和高职新生，在报告厅组织"新生心理适应讲座"，引导新生在新环境中，能正确面对大学生活的各种问题，消除困扰，更好、更快地适应大学生活。

学生干部培训心理讲座。根据学生干部的心理特点和工作需要，在每年的学生干部培训中开展针对学生干部的心理健康讲座，引导学生干部用积极健康的心态面对工作、面对老师同学，学会减压，并能合理地安排自己的学习和工作。

积极开展其他各类心理讲座，如青年志愿者人际交往讲座、女生心理健康讲座、情绪调节讲座、经典心理影片赏析讲座等。

第四章 国防与安全教育

第一节 大学生征兵入伍政策

一、征兵政策规定

1. 征集时间

从2013年开始,全国征兵工作时间调整为从8月1日全面展开,9月5日起运新兵,9月30日征兵结束。在普通高等学院组织大学生征集的时间可适当提前,新兵从征集地区起运的具体时间由部队与有关省、自治区、直辖市人民政府征兵办公室协商确定。

2. 征集对象

征集对象以高中(含职高、中专、技校)毕业以上文化程度的青年为主,重点做好大学生征集工作,优先批准学历高的青年入伍、优先批准应届毕业生入伍,征集的非农业户口青年,应具备高中毕业以上文化程度,征集的农业户口青年,应具备初中毕业以上文化程度,尽量多征集高中毕业以上文化程度的青年入伍,直辖市、省会城市和高校集中地区全部征集高中以上文化程度的青年入伍,其他地区减少并逐步取消初中生的征集。当年已被普通高等学院录取及正在高校就读的学生并且符合条件的可以批准入伍。征集的女青年为普通高中应届毕业生和普通高等学院全日制应届毕业生及在校生。优先征集在抢险救灾和灾区恢复重建中表现突出的青年入伍。驻海岛、边境、远离居民区等条件艰苦地区的部队(含中国人民解放军武警部队)干部子女符合条件的,应优先批准入伍,其他部队干部子女的征集原则上按照此规定办理。有台湾省籍人口和归侨、侨眷的地区,应尽量多征集一些台湾省籍和归侨、侨眷青年入伍。例如,学院机电系2008级汪长家同学,毕业后参军入伍,在新疆某武警部队服役,在服役期间参加新疆公安系统选拔,成绩优异,现在乌鲁木齐某派出所任职。图2-4-1为萍乡军分区领导来学院开展国防教育和征兵动员。

3. 征集年龄

男青年为当年年满18至20周岁,高中毕业文化程度青年可放宽到21周岁,普通高等学院在校生可放宽到22周岁,高职(专科)毕业生可放宽到23周岁,本科及以上学历毕业生可放宽到24周岁。女青年为当年年满18至19周岁,普通高等学院在校生和应届毕业生可放宽到22周岁。根据本人自愿,可征集年满17周岁的高中应届毕业生入伍。

4. 征集条件

政治条件,按照公安部、总参谋部、总政治部修订的《征兵政治考核工作规定》和有关具体规定执行。体格条件,按照国防部征兵办公室修订的《应征公民体格检查标准》和有关规定执行。

5. 征集办法

适龄青年应当在其户籍所在地应征,经常居住地与户籍地不在同一省、自治区、直辖市的,且取得当地居住证3年以上的,可以在经常居住地应征。普通高等学院应届毕业生和在

图 2-4-1 萍乡军分区领导来学院开展国防教育和征兵动员

校生可在学院所在地应征,也可在入学前户籍所在地应征。应征公民经政治考核、体格检查合格,并符合其他征集条件的,由县(市、区)人民政府征兵办公室批准入伍,批准入伍的时间统一为当年9月1日。新兵的军龄一律从9月1日起算。

二、服役期间享受的优惠政策

1. 享受优先政策

大学生入伍享受优先报名应征、优先体检政审、优先审批定兵、优先安排使用政策以及体检绿色通道,大学文化程度青年未批准入伍前不得批准高中以下文化程度青年入伍。

2. 享受优待政策

优待金由批准入伍地发放,其家庭享受军属待遇,由户籍所在地负责落实相关优待。根据国家规定,应征入伍的义务兵,不管其户籍在城镇还是农村,其家庭均享受军属待遇。因各省、县(市、区)经济发展水平不一致,所以,义务兵家庭优待金标准也不相同。同时,即使在同一省、县(市、区)不同时期,义务兵家庭优待金标准也会发生改变。根据2009年11月27日江西省第十一届人民代表大会常务委员会第十三次会议通过的《江西省军人抚恤优待办法》第十九条规定:"农村义务兵家庭优待金,按照当地上年度农民人均纯收入的百分之七十确定;城镇义务兵家庭优待金,按照当地上年度城镇职工平均工资的百分之三十确定。"例如,江西省萍乡安源区2013年城乡义务兵家庭优待金标准为:2013年城镇义务兵家庭优待金标准10 790元/年,2013年农村义务兵家庭优待金标准8 680元/年。

3. 大学毕业生可选拔为军官

普通高等学院全日制毕业生应征入伍的士兵可被选拔为军官,包括:大学毕业生士兵提干、报考军队院校和保送入学。

(1)大学毕业生士兵提干:符合本科以上学历,截至当年6月30日,入伍1年半以上(服役期间取得学历和学位的应当入伍2年以上),且在推荐的旅(团)级单位工作半年以上等基本条件的,可以列为提干对象;根据规定符合一定条件的,优先列为提干对象。

(2)报考军队院校:参加全国普通高等学院招生统一考试,经省招生办公室专科统一录取且取得全日制专科学历的毕业生士兵,可以参加全军统一组织的本科层次招生考试,被录取者可入有关军队院校学习,学制2年,毕业合格的列入年度生长干部毕业学员分配计划。报考条件、考试组织、录取办法等另行规定。

（3）保送入学：大学毕业生士兵参加优秀士兵保送入学对象选拔，年龄放宽1岁，同等条件下优先列为优秀士兵保送入学推荐对象，选拔办法按照优秀士兵保送入学有关规定执行。大学毕业生士兵保送入学对象具有本科以上学历的，安排6个月任职培训；具有专科学历的，安排2年本科层次学历培训。

4. 优先选取为士官

对于符合士官选取条件的士兵，同等条件下具有全日制大专以上学历的要优先选取；师（旅）级单位范围内相同专业岗位的士兵，在任职能力相当的情况下，应优先选取高学历士兵。我院2006级郭一菲同学毕业后被选取为士官，现仍在某山东武警部队服役。

5. 保留入学资格或学籍

（1）入伍高校新生可以申请保留入学资格。退役后两年内，可以在退役当年或者第二年高校新生入学期间，持保留入学资格通知书和高校录取通知书，到录取高校办理入学手续。

（2）现役军人入伍前已被普通高等学院录取或者是正在普通高等学院就学的学生，服役期间保留入学资格或者学籍，退出现役后两年内允许入学或者复学。我院采建系徐松同学完成在校两年学习任务后应征入伍，退役后返校继续学习，毕业后分配到河南省某事业单位任职。

6. 享受学费补偿和国家助学贷款代偿

（1）应届毕业生享受学费补偿和助学贷款代偿。国家对应征入伍服义务兵役的高等学院毕业生在校期间缴纳的学费实行补偿。在校期间获得国家助学贷款的，学费补偿款必须首先用于偿还助学贷款本金及其全部偿还之前产生的利息。国家对每名高校毕业生每学年补偿学费或代偿国家助学贷款本息的金额，最高不超过6 000元。

（2）在校大学生享受学费补偿和助学贷款代偿。国家对应征入伍服义务兵役的高等学院在校生在校期间缴纳的学费实行补偿，对退役后复学的原高校在校生实行学费资助。国家对每名高校在校生应征入伍前在校期间每学年学费补偿或国家助学贷款代偿的金额，按实际缴纳的学费或获得的国家助学贷款金额计算，每人每年最高不超过6 000元。

（3）往届毕业生享受学费补偿和助学贷款代偿。简化学费补偿、代偿及学费减免程序，将往届毕业生纳入资助范围。

（4）录取未报到新生受学费补偿和助学贷款代偿。应征入伍服义务兵役前正在高等学院就读的学生（含按国家招生规定录取的高等学院新生），服役期间按国家有关规定保留学籍，退役后自愿复学的，国家实行学费减免。

7. 高校学生申请应征入伍服义务兵役国家资助审批程序

（1）应征报名的高校学生登录大学生征兵报名系统，按要求在线填写、打印高校学生应征入伍学费补偿国家助学贷款代偿申请表（一式两份，以下简称申请表）并提交学院学生资助管理部门。在校期间获得国家助学贷款的学生，需同时提供《国家助学贷款借款合同》复印件和本人签字的一次性偿还贷款计划书。

（2）学院相关部门对申请表中学生的资助资格、标准、金额（如有生源地信用助学贷款，学院应联系贷款经办银行或贷款经办地县级学生资助管理机构确认贷款金额）等相关信息审核无误后，对申请表加盖公章，一份留存，一份返还学生。

（3）学生在征兵报名时将申请表交至入伍所在地县级人民政府征兵办公室（以下简称县级征兵办）。学生通过征兵体检被批准入伍后，县级征兵办对申请表加盖公章并返还学生。

（4）学生将申请表原件和入伍通知书复印件，寄送至原就读高校学生资助管理部门。

（5）对于办理校园地国家助学贷款的学生，由学院按照还款计划，一次性向银行偿还学生校园地国家助学贷款本息，并将银行开具的偿还贷款票据交寄学生本人或其家长。偿还全部贷款后如有剩余资金，汇至学生指定的地址或账户。

（6）对于入学前在户籍所在县（市、区）办理了生源地信用助学贷款的学生，由学院根据学生签字的还款计划，一次性向银行偿还学生生源地信用助学贷款本息，或由学院将代偿资金汇入学生贷款经办地县级学生资助管理机构账户，由县级学生资助管理机构向银行偿还；学院或县级学生资助管理机构将银行开具的偿还贷款票据交寄学生本人或其家长，县级学生资助管理机构还应同时将偿还贷款票据复印件寄送学生就读高校。偿还全部贷款后如有剩余资金，汇至学生指定的地址或账户。

三、学生士兵退役后享受优惠政策

（1）（专科）学生入伍经历可作为毕业实习经历。

（2）学生士兵入学或复学后免修军事技能训练，直接获得学分。

（3）普通高校应届毕业生应征入伍服义务兵役，退役后三年内参加全国硕士研究生招生考试的，初试总分加10分，立二等功及以上的免试（指初试）攻读硕士研究生。

（4）（高职、高专）学历的，退役后免试入读成人本科，或经过一定考核入读普通本科；荣立三等功以上奖励的，在完成高职（专科）学业后，免试入读普通本科。

（5）应征入伍的高校毕业生退役后报考政法干警招录培养体制改革试点招生时，教育考试笔试成绩总分加10分。

（6）在招录公务员、参照公务员法管理机关（单位）工作人员，招聘事业单位工作人员时，要确保同等条件下优先录用（聘用）符合政府安排工作条件的退役士兵。边疆、民族地区乡镇机关招录公务员时，可拿出一定数量的职位，招录符合职位要求、政府安排工作的退役士兵。退役士兵报考公务员、应聘事业单位职位的，在军队服现役经历视为基层工作经历，服现役年限计算为工龄。财政支付工资的各类工勤辅助岗位遇有空缺时，应当首先用于接收由政府安排的符合岗位条件的退役士兵。

（7）高校应届毕业生入伍服义务兵役退出现役后1年内，可视同当年的高校应届毕业生，凭用人单位录（聘）用手续，向原就读高校再次申请办理就业报到手续，户档随迁（直辖市按照有关规定执行）。

（8）退役1年内的自主就业退役士兵可按规定免费参加教育培训。

（9）对退役士兵从事个体经营的，3年内限额减免营业税、城市维护建设税、教育费附加和个人所得税，限额标准为每户每年8 000元，最高上浮20%。

（10）国有、国有控股和国有资本占主导地位企业在新招录职工时应拿出5%的工作岗位，在符合政府安排工作条件的退役士兵之间公开竞争，用人单位择优招录。

（11）退役士兵按照国家规定发给退役金，由安置地的县级以上地方人民政府接收，根据当地的实际情况，可以发给经济补助，安置地的县级以上地方人民政府应当组织其免费参加职业教育、技能培训,经考试考核合格的,发给相应的学历证书、职业资格证书并推荐就业。

（12）乡镇补充干部、基层专职武装干部配备时,应注重从退役大学生士兵中招录;对返乡务农的退役大学生士兵,鼓励其通过法定程序积极参与村居"两委"班子的选举。

第二节 新生军训

一、大学生参加军训的重要意义

1. 学生军训是培养学生德智体全面发展的需要

学院教育担负着传授科学文化知识、为社会主义现代化建设培养各类专门人才的重要任务。要完成这个任务,需要通过多种途径,而学生军训就是为培养合格人才而采取的一项重要措施。学生军训,除了学习初级军官和士兵必须掌握的基本知识和基本技能以外,还要进行政治教育,组织他们学习我国近代史,了解革命先驱奋斗的道路和英勇事迹,学习党的路线、方针和政策,增强同党中央在思想上和政治上保持一致的自觉性;组织他们到农村、工厂、部队搞社会调查,体验生活,了解我国的国情和社会现实。同时,由于军事本身也是一门科学,有着自己的规律和特点,并且包含了许多自然科学的内容,学习军事,也可以促进其他专业的学习。图2-4-2为学生军训场景。

图2-4-2 学生军训场景

2. 学生军训是加速人民解放军现代化建设的需要

随着国家经济建设的不断发展,人民解放军武器装备现代化的步伐将进一步加快。这就需要成千上万具有较高军事素质和科学文化知识的人去掌握。高等院校和高级中学的学生具有较高的文化程度,经过一段军事训练以后,挑选一部分适合服现役的学生入伍,这对人民解放军的现代化建设是有好处的。我军已从全国各地方大学选拔了一大批大学毕业生入伍服役,在部队现代化建设中发挥了很好的作用。今后,根据国家教育事业的发展和人民解放军现代化建设的需要,我军将不断从高等院校和高级中学毕业生中选拔军人,吸收军官。通过这样的改革,必将更好地改善人民解放军官兵的知识结构,提高官兵的素质,加速人民解放军的现代化建设。

3. 学生军训是加强国防后备力量建设的需要

坚持走精干的常备力量与强大的国防后备力量相结合的道路，这是我国国防现代化建设的必由之路。对高等院校学生和高级中学学生进行军事训练，是党中央、中央军委从加强国防后备力量建设出发做出的战略决策。对高等院校和高级中学的学生实施军事训练，使他们牢固树立国防观念，掌握一定的军事知识和技能，就能为我军实行战时快速动员，储备基层指挥军官、技术军官和后备兵员打下坚实的基础。如果他们都经过一定的军事训练，掌握一定的军事知识和军事技能，做到寓兵于民，寓兵于校，我国的国防后备力量将会更加强大。一旦战争发生，将会源源不断地满足兵员动员的需要，保证战争的胜利。

4. 学生军训是加强全民国防教育的需要

国防教育是全民教育的一项重要内容，也是当代大、中学生整个思想政治教育的重要组成部分。历史经验表明，一个国家、一个民族的强弱兴衰与国民国防意识的强弱有密切的联系。大、中学生既有较高的科学文化知识，又年轻力壮，他们是国家最有希望的一代，是国防兵员的主要来源。加强全民的国防教育，首选要加强学生的国防教育，要从娃娃抓起，提高他们的国防观念。要做到这一点，最有效的途径就是对他们进行军事训练。通过军事训练，对他们进行爱国主义、革命英雄主义和人民军队的传统教育，激发他们的爱国主义热情，增强建设祖国、保卫祖国的责任感，从而推动全民国防教育的发展，弘扬中华民族崇勇尚武的传统美德，使全体公民都树立起居安思危、常备不懈、有备无患的国防观念。

二、大学生军训规定

"军事课程是普通高等学院本、专科学生的一门必修课"；"军事课（含军事理论教学和军事技能训练）列入学院的教学计划，成绩记入学生档案"。为贯彻落实《普通高职院校军事课教学大纲》和上级有关规定，做出如下规定：

（一）军训期间学生纪律要求

按通知要求准时报到，做好军训期间的各项准备工作，请假的同学必须向学生工作处递交书面申请，得到批准后方可不参加军训，否则作旷课处理。请假程序：①本人书面申请——②家长来校签字同意（留家长电话）——③军训教官同意——④班主任处签字同意——⑤报学生工作处研究处理。

1. 住宿纪律按学院公寓管理条例执行，特别注意以下事项

（1）按时就寝、起床。
（2）不得在宿舍玩火、玩电、煮食。
（3）被子、枕头，起床后叠放整齐，统一摆放在床的非上下人的一边。
（4）脸盆、鞋一字排开，放于床底，床下、柜顶、抽屉无杂物。
（5）宿舍内不得乱接乱挂、晾晒衣服。
（6）卫生工具摆放整齐，财物妥善保管，宿舍内不存放现金或贵重物品。
（7）勤倒垃圾，地面每天早晚各拖一次，要求干爽，无脚印。
（8）洗漱用品摆放整齐。

2. 军训纪律

（1）集队速度要快，按时到达指定地点集合。

(2) 训练过程中，要听从教官指挥，虚心认真训练，不顶嘴，有事要报告。
(3) 国防教育要认真听讲，做好必要的笔记。
(4) 服从命令，一切行动听指挥，注意安全。
(5) 服装整齐，不佩戴饰物及贵重物品（如手机、MP3 等）。

3. 用餐纪律

(1) 集队进饭堂，按指定餐台用餐，有礼谦让，不争先恐后。
(2) 不浪费粮食，不随地吐、倒菜渣、剩饭菜，不带饭菜回宿舍。

（二）军训成绩说明

(1) 学生个人军训成绩考评分为：出勤＋训练＋内务＋会操等，满分100 分。
①出勤：军训期间每天按时出勤 2 分，拉练一天 2 分。（小计：24 分）
②训练：全天训练认真，听从指挥、服从安排每天 2 分。（小计：38 分）
③内务：整理内务认真，打扫彻底每天 1 分。（小计：19 分）
④纪律：能严格要求自己遵守军训纪律每天 0.5 分。（小计：9.5 分）
⑤会操：服装统一，能积极参加会操表演且组织有序每人＋9.5 分。
(2) 军训成绩分为：优秀（90 分以上）、良好（75 分以上）、及格（60 分以上）、不及格（59 分以下）。
(3) 学生个人军训成绩考评由军训教官负责，班主任老师协助共同完成；学生完成第一学年学业，由班主任负责将军训成绩记入学期评语档案。
(4) 军训结束当天由军训教官将军训学生成绩报班主任处，然后由班主任报军训不及格学生成绩名单，学生工作处将统一造册登记将成绩不合格同学报各系部，安排随下一届学生（或毕业时）进行补训，直到毕业离校军训成绩及格为止。

（三）军训表彰说明

(1) 军训先进集体：总排数的 1/3，先进集体的命名不能重复。
(2) 军训先进个人：军训排总人数的 1/10 评。
(3) 军训文明宿舍：以所住军训学生宿舍的班级为单位，每班评一个（学生内务整理优秀，班级人数明显较多，适当可评两个宿舍）。
(4) 军训先进集体、个人、文明宿舍评选统一由军训大队负责。

三、军训评先评优工作

军训先进集体评选标准：
(1) 对军训态度端正、认识明确，出勤率达到 95% 以上。
(2) 服装统一，军容整齐，整体形象好。
(3) 团队成员训练认真刻苦，尊重教官，服从管理，遵守纪律，听从指挥，作风过硬。
(4) 训练标准高，动作达标率 90% 以上。
(5) 团队无不文明现象发生。
军训先进个人评选标准：

（一）优秀学员

(1) 对军训认识到位，态度端正，在军训中充分发挥主动性、积极性。

（2）军训中严格要求自己，尊重领导和教员，服从命令，听从指挥，严守纪律，执行规章，表现突出，处处起模范带头作用。

（3）军训中参训率和到课率均为100%，做到不迟到、不早退、不缺课，训练刻苦，学习认真，各项成绩优异。

（4）关心集体，团结同学，主动关心、帮助别人，内务整洁，积极参加集体活动，勤俭节约，不乱花钱，做到军训期间安全无事故。

（二）队列训练标兵

（1）严格执行部队的条令条例和连队的规章制度，严守队列纪律。

（2）严格遵守请销假制度和课堂、操场纪律，无迟到、旷课现象。

（3）尊重带训教官和带训教师，团结同学，乐于助人。

（4）有较强的集体荣誉感。

（三）内务卫生标兵

（1）认真履行值日制度，值日当天宿舍卫生优良。

（2）积极主动搞好宿舍内的卫生，发挥标兵的带头作用。

（3）遵守公共秩序，注意个人清洁卫生。

（4）内务始终保持整洁，个人物品放置整齐有序。

（5）参训男生做到头发整洁，不留大包头、大鬓角和胡须；女生不戴耳环、项链、领饰、戒指等饰物，不描眉、涂口红、染指甲，戴军帽时发辫不过肩（长发必须卷入帽内）。

（四）军训作风纪律标兵

（1）态度端正，积极参加军训。正确认识和理解军训的目的意义，以饱满的热情积极参加军训各项活动，无被动应付的消极言论和怕苦怕累的畏难情绪。军训中思想稳定，生活简朴，学习认真，训练刻苦，服从管理，要求上进。

（2）遵章守纪，集体荣誉感强。军训中严格执行部队的条令条例和连队的各项规章制度，严格遵守请销假制度和课堂、操场纪律，无迟到、早退、旷课现象。

（3）内务整洁，遵守公共秩序。自身内务始终保持整洁，个人物品放置整齐有序，主动搞好室内外环境卫生。自觉遵守食堂公共秩序，不浪费粮食，注意节约用水。

（4）爱护公物，经手物资完好。爱护公寓公用物资，爱护装备和训练器材，经手物资和装备器材无人为损坏、丢失现象。

（5）诚实守信，表里如一。尊重带训教官和教师，有较强的集体荣誉感和较高的群众威信。

（6）考核成绩优异。接受考核或考试时，求真务实，不弄虚作假，各科考核考试成绩均在良好以上。

文明内务示范宿舍评比条件：

（1）坚持一日生活作息制度，早上按时起床，晚上按时就寝。

（2）宿舍内经常保持整洁，不乱扔各种果壳瓜皮、纸屑，不随地吐痰，不乱写、乱画，不吸烟，不酗酒。

（3）宿舍物品放置整齐、统一，被子、蚊帐、鞋子、书籍、牙刷、毛巾、箱子、水瓶、桌凳等按统一的规定摆放。

（4）注意个人卫生，常剪指甲，勤洗晒被子，着装整齐干净，注意公共场所的卫生。

（5）宿舍成员正直热情、团结友爱、举止文明、互相关心、共同进步，对人有礼貌。

（6）宿舍内各种电器、开关、插座等不乱装乱拆，墙上各种张贴整齐、美观、统一。

（7）宿舍的灯火管制做到人走灯灭，没有违章用电现象发生。

（8）离开宿舍自觉关窗、锁门，保持宿舍内的安静，不大声喧哗，不影响他人的休息和学习。

（9）建立值日制度，做到宿舍值日明确，坚持经常督促检查。

（10）遵守校内各项规章制度，且服从命令、听从指挥。

（11）宿舍成员在军训中表现良好，成绩优良。

四、大学生军训注意事项

（一）军训期间可能出现的疾病

1. 中暑

中暑是指由于高温或引起高热的疾病使人的体温调节功能紊乱，而发生的综合征。处理措施：首先停止训练，迅速脱离高热环境，移至通风好的阴凉地方，解开衣扣，让病人平卧，用冷水毛巾敷其头部，并给清凉饮料。如果症状得到缓解，就可以归队训练。若症状未能缓解，应及时送往医院。

2. 感冒

感冒分上呼吸道感染和急性鼻炎、咽喉炎。处理措施：对于一般的打喷嚏、鼻塞，多喝水不用药物，靠自身的免疫力就可以恢复。若喉咙发炎，则服用银翘片、速效伤风胶囊。如有发烧，应及早就医。

3. 腹泻

腹泻的原因一是食物被细菌感染或进食不当食物；二是饮食习惯改变，尤其是外地来的同学，对于当地的食物肠胃还未能适应；三是早上喝冷饮料。处理措施：恶心、腹泻不严重者多喝盐水，盐水配比：1 杯水 + 1/4 匙盐。严重者及早就医。

4. 扭伤、皮肤擦伤等

处理措施：伤口干净者，先用双氧水消毒，再擦红药水和碘酒。伤口不干净者，到医院清洗包扎。

5. 抽筋

处理措施：一般出现小腿抽筋，先将抽筋者的小腿放平，拉住脚掌把筋拉直到不再抽筋。24 小时后用跌打药酒按摩。

（二）注意事项

在军训过程中同学们进行了较为剧烈的运动，因此，在军训结束后要注意自身的保健：

（1）不宜立即停下来休息。

（2）不宜立即大量饮水。

（3）不宜马上洗冷水澡、游泳、吹风或用空调。

（4）不宜立即饮啤酒。

（5）不宜立即吃饭。

第三节 安全教育

大学生安全教育与管理，是指学院为了维护正常秩序，维护大学生的人身、财产安全和身心健康，提高大学生的安全防范意识与自我保护技能，从学院实际情况出发，依照国家有关法律、法规的规定，制定各种安全教育与管理的规章制度，并对大学生进行国家法律法规、学院安全规章和纪律、安全知识和防范技能的教育与管理活动。

一、大学生安全教育与管理的必要性

（一）大学生接受安全教育与管理是依法治国的需要

改革开放以来，高校校园治安和大学生安全问题得到了党和国家的高度重视，大学生安全教育与管理工作已纳入社会主义法制轨道。在《高等教育法》《高等学院学生行为准则（试行）》《高等学院校园秩序管理若干规定》《普通高等学院学生安全教育及管理暂行规定》《高等学院内部保卫工作规定（试行）》等法规中，既明确了学院在大学生安全教育与管理中的职责，也规定了大学生在安全教育与管理中应该享受的权利和必须履行的义务，体现了党和政府对大学生安全的高度重视，把维护大学生的安全和合法权益、对大学生进行安全教育与管理、依法治校确定为高校各级领导的法定义务，推动了高校各级组织特别是保卫部门对大学生的安全教育与管理工作。各高校已按国家的要求，逐步建立健全了大学生安全教育与管理体系。

（二）大学生安全教育与管理是大学生自我完善的需要

大学阶段，是大学生一生当中人格发展与完善的关键时期。大学生群体又是一个特殊的社会弱势群体，主要表现为：

1. 缺乏必要的社会经验，安全防范意识较差，自我防范能力较弱

大学生生理发育基本成熟，但心理发育滞后；个性趋向定型，但可塑性大；智力接近高峰，但尚未完全开发；社交需求强烈，但经验不足。

2. 大学生心理成熟滞后，心理安全问题突出

由于生活节奏加快、社会压力加大以及家庭环境和个人经历诸多原因，产生心理障碍和心理疾病的大学生日益增多。同时，大学生因年轻、单纯、好奇，易受不健康文化的诱惑。据对全国14所高校大学生心理状况的测试，大学生的心理疾病指标明显高于社会同龄人。

（三）大学生安全教育与管理是适应社会治安形势的需要

近年来，经过"严打"整治斗争，社会治安形势正在逐步好转，但是治安形势依然十分严峻，各种违法犯罪现象仍呈上升趋势。高校在改革开放的新形势下，与社会融合的程度越来越高。高校周边治安环境更加复杂，学院周围茶楼、酒吧、网吧、歌舞厅等林立，不少社会不良分子混迹其中，伺机作案。另外，社会不健康文化也是毒害大学生思想、影响其身心健康的重要因素。部分大学生沉迷于淫秽书刊、影碟、黄色网站而不能自拔，导致精神萎靡、厌恶学习、不求上进，甚至走上违法犯罪的道路。因此，必须对大学生进行安全教育与管理，让大学生对社会治安形势有正确的认识和理解，使大学生自觉地学习安全知识与技能，做好自身的安全防范工作，从而预防和减少高校中违法犯罪事件对大学生的侵害。

（四）大学生安全教育与管理是适应学院改革发展的需要

随着我国高等教育事业的蓬勃发展和各项改革的不断深化，多层次、多形式办学格局已经形成，后勤社会化改革逐步深入，市场经济的触角迅速地伸入校园，校园已由过去封闭型的"世外桃源"变为开放型的"小社会"。社会上的服务行业，校园里几乎都有，各类从业人员和消费者（包括学生）参与其中，使得学院的安全保卫工作难度加大，防不胜防。有的不法之徒伺机作案，大学生往往成为被侵害的直接对象，人身和财产安全常遭受不法侵害。因此，高校应加强对大学生的安全教育与管理，让大学生有针对性地学习必要的安全知识和法律法规，掌握必要的安全防范技能，增强遵纪守法观念和安全防范意识，提高自我保护能力。

（五）大学生安全教育与管理是提高大学生综合素质的需要

我国的大学生安全教育与管理，经过漫长的历史发展，已逐步由低级走向高级、由不成熟走向成熟。今天，大学生安全教育与管理已发展成为一门科学并进入课堂。随着我国改革开放步伐的加快，社会经济文化快步发展，教育事业发展迅猛，学生的毕业就业问题逐步显现，人才市场竞争激烈，用人单位对综合素质高的人才青睐有加，而良好的安全意识和一定的安全知识正是体现大学生综合素质的重要指标。从实践看，全国高校已普遍将安全教育列为学生入学教育的重要组成部分，有关的教育手册、资料日益丰富，大大方便了学生的学习。

三、大学生自我防范措施

大学新生大多数是第一次离开家庭，远离父母。学习生活的一切大小事宜，全须靠自己打理，生活安全的防范显得尤为重要。大学生常见的生活安全主要包括人身安全和财物安全。

（一）大学生人身安全防范

大学生人身安全教育是指教育管理者对在校大学生通过一定的人身安全知识教育实践活动，使受教育者具有遇突发性事件的应急、应变能力，安全防范、防卫能力，以及法制观念、健康的心理状态和抵制违法犯罪的能力。

大学生在校期间主要人身安全隐患：
(1) 违反消防安全引起的火灾。
(2) 食物中毒。
(3) 校内外活动的人身伤害。
(4) 突发公共卫生事件。
(5) 自杀、凶杀、性侵害等人身伤害。

1. 火灾事故的预防和处理

通过收集目前高校发生火灾事故的材料进行分析总结，得出高校火灾事故的主要原因包括：
(1) 思想上疏忽大意，消防意识淡薄，如忘记关电源就离开宿舍。
(2) 乱拉电线或违规使用学院规定不能使用的大功率电器。
(3) 乱丢烟头，乱点蜡烛，焚烧杂物，随意携带易燃易爆物品。
(4) 在实验中，不按照操作规程进行实验操作等。

图2-4-3为同学们在进行消防演练。

图2-4-3　同学们在进行消防演练

预防措施及对策：

（1）增强消防意识，在公寓内严禁燃放烟花爆竹、点蜡烛、吸烟、焚烧杂物，严禁携带易燃易爆物品。

（2）养成良好的生活习惯，消除安全隐患。

（3）严禁乱拉电线，更改电路和安装插座。

（4）严禁在宿舍内使用电吹风、电熨斗、电热杯、电热棒等高功率电器。

（5）在发生火灾时应沉着冷静，及时报火警，从安全通道有序地疏散人群。

2. 食物中毒事故的预防和处理

食物中毒是指吃了带致病菌或者含有毒素、毒质的食物，发生如恶心、呕吐、腹泻或腹痛等中毒现象。食物中毒有细菌性食物中毒和非细菌性食物中毒。

细菌性食物中毒是指吃了被细菌或霉菌所污染的食物而引起的中毒现象。一般在气候温暖的季节尤其容易发生。导致细菌性食物中毒主要有5种原因：

（1）食品原料变质。

（2）食品保管不善，受细菌污染。

（3）食品没有烧熟煮透，细菌在其中繁殖而产生毒素。

（4）生熟食品交叉感染。

（5）生吃水产品和凉拌菜等。

非细菌性食物中毒是指吃了本身具有毒性或残留有毒性物质而引起的中毒现象。导致此种中毒的主要原因：

（1）吃了有毒动植物，如吃了河豚、有毒野蘑菇、发芽马铃薯等。

（2）吃的食物混入有毒化学物质，如汞、砷等。

（3）吃了残留高毒农药的蔬菜、水果。

（4）吃了霉变食物，如发霉的米饭、面包等。

防止食物中毒事故发生要注意以下一些事项：

（1）保持良好的个人卫生习惯，注意清洗，勤洗手。

(2）不吃没有卫生保障的食物。
(3）购买食品时要注意保质期，以免食品过期。
(4）新鲜蔬菜应经过浸泡，瓜果应洗净削皮。
(5）搞好宿舍和周围的卫生，消灭"四害"。
(6）注意饮水卫生，不喝生水和没有卫生保障的饮料。
(7）如果有中毒的现象出现（如恶心、呕吐、腹痛或腹泻等），应立即到医院诊治。

3. 校内外活动人身伤害的预防

校内外活动的人身伤害是指高校在校内实施的教学活动或者在组织校内外活动中，发生的大学生伤害事故。其中校内活动的人身伤害事故是指由于学院楼房、墙体、道路、场地、林木、体育器械、实验器材、电力设施、消防设备的陈旧、老化，或未及时地修复或拆除，或设施设备质量不合格、不符合安全标准、存在安全隐患，或者由于学生安全意识薄弱、疏忽大意，在组织和参加的集体课外活动中，造成的人身伤害。校外活动人身伤害是指学生到校外参加由学院组织或学生自行组织的社会调查、实践活动、义务劳动、参观访问、课程实习、集体出游等过程中造成的人身伤害。

为了防止校内外活动人身伤害的发生，要注意以下一些事项：
(1）学院要加强教学设施、设备的检查和建设，消除安全隐患。
(2）学生要加强安全学习，提高自己的安全意识，防止各类安全事故发生。
(3）学院要加强活动的审批制度，严密组织，精心安排，制定切实有效的应急预案。

4. 突发性公共卫生事件的预防

当突发性公共事件（如"非典"）发生时，我们要坚信党和国家，全国上下万众一心，众志成城，一定能处理好突发性公共卫生事件，要紧紧依托学院突发公共卫生事业工作领导小组，坚决贯彻落实相关防治措施。作为青年大学生应了解、掌握引发公共卫生事件的起因、症状、传播途径及防治方法，要沉着冷静，积极应对，相信科学，依靠科学，有效防治并战胜疾病。

5. 自杀、凶杀、斗殴、性侵害等人身伤害事件的预防

自杀是指各种内在心理与所处环境因素的矛盾结果所导致的有意、自觉结束生命的一种不负责的行为。凶杀是指使用暴力或其他手段导致他人受伤或死亡。

斗殴是高校常见的一种人身伤害事件，大学生校园打架斗殴的起因主要有：
(1）因为经济纠纷所致。
(2）因利益斗争所致。
(3）因恋爱所致。
(4）因性格不合所致。
(5）极端个人主义所致。
(6）狭隘的宗派主义所致。
(7）因酒后失控所致。

校园打架斗殴事件妨碍社会的稳定，扰乱校园秩序，影响内部团结，破坏育人环境，甚至诱发违法犯罪事件发生。大学生应该从以下几方面预防校园常见打架斗殴事件的发生：
(1）大学生应该严格遵守学院校的规章制度。
(2）积极参加校园文体活动，倡导健康文明的精神生活。

（3）提高自身修养，诚实谦虚，注意语言和行为美。
（4）互谅互让，求同存异，宽容大度。
（5）冷静克己，依法依规而行。
（6）相互帮助，相互关心，构建一个温暖和谐的集体。

性侵害事件是指使用暴力或其他手段对受害人实施强奸、轮奸或调戏、猥亵等行为。性侵害的主要类型有：暴力性侵害、胁迫性侵害、约会性侵害、诱惑性侵害、骚扰性侵害。大学生预防性侵害的措施有：

（1）大学生应追求高尚人格，塑造理想自我。
（2）增强识别能力，谨慎待人处事。
（3）面对性侵害时学会自我保护，生活上利用课余时间学习一些基本安全防范技能。

（二）财物、求职安全教育

财物安全是指学院里的公共财物或个人财物遭受个人或组织非法占有或故意破坏。公共财物安全是指学院教室里的教学设备、运动场的体育设施、实验室里的仪器设备、办公室里的办公设备、宿舍楼里的公共财产以及学院公共场所的一些公共设备遭受一些违法乱纪分子的破坏。个人财物安全是指学生自己的个人物品如行李、钱包、手机等被非法占有或损坏。

常见的危害大学生财物安全的犯罪行为是盗窃、诈骗、抢劫、敲诈、勒索。为此，我们将对这些常见的手段进行分析，并提出一些预防措施，以提高大学生的安全防范意识，确保财物安全。

1. 盗窃

盗窃是指以非法占有为目的，秘密窃取国家、集体或他人财物的行为。它是高校最为常见的违法犯罪行为。大学生如何加强防盗呢？首先，要树立主人翁的意识和责任感，把保护学院公共财产看作是个人在校应尽的义务和责任，利用合法手段同破坏公共财产的行为做斗争。其次，提高警惕，发现一些行为诡异的可疑人员，应及时通知学院保卫部门。第三，养成良好的生活习惯，做到随手关门，减少给盗贼有乘虚而入的机会。第四，注意保管好个人的贵重物品，不要将个人贵重物品放置于显眼处，不要随身携带过多现金，保管好自己的个人存折、银行卡，不要泄露自己存折、银行卡的密码。第五，在外出时要防止作案人"顺手牵羊"，防止作案人"浑水摸鱼"，防止作案人"偷梁换柱"。第六，遵守学院宿舍管理制度，积极配合学院宿舍管理，如不留宿他人，出入公寓出示相关证件，来访客人实行登记制度等。第七，同学之间齐心协力，团结友爱，相互帮助，共同携手反盗。

2. 抢劫、抢夺

抢劫是指以非法占有为目的，以暴力、胁迫或者其他方法，实施将公私财物据为己有的一种犯罪行为。抢夺是指以非法占有为目的，乘人不备，公然夺取他人财物的一种犯罪行为。这两种行为不仅侵害他人的财产权利，而且还侵犯他人的人身权利。

目前，高校校园抢劫、抢夺案件有以下特点：第一，案发时间多为晚上，尤其是校园内夜深人静、活动稀少时。第二，案发地点多为偏僻地段。如树林中、小山上、小湖边、林荫小道、正在兴建的建筑物附近等。第三，案发对象多为携带贵重物品的人或滞留在阴暗处的恋爱男女或独行之人，尤其是女同学。第四，犯罪分子攻击的目标多为贵重物品（现金、手机、项链、手表等），手段较凶残，有侵害性，且对案发地点较为熟悉。

大学生应如何预防抢劫、抢夺？这里给青年大学生提几点建议：第一，外出时不要携带过多的贵重物品。第二，贵重物品必须隐藏不要外露，更不要向人炫耀。第三，夜深人静时或通过僻静阴暗处，要结伴而行且快速通过。第四，发现有可疑人员跟踪要沉着冷静，立即向公安机关报告，并朝有人和有灯光的地方前进。第五，女生独自外出或回校，穿着不要过于时髦、暴露。

3. 敲诈勒索

敲诈勒索是以非法占有为目的，对他人实行威胁，索取数额较大的公私财物的行为。为了能有效防止敲诈勒索，大学生应注意以下几点：第一，端正自己的行为，不做违法乱纪的事，不贪不义之财，不给他人把柄，清除预谋性的敲诈产生的条件。第二，对不认识的人，不可随意倾诉自己真实情况，更不要留下姓名、地址、通信方式。第三，一旦遇上敲诈勒索，切勿"私了"，应尽快报警，提供线索，协助破案。

4. 求职诈骗

大学生求职心切而遭遇职业中介诈骗的案件频频发生。职业中介诈骗通常以通过熟人关系招工、培训等方式，以丰厚的工资待遇和热门工作为诱饵，向求职大学生骗取高额中介费。职业中介诈骗处于诈骗罪边缘，案件往往达不到立案侦查标准，受骗求职大学生的权益无法得到有效维护。大学生在应聘前，先想方设法查询该公司的基本情况，或向当地就业服务机构查询，了解就业市场的状况及担任工作的内容和环境。另外，再以电话形式向公司询问，彻底了解公司性质及工作内容。如有介绍人，需先对介绍人有一定了解。

求职前的安全问题：在求职前层层过滤，确保就业信息的真实性、准确性和可靠性。当接到用人单位邀约前去面试的通知时，首先要做的事情就是核实此条消息的真伪。可向用人单位询问，对方是通过何种途径了解你的情况的。对于拿不准的问题一定要向学院辅导员汇报，由学院出面落实，落实后，再去面试。当你的手机接到陌生人的短信或电话时，对方约你在某个地方面试，特别是对方声称自己是某个大公司或知名企业的代表时，一定要设法先向该公司或企业（而不是给你发手机短信或约你见面的人）查询该单位最近是否有过招聘计划，同时，要拨打114查询，该单位是否注册过公开办公联系电话。对于只留手机号码的单位，或多个不同公司只留同一个联系电话者，一定要谨而慎之，千万不要草率决定。谨慎过滤求职广告，看报纸或网络搜寻求职信息时，应注意，凡具有以下特点的招聘广告，不要贸然应聘：

（1）不明载公司的名称、地址、电话及联络人，仅留电话或邮政信箱者。

（2）招聘的职位没有资格、条件的限制，或条件过于宽松。

（3）应聘的岗位众多，但是都很含糊。如储备干部、兼职助理等。

（4）不可思议的高薪或高福利。譬如待遇优厚、工作轻松、纯内勤、免经验、可借贷等，当你真的去应聘时，发现很容易就被录取。

（5）当你电话咨询该公司的业务性质、服务项目及工作内容时，该公司不予以明确答复或语焉不详或交代模糊者。电话中支吾以对，似一人公司，有时无人接听者。

（6）很频繁地刊登广告，常常连登一周，甚至一个月者。

（7）对刊登的广告应先多观察几天，如发现内容前后不一致，应放弃应聘。

求职过程中应擦亮眼睛，识别就业陷阱。面谈时，对方所提工作内容空泛不具体时，不要被夸大的言辞所迷惑,身份证、毕业证书及印章等证件,不宜给对方;不可轻易出示银行账户号码及密码,以免不法之徒有机可乘。需要花钱才能录取成为公司员工或职位的,或者是购买产品才能领到底薪者,就是有问题的公司。不要购买直销的产品,如化妆品、珠宝、保险等,这极有可能是类似非法传销等非法组织设置的陷阱。在进行面试的过程中,如果遇到用人单位要求交保证金或其他培训费用(如报名费、训练费、材料费等)时,一定要慎重,千万不要为了保住工作而盲目交费。不排除有的用人单位要求毕业生交保证金的目的是防止毕业生违约,但实际上,有些用人单位带有功利目的,应聘者交上了培训费或其他费用,也不一定能确保被该单位录用。总而言之,无论该信息是从学院获得的还是从其他人才交流中心获得的,只要涉及钱物的问题,一概免谈。要时刻牢记:不支出、不购买、不贸然签字。如果对方声称非交不可,自己又不能确定,请与学院辅导员联系后,再做决定。签订附加就业协议应谨慎,看清内容再决定。如一定要注意"工作内容""劳动保护"和"劳动条件"(包括工作时间)"劳动报酬""违反劳动合同应承担的责任"和"劳动合同终止的条件"等内容。要求提供亲友名单、身份证号码(复印件)等均可能有诈财之患,要注意避免!有些招聘广告,或厂商雇主自发的招聘信息,有不实情形,应谨慎辨识,小心掉进就业陷阱。对于声称"可月收入数万元高薪或聘以高职位"的应当格外小心,时刻谨记:诱饵越诱人,陷阱越深。例如:"某大集团""某上市公司"等,这些公司不敢在报纸上公开它们的名称,在应聘这类的公司时,最好先打听清楚该公司的背景;"业务主管、营销顾问、区域代表……",这类的头衔很容易让人迷失,但通常是企业用来寻找直销人员或类似老鼠会的组织在吸收成员时惯用的手段,等训练完成后,可能要求你去从事非法活动,在应聘这类工作时,需要考虑仔细;"身高1.65米以上、外形甜美"这种应聘演艺人员或模特的广告,要先衡量自己的条件,并且打听该公司的规模和状况,应聘时应结伴同行,不要只身前往。

（三）大学生应如何报警

（1）大学生在校园内发生意外或受到不法侵害时,应及时向学院保卫处报告（7062005）或打"110"报警,并说明详细情况,注意收集证据,积极配合相关部门的调查。

（2）大学生在校园外被骗或遇到危险时,应保持镇定,稳住对方,伺机报警或向周围群众寻求帮助。

（3）大学生发现火灾,应立即打"119"电话报警,用标准语言报清楚自己的姓名,并详细说出火灾的方位、燃烧物及火势状况。

树立安全防范意识,确保自身安全是一生都要牢记的话。要热爱自己的生命,因为只有爱自己才能更爱别人,才能更爱这个世界。

四、学院学生安全教育管理制度

第一项 住宿安全管理制度

第一条 总务处必须保证学生公寓无房屋安全隐患,保证通电通水,电风扇安装安全合理,床铺必须牢靠耐用,无摇晃断裂现象发生,并配有边栏,所有电器和线路无安全隐患。

第二条　学生住宿必须按学院规定办理入住手续。
第三条　学生住宿一律不得留宿校外人员或异性。
第四条　学生一律不许携带打火机、火柴和鞭炮、液化气体等易燃易爆品进入宿舍。
第五条　学生一律按时作息，未经允许不得在校外留宿。
第六条　学生晾衣一律用衣叉撑起挂在阳台晾衣绳上，不许登高挂衣，以免发生意外，不许将任何物品挂在电线上。
第七条　男女生不许互串寝室。
第八条　学生不许在阳台围栏上坐立或爬行。
第九条　学生必须爱护宿舍内一切设施，损坏或丢失照价赔偿。
第十条　每个寝室选出寝室长一名，负责安排本寝室同学轮流值日。
第十一条　值日生必须做好当天的防火检查、卫生打扫、人员清查、门窗关锁等事项。
第十二条　寝室长发现异常情况必须及时向有关人员报告。
第十三条　学生宿舍分部管理，由保卫科安排保安人员具体负责。

第二项　交通安全教育制度

第一条　把交通安全教育列入安全教育的重要内容之一，班主任每学期对学生进行一次交通安全教育。
第二条　交通安全教育时间安排在开学初和期末考试之前。
第三条　交通安全教育以交通规则的学习为重点。
第四条　每学期对学生进行一次交通常识抽查考试。

第三项　饮食卫生安全管理制度

第一条　实行专人定点采购蔬菜，确保不向师生出售有农药污染的蔬菜。
第二条　采购肉食品必须到国家规定的经检验合格的肉食品供应市场，确保不向师生出售腐败变质肉食品。
第三条　奶制品、面粉制品等其他食品一律要新鲜卫生，不过安全期，采购员负责把好安全关。
第四条　严禁向师生出售有农药污染的、腐败变质的食品，一经发现，从严查处。对造成后果的，要追究法律责任。
第五条　食堂内每餐饭后清洗一次，一周消毒一次，做到无苍蝇、无蚊虫、无老鼠、无脏物污水。
第六条　保证供应师生干净的开水。
第七条　炊事员必须着工作服上岗，保持全身清洁卫生。
第八条　炊事员必须持县以上医疗单位所发身体健康证书方可上岗。

第四项　学院关于加强学生安全管理的规定

第一条　加强法制教育。各班要结合班级实际举行以遵纪守法为主题的班会活动以增强学生的法制观念。
第二条　加强防火工作。学生不准抽烟，不准携带火柴、打火机。管理人员加强对火灾隐患的巡查和电路维护工作。禁止易燃易爆品进入校内，经批准购置的教学用品、化学实验品要有专人管理。

第三条　加强治安管理。保安人员对非校方邀请的校外人员入校要执行审查登记制度；对于偷盗、打架斗殴行为及赌博、帮派行为等，要分清情节轻重按校纪校规或报公安部门按治安管理条例严肃处理；对严重违法犯罪行为要协助执法部门严肃处理。

第四条　加强学生外出管理，学生有特殊原因需要外出，须经班主任审查，系部主任批准。在休息日等允许外出的时间内，学生外出要遵守社会文明行为规范，不妨碍公共秩序，不损害他人利益，并提高警惕，保护自身安全；要严守交通规则，防止意外事故发生；学生不许外出游泳，否则，发生不良后果，自行负责；学生外出须在规定时间内返校。

第五条　加强建筑工地安全管理。学生不准进入建筑施工场地，工地管理员应该阻止非施工人员进入建筑工地。

第六条　严禁学生参与传销等非法经营活动。

第五项　学院学生宿舍安全管理制度

为了确保学生宿舍的安全，维护学院的稳定，根据教育部、公安部有关文件精神，特制定本制度。

第一条　宿管科是学生宿舍的主管部门，必须配备专门人员具体负责学生宿舍的安全管理工作，制定具体的安全措施，明确安全管理责任；经常组织进行定期的安全隐患排查和经常性的安全巡查，及时整改火灾隐患和事故隐患，严格落实各项安全制度和安全工作责任制，确保学生宿舍安全。

第二条　学生宿舍要按照学院规定建立以宿舍管理人员为主体的义务消防队，必须保证宿舍内的消防设施和消防器材经常处于良好状态，如有损坏或过期必须及时报修或更换。宿舍工作人员和住宿的学生都有保护、爱护消防设施和消防器材的责任，不得随意损坏。一旦发现火灾必须及时报警，会使用灭火器和消火栓，将火扑灭在初起阶段。

第三条　在学生宿舍居住的所有人员，必须严格遵守安全用电和安全用火规定。严禁私拉乱接电线，禁止使用、存放电炉子、电热杯、电饭锅、电水壶、电熨斗、"热得快"等大功率电器；严禁使用蜡烛、酒精炉、煤炉、木炭火锅、液化气炉具等其他危险火源。

第四条　学生宿舍要建立门卫值班制度，落实值班人员，严格值班纪律。未经允许外来人员不得进入，确需进入的要进行登记。持物出宿舍时应查验身份证件，并对所持物进行登记。学生宿舍不准留宿其他人员。

第五条　禁止在学生宿舍内进行商业性活动，凡发现工作人员或学生有经商行为的，宿舍值班人员要及时制止并报告保卫部门处理。

第六条　必须经常保持楼梯和通道畅通无阻。禁止在楼梯和通道上堆放杂物或者停放自行车，严防发生突发事件时造成群死群伤的重大事故。

第七条　禁止学生站在阳台上或站在活动物体上去收、晒衣服，以免造成危险。

第八条　学生应保管好自己的物品，特别是贵重物品及现金、存折等要妥善保管，如发现失窃等情况，要及时报告保卫部门及本楼管理人员。

第九条　必须严格按照国家和学院关于加强计算机及互联网管理的规定、制度使用个人计算机，禁止收集、制作、传播危害国家安全、黄色或影响学院稳定等信息。

第十条　禁止携带管制刀具或者其他凶器进入学生宿舍，学生个人携带的管制刀具要按规定主动上交保卫部门，否则将按《治安管理处罚条例》进行处罚。其他人员携带管制刀具进入学生宿舍时，应及时劝阻并迅速报告保卫部门，保卫部门要立即派人收缴，并对当事人进行处罚。

第十一条　禁止在学生宿舍进行燃放烟花爆竹、酗酒、扔酒瓶、赌博、聚众闹事、打架斗殴等影响公共安全和公共秩序的行为。

第十二条　本制度从二〇一三年九月一日起执行，由学工处和保卫处负责解释。

第五章 消费与网络

第一节 大学生消费观

一、大学生消费的基本情况

1. 基本生活消费

大学生的基本生活消费可以划分为高、中、低3个档次,在动态上呈逐年递增的趋势。对于许多学生来说,就餐消费已超越了填饱肚子的范畴。大多数学生每月在食堂吃饭的费用一般在600元左右,约占学生消费总支出的40%,其中最低的仅占了生活费的1/3。值得关注的是,学生走出校园食堂到外聚餐的费用与日俱增,其开销少则数十元,多则数百元。肯德基、牛排馆等地因为环境优雅、服务周到,成为学生们最爱光顾的地方。许多学生是洋快餐的常客,平均每月去3~4次,花上100~150元享受一下外国情调。一些餐馆更是针对学生推出"学生8折优惠"之类的促销手段,吸引了不少学生。

2. 学习消费

(1)学费:读大学的学费因在校学生学制不同和专业不同等情况而有所差别。

(2)书本费:学生除了购买基本的专业教材外,其他学习消费主要集中在购买教学参考书及应对各种考试的书籍上。

(3)考试考证费用:随着就业竞争的日益激烈,"考证热"在学院里悄然兴起。多一个证件多一条路,不少学生对于考证对自己将来就业的重要性有了认识,积极准备,以增加就业竞争中的含"金"量。

(4)电脑消费:大学生是电脑最忠诚的消费群体之一。

3. 休闲消费

(1)旅游消费。

随着家庭生活水平的提高和公共假期的增多,学生们纷纷渴望出去走走。旅游理所当然地成为见世面的好方式。有的学生喜欢带有探险性质的"超常规"旅游专线,包括各种素质拓展活动,有的学生对自然人文景观感兴趣,常利用节假日参加武功山、义龙洞、杨歧山旅游专线,有的学生也对城市发展和历史感兴趣,常组团参观安源纪念馆、秋收广场、历史博物馆等景点。

(2)通信消费。

电话拉近了人与人之间的距离。校园内手机的普及,在给学生提供方便的同时也不知不觉增加了学生们的生活费用。

4. 娱乐消费

学生的娱乐消费数额相当可观。看电影、滑旱冰、去练歌房、开"派对"等娱乐活动受到大学生的欢迎,但也大大增加了一部分学生的生活费用。

5. 人际交往消费

（1）人情消费。

部分消费高的学生均有经常请客吃饭的习惯，大家轮流坐庄。聚餐的理由五花八门：老同学来访、当选学生干部、拿奖学金、入党、过生日，甚至说笑打赌随便找个借口，都要请大家聚餐。如果拒绝此类邀请，就会被视为不合群、不够交情。

（2）恋爱消费。

谈恋爱在大学院园里已经不算新鲜事儿了，学生的心理和生理渐趋成熟，谈恋爱已经成为一种大众行为，大学里比比皆是。然而情侣们在卿卿我我、寻求浪漫的同时，为此付出的爱情消费账单也在节节攀升。

二、大学生消费的特点

1. 讲求实用

当代大学生的价值取向实用化。在实用化价值观念主导下的大学生消费自然显示出一个共同特征，就是基本消费带有浓厚的实用色彩。

大学生对两种知识的渴求追切：一是能扩充知识面、提高自身竞争力的专业知识；二是可帮助自己合理规划人生、培养自身综合素质的人文知识。

2. 追求时尚

随着校园生活的丰富多彩和社会时尚的影响，学生们不再满足于传统的吃饱穿暖等基本需求，而是追求更流行、更时尚的东西。他们站在时代前沿，追新求异，唯恐落后于时代潮流。尽管他们不一定拥有，却能对许多知名品牌如数家珍。

据有关学生消费的调查显示，学生的饮食和穿戴费用已占到总支出的60％。"朴素的大一，流行的大二，时尚的大三"成为规律。

不少学生为了追求时尚，频频更换手机。从绿屏换成蓝屏，又从蓝屏换成彩屏，有了彩屏又追求带摄像头的。手机充当了学生"显示身份""扮酷"的标签。不少学生更换电脑的频率和电脑的更新换代是保持同步的。

一些学生崇尚"只买贵的，不买对的"，"是否流行"已经成为学生是否购买的重要因素。为了追求时尚，一些学生舍弃自己的学习时间，通过家教、到公司兼职等赚外快。

三、树立健康的消费观

1. 学生消费中存在的问题

生活水平的高低所引发的学生消费差距，只是反映了现实中学生的生活现象，不容忽视的是现象背后潜在的问题。消费差距的拉大、消费结构的不合理给校园带来了一种不稳定因素。

有的贫困生因为生活状况不如人意，产生了严重的相对剥夺感，继而产生对社会的不满与愤恨，这种不满和愤恨往往演化为对社会的极端态度，甚至是报复社会的犯罪行为，成为青少年犯罪的重要原因和危害社会安定的重要因素。另一方面，还应看到，在追求时尚的大学生消费群体中，存在着无计划、盲目攀比、奢侈浪费等一系列问题。

2. 学生积极健康消费观的引导和培养

（1）家庭的正确引导。

父母在日常生活消费中的原则立场是子女最初的效仿对象。很多亿万富翁都曾有过艰辛的创业历程,有的甚至是白手起家。因此,他们都很注重培养子女的自强自立意识,并且从小教会他们该如何创业、理财。

(2) 高校教育环境对培养大学生消费观念的重要影响。

从表面上看,消费是个人行为,但从更深的意义上说,消费心理、消费意向、消费意识、消费嗜好是一种精神文化现象。学生的消费行为和心理除了在个人喜好、穿着打扮等方面比较注重突出个性以外,他们对于时尚品牌、基本生活用品、生活费用的额度等主要消费内容都具有从众心理。

针对学生年龄和消费行为的特点,消费道德教育不应是单纯的说教,而应通过灵活多样的形式加以引导。要让学生回归到理性消费的轨道上,在学生自制力有限的情况下,需要学院的正确引导。

3. 学生积极正确的日常理财方式

一个合格的大学生,除了要管好自己的学习以外,还要做好自己的财务工作。父母们会按学期或按月给学生提供生活费,多则数千元,少则数百元,这就是学生日常生活的物质基础。比起从前几元十几元的零用钱,这确实是一笔不小的数目。学生由于没有理财经验,各种"经济问题"层出不穷,有在月初大手大脚,到月末就口袋空空的"月光族",有花销远远超过积蓄而不得不借钱度日的"负债族",有为了买高档消费品而宁愿不吃饭的"自虐族"……前人的教训,新生要引以为戒,学会量入为出,合理消费,最好的方式是制订预算和做好结算。

(1) 制订消费预算。

先来看看学生生活的必要花销清单(以普遍水平来看):

1) 日常开支

①伙食费:早餐1.5~3元,午餐5~8元,晚餐5~8元,加上偶尔的夜宵或改善伙食的情况,一般每月约500~650元。

②通信费:现在手机已经变成学生的必备品,30~50元。

③日用品费:香皂(沐浴露)、洗发水、洗衣粉、纸巾,平均到每个月约20元。女生还有洗面奶。

④交通费:20元。

⑤书籍和学习用品:50元。

合计约600~800元。

2) 其他花销

①服装费用:衣服、鞋子等,大部分学生一学期都会购买一到两次,花费400元左右,平均到每个月是100元。

②交际费:大学经常会有饭局,或是人家请你(自然你也要回请人家),或是大家AA制,都是在饭堂或学院周边的小饭馆,价格不会很贵,平均每月约100元。

合计约200元。

可见每月800~1 000元就能满足需要,一学期以5个月计算,则每学期4 000~5 000元就行。新生可以此花销清单为基础,依个人的需要做出适当变更和添补(如女生还需要护理品,男生可能要加上运动器材的花费),制订出符合自己的消费计划。

(2) 做好消费结算。

有预算自然就要有结算,平时消费时就要做好记录,可保留账单、购物小票等收费凭据，还可用专门的小账本记下每一笔开支，到月底时就能准确做出结算。

结算要做两方面的工作：一是统计出本月的总花费，看是否超支或有结余，对照"消费计划"看看是哪一项超了，又是哪一项节省了；二是算出各类花费占总花费的百分比，看消费是否合理，伙食费、必要生活用品费和购书费占总花费的70%以上，是比较合理的消费比例。

新生应根据结算的结果对下个月的花销计划做出调整。

（3）学会各种精明消费招数。

花钱也是一门学问，花得巧，一分钱就能变成两分用。

1）促销活动

大商场和专卖店逢重要节日都会有促销活动，尤其是电脑、相机、MP3等贵重物品此时入手，价格会比平时优惠很多，而且常附送赠品。

2）换季选购

服装类商品在换季时会以低价出售，想买物美价廉的东西，一定要把握这段"过渡时间"，而且有些是很多学生钟爱的专卖店品牌。唯一美中不足的就是你买的衣服要到明年才能穿。

3）网络购物

网络购物是当下一种流行的购物方式，因其无须店面租金、员工薪酬等支出，故商品的价格常常低于市面上的价格，这也是人们选择它的主要原因。不过网络购物存在一定风险，注意应找诚信度高、网友口碑好的网站和网店。

4）集体购买

一些日用品，如香皂、洗衣粉等购买大剂量装的会比较合算，同宿舍同学可商量一起购买。

（4）学生金钱快速流失的几个原因。

1）请客吃饭

"我请你吃饭"是学生间的人际交往中出现频率很高的一句话，或是嫌食堂的饭菜不合口味，隔三岔五地下馆子，一些人就是这样吃穷的。真正的感情不是吃出来的，既然选择了一个地方就要适应它的风土人情，包括食物。

2）疯狂购物

疯狂购物，这主要出现在部分女生身上，逛街看到这个也好，那个也漂亮，买回一大堆有用没用的东西，最后大部分都用来压箱底。

3）信用卡惹的祸

信用卡一方面给学生带来生活便利，另一方面又导致学生盲目消费，学生刷卡的时候完全不考虑自己花了多少钱，直到通知还款时才如梦初醒，导致金钱快速流失。

4）谈恋爱

没钱别谈恋爱！这是某些恋爱中的学生常说的。制造浪漫要送几十元一束的玫瑰，生日礼物要有分量才能表达对对方的爱意等，大学生谈个恋爱花费不少。其实简简单单的浪漫也能打动人心，况且真正爱一个人，应该不会希望自己花费那么多不必要的金钱反而要委屈对方节衣缩食过生活。

5) 名牌

学生购买高档消费品，是无意义的虚荣心、攀比心在作祟，更是导致学生金钱快速流失的诱因。一些学生穿的用的都要求名牌，其实大可不必，学生还都是花父母的血汗钱，东西能满足需求就好，不该浪费。

第二节 大学生与网络

一、大学校园中的网络

1. 网络交友，乐此不疲

在网上聊天交友，是学生网络活动的主要内容之一。各大网站的聊天室里挤满了学生的身影，各个交友网站里排满了学生的留言。聊天、交友、网友见面成为一些学生生活的重要组成部分，有的甚至深陷其中不能自拔。

有聊天交友必定有网恋，网络所营造的虚拟环境为爱情的发展提供了最好的土壤。世界上最美好的感情是爱情，在今天网络盛行的社会里，这句话也要"网络化"了：世界上最美好的感情是网上爱情。

网恋之所以迷人，根本原因在于交往角色的虚拟性。网上恋人一般相距遥远，处在两个城市甚至两个国家。

2. 网络游戏，魅力难挡

在线游戏网站是学生上网族的一个好去处。学生选购电脑时，将娱乐功能放在了电脑配置标准的首位，即很多学生对网速快不快、能不能玩三维游戏、画面是否清晰、音响效果是否立体这一连串无关学业的问题作为选购电脑时首先考虑的问题。与游戏机或游戏光盘相比，在线游戏因其具有交互性，更加显得魅力难挡。有的学生在游戏网站里一待就是一天或是通宵，凭借对网络的无限热爱来抵抗人类的自然欲求——食欲、睡眠，"饭可以不吃，觉可以不睡，网不可以不上"就是这些网络游戏爱好者典型的写照。

3. 网络金融，危机四伏

互联网+时代，网络购物分期付款、手机支付等网络金融行为已渐渐成为大学生校园消费的潮流，而网络借贷平台也瞄准了大学生群体，以 P2P 贷款平台、校园分期购物平台和电商平台的分期付款等形式慢慢渗入校园，部分不良网络借贷平台采取虚假宣传的方式和降低贷款门槛、隐瞒实际资费标准等手段，诱导学生过度消费，有些学生甚至陷入"高利贷"陷阱，部分学生在不知不觉中债台高筑，危机四伏的校园贷引发的借贷隐患甚至债务悲剧频频引爆舆论。

"校园贷"是一把双刃剑：一方面满足了学生的消费需求或创业资金需求；另一方面也会刺激超前消费、过度消费。同时，学生对于民间贷款存在的风险预期不足，辨别能力不强，一旦出现资金短缺还不上的状况，催还债务会严重影响学生的学习和生活。

二、网络的双刃性

1. 对学生世界观、人生观、价值观的影响

大学学习阶段是青年学生世界观和人生观形成的关键时期。学生容易接受新事物、新观念,但由于缺乏经验与鉴别能力,良莠不分。面对开放性的、超国界的、全球性的、多元的网络文化,学生的人生观、价值观都会受到来自不同国家的文化传统、思想观念、宗教信仰及生活方式等的冲击。在互联网上,由于不同国家之间的文化传统、思想道德观念和生活方式大不相同,价值观冲突十分激烈。西方发达国家依靠其雄厚的资金和先进的技术,对外输出大量信息,其中包括其政治观点和文化理念。一些发达国家在网上借"民主问题""人权问题""宗教问题"来攻击我国的政治体制,竭力标榜其政治制度的合理与完善。西方价值观念、腐朽生活方式的影响也无孔不入,造成了学生价值观念冲突的加剧,甚至导致学生道德观念的失范。

2. 对学生心理健康的影响

(1) 网络依赖。网络世界的虚拟性往往会使学生网民产生一种特别"自由"的感觉和"为所欲为"的冲动,做一些明显不恰当的行为。

(2) 网络成瘾。根据调查发现,网络成瘾症和吸毒成瘾或酗酒者的表现类似:一接触网络就兴奋异常,如果没有机会接触网络就会网瘾难耐。学生中约有6.4%的网络成瘾者。上网时间过多易导致情绪波动异常、抑郁和焦虑,学业失败,从而导致心理空虚,缺乏自信。而现实生活和学习的不如意又无法逃避,导致他们精神压力过大,甚至无法进行正常的学习和生活。

(3) 网络孤独。聊天室、BBS、电子邮件、QQ、微信作为学生人际交往、思想交流的重要手段,对缓解心理紧张,释放学习、生活压力有积极作用。但网络的虚拟特征又使一部分学生深陷其中不能自拔,出现正常的人际交流困难。而人又不能脱离社会而存在,学生们的这种孤独和心理压力束缚了正常的学习、交往和成长。

(4) 网络自我迷失。在现实世界中每个人都扮演不同的社会角色。而在网络人际交往中,人的真实姓名、性别、年龄、身份等多种社会角色被掩蔽,并且在网络中的角色缺乏社会责任感,这使上网者渐渐失去了对周围现实的感受力和积极的参与意识,从而导致了孤僻、冷漠、欺诈和隐匿人格的心理。

3. 对学生人际交往的影响

(1) 人际交往的受阻。许多学生可以与网络中的陌生伙伴侃侃而谈,但当他们真正见到其人时却不知所措,这便导致个人心灵更加封闭;一些学生由于青睐网络交往这种匿名形式,经常上网向网友发泄自己的不良情绪,讲自己的"心情故事",以排解忧虑,从网友那里得到支持,可下网后发现自己面对的问题依然如故。

(2) 人际交往的错位。网络社会是一个高度信息化的、自动化的社会,人们在日常的工作和生活中都可以通过计算机终端进行联系。这极大地改变了人们情感沟通的方式,使传统的可视性、亲和感的人际交往方式逐渐弱化。

(3) 人际交往的剥夺。很多学生网民利用电子邮件、QQ、微信等社交软件同远在异地的亲朋好友加强联系,但是上网时间过多剥夺了正常参加社会活动和人际交往的时间,引起了社会退缩行为,使心理健康水平下降。

4. 对学生学习方式的影响

网络代替了图书馆,使自主学习真正成为可能,这是学习方式的重大改变,更是学习观念的重大改变,为学生知识更新和调整自身的知识结构创造了有利的客观条件。学生是一个特殊的社会群体,其信息来源主要依靠书籍、报刊、网络、电视、广播等媒体。其中,网络以高速快捷的优势，成为学生获取信息的主要渠道。面对丰富的资讯信息，学生要具有识别优劣、见微知著、举一反三的洞察力和想象力，否则，就会跟在前人后面亦步亦趋，难有创新和发展。面对网络对学生学习方式的冲击，学生要正确认识和使用网络，养成良好的用电脑和上网习惯，避免全盘接受不健康的、不客观的、不科学的信息。要学会区别纷纭复杂的网络信息，进行判断和筛选，从中找到对自身发展有益的、正确的信息，让网络为我所用。另外，要正视网络的负面作用，提高自身抵制污染的能力，自觉养成良好的上网习惯，限制上网时间，不沉溺于脱离现实的虚拟世界，使自己不仅是计算机网络的使用者，更是计算机网络的建设者和真正的主人。

三、正确运用网络

1. 应对挑战，培养正确心态

网络的使用者必须客观地把握、评价网络媒体对我们的影响，不过分迷恋网络媒体，这是学生对待网络的正确态度。应该正视这样的事实：大多数学生对待网络的心态还是正常的、积极的。网络人际交往应当是现实人际交往的适当补充，使人与人之间的联系更加紧密而不是更加疏远。学生只要树立了良好的网络使用心态，增强辨别能力，就不至于受到各种非主流思想的影响。经验表明，成熟的网民往往在一些固定的网站上停留，不会在网上到处乱"冲浪"，学生也是如此。所以，随着中国对外交流的日益频繁，学生与网络的联系更加密切。既然无法脱离它，那么，学生就应该以开放的、正常的心态来对待网络媒体的挑战。

2. 加强预防，防患于未然

面对网络文化的挑战，学生不能因噎废食、关闭网络、断绝交流，而应高度重视，防患于未然。随着计算机的普及，网络在许多方面发挥的作用可以与报纸、广播、电视这三大传统媒体相抗衡，被称为"第四种媒体"。学生可以通过计算机网络通信、购物、阅读、交友等，使相互间的距离越来越近，学生也越来越亲近这个新生的伙伴。但同时，计算机网络的传播特性造成信息泛滥，各种信息垃圾会弱化学生的心理意识。学生网民对自己可能会出现的心理困扰要提前预防，减少甚至清除这些影响自己心理健康成长的传播途径和影响渠道。在自己出现网络心理困扰的征兆时，就积极采取措施，提醒自己正确对待现实生活中的困难、矛盾，敢于正视现实并与其保持正常的接触，对周围事物保持清醒、客观的认识。

3. 面对困惑，正确对待

传统媒体的信息传播方式是单向的，即传播者将信息主动推给群众，群众处于被动的地位，与法律、道德相悖的内容易于被控制，使之不能传播。而网络传播则将这种单向传播方式改变为双向传播，受众的主体地位得到体现，他们可以主动获取自己所需要的信息。自制力较弱的学生往往会出于好奇或冲动心理刻意地去寻找一些色情、暴力信息，但是事后又会感到空虚无聊。面对这些困惑，学生应该正确对待。当自己存在这种心理困惑的时候，就会觉得心情压抑或者情绪亢奋，那么，学会调整自己的心态，尽快摆脱不正常的情绪，就显得十分重要。这时应设法把自己的注意力从网络转移到其他感兴趣的事情上去，如听听音乐、看看电影、跳跳舞、打打球、找同学朋友聚会等，以冲淡网络对自己的"向心力"。

4. 加强网络道德自律的培养

当前，网络给学生带来文明进步的同时，也有相当大的负面效应。垃圾邮件、色情传播、暴力恐怖、网上犯罪不一而足。上网聊天时常会听到颓废消极、不负责任的言论，直接影响学生的认知、情感、心理。

首先，学生对反动、色情、迷信的信息应自觉地不看、不听、不信。对这些精神"毒品"，不要抱着好奇、试试看的心理。

其次，学生参与电脑娱乐和网络游戏，要掌握好一个度。

网络是开放的，信息庞杂，已成为思想政治工作领域一个新的重要阵地。对大学生来说，应自觉培养网络道德，用道德来自律；对学院的管理者来说，主要是"研究其特点，采取有力措施"，充分发挥网络的优势，尽量抵制负面效应，以利于学生健康成长。

5. 积极求助，达到自助

当出现"网络成瘾症""网络侵害""网络诈骗""网络骚扰"等网络传播的伴生品对身心健康产生危害与威胁，而自己不能走出心理误区的时候，就应该积极求助于他人，包括老师、家长、心理医生、同学、朋友等。

通过求助，学生还必须最终完成从他助向自助的过渡。通过对网络心理的理解和网络心理咨询，形成面对信息泛滥的互联网时的良好心理，并通过完成网络心理健康教育与调适，提高自我心理素质，最后达到自己帮助自己走出心理困惑的目的。

第六章 大学生人际交往

第一节 大学生人际交往的含义与意义

一、人际交往的含义

人际交往也称为社会交往，是指人与人之间通过一定方式进行接触，从而在心理上和行为上发生相互影响的沟通过程。它包括动态和静态两个方面的含义。动态的含义是指人与人之间物质和非物质的相互作用过程，即狭义的人际交往；静态的含义指人与人之间通过动态的相互作用建立起来的情感联系，即人际关系。人际关系是在人们交往之中形成的，它使人在交往中获得社会性。人际交往可以使人在交往中找到一份慰藉，寻求一份乐趣，享受一份快感，达到一份和谐。通过人际交往，可达到建立关系、培植友情、化解矛盾、寻求理解和支持、促进沟通、搜集信息等目的。

二、大学生人际交往的意义

1. 人际交往有利于大学生尽早社会化

每个人的社会化进程都是在人际交往中进行的，人际交往是社会化的起点，人际关系是人们生存和发展的条件。良好的人际关系有助于大学生获得更丰富的信息，保持与社会的密切联系，明确和承担自己的社会责任，从而为将来全面进入社会储备机会。

2. 人际交往有利于完善大学生的自我认识

歌德说过："人只有在社会之中才能认识自己。"人对自己的认识总是在与他人交往中完成，总是需要通过与他人进行比较，把自己的形象反射出来而加以认识的。大学生在与他人的交往中通过他人对自己行为肯定或否定的评价，来形成对自己的认识，从而调整自己的行事方式，逐渐走向成熟。

3. 人际交往有利于大学生的心理健康

人的健康是生理健康和心理健康的辩证统一，这是现代健康的根本性标志。

心理健康是一种持续的、积极的心理状态，是大学生必备的素质之一，也是大学生更好地适应社会、发展自我、完善自我的重要条件和保证。良好的人际交往有助于大学生肯定自我价值、促进身心健康发展。

4. 人际交往有利于大学生获取新信息

大学生在人际交往、沟通的过程中，都在自觉或不自觉地传递、接受着来自不同载体的知识和信息。大学生在交往中应很好地利用和把握这一特点，不断拓宽自己的知识面，丰富自己的人文内涵，相互学习，相互补充，使自己成为一个全面发展的人。

第二节　人际交往技巧

一、把握成功的交往原则

1. 平等交往

平等，主要指交往双方态度上的平等。我们每个人都有自己独立的人格、做人的尊严和法律上的权利与义务，人与人之间是平等的关系。在交往过程中，如果一方居高临下、盛气凌人、发号施令、颐指气使，那么他很快便会遭到孤立。大学生往往个性很强，互不服输，这种精神是值得提倡的，但绝不能因同学之间在出身、家庭、经历、长相等方面的客观差异而对人"另眼相看"。

坚持平等的交往原则，就要正确估价自己，不要光看自己的优点而盛气凌人，也不要只见自身的弱点而盲目自卑，要尊重他人的自尊心和感情，更不能"看人下菜碟"。

2. 尊重他人

每个人都有自己的人格尊严，并期望在各种场合中得到尊重。尊重能够引发人的信任、坦诚等情感，缩短交往的心理距离。一般来说，大学生的自尊心都较强，因此，大学生在人际交往中尤其要注意尊重的原则，不损伤他人的名誉和人格，承认或肯定他人的能力与成绩。否则，易导致人际关系的紧张和冲突。

坚持尊重的原则，必须注意在态度上和人格上尊重同学，平等待人，讲究语言文明、礼貌待人，不开恶作剧式的玩笑，不乱给同学取绰号，尊重同学的生活习惯。

3. 真诚待人

真诚是人与人之间沟通的桥梁，只有以诚相待，才能使交往双方建立信任感，并结成深厚的友谊。

坚持真诚的原则，必须做到热情关心、真心帮助他人而不求回报，对朋友的不足和缺陷能诚恳批评。对人、对事实事求是，对不同的观点能直陈己见而不是口是心非，既不当面奉承人，也不在背后诽谤人，做到肝胆相照、赤诚待人、襟怀坦白。

4. 互助互利

人际关系以能否满足交往双方的需要为基础。如果交往双方的心理需要都能获得满足，其关系才会继续发展。因此，交往双方要本着互助互利原则。互助，就是当一方需要帮助时，另一方要力所能及地给对方提供帮助。这种帮助可以是物质方面的，也可以是精神方面的；可以是脑力的，也可以是体力的。

坚持互助互利原则，就要破除极端个人主义，与人为善，乐于帮助别人。同时，又要善于求助别人。别人帮助你克服了困难，他也会感到愉快，这也可以进一步沟通双方的情感交流。

5. 讲究信用

信用是成功的伙伴，是无形的资本，讲究信用是中华民族古老的传统。信用原则要求大学生在人际交往中要说真话，言必信，行必果。答应做到的事情不管有多难，也要千方百计、不遗余力地办到。如果经再三努力而没有实现，则应诚恳说明原因，不能有"凑合""对付"的思想。守信用者能交真朋友、好朋友；不守信用者只能交一时的朋友或终将被抛弃。

坚持信用原则，要做到有约按时到，借物按时还，不乱猜疑，不轻易许诺、信口开河，让人家空欢喜。

6. 宽容大度

人际交往中往往会产生误解和矛盾。大学生个性较强，接触密切，不可避免地会产生矛盾。这就要求大学生在交往中不要斤斤计较，而要谦让大度、克制忍让，不计较对方的态度，不计较对方的言辞，并勇于承担自己的行为责任，做到"宰相肚里能撑船"。他吵，你不吵；他凶，你不凶；他骂，你不骂。只要我们胸怀宽广，发火的人一定也会自觉无趣。宽容克制并不是软弱、怯懦的表现。相反，它是有度量的表现，是建立良好人际关系的润滑剂，能"化干戈为玉帛"，为自己赢得更多的朋友。

二、掌握人际交往的艺术

1. 语言艺术

"良言一句三冬暖，恶语伤人六月寒。"这句话告诉我们交往时要注意运用语言的艺术。语言艺术运用得好，就能优化人际交往。相反，如果不注意语言艺术，往往在无意间就出口伤人，产生矛盾。

（1）称呼得体。

称呼反映出人们之间心理关系的密切程度。恰当得体的称呼，使人能获得一种心理满足，使对方感到亲切，交往便有了良好的心理气氛；称呼不得体，往往会引起对方的不快甚至愤怒，使交往受阻或中断。所以，在交往过程中，要根据对方的年龄、身份、职业等具体情况及交往的场合、双方关系的亲疏远近来决定对方的称呼。对长辈的称呼要尊敬，对同辈的称呼要亲切、友好，对关系密切的人可直呼其名，对不熟悉的人要用全称。

（2）说话注意礼貌。

①正确运用语言，表达要清楚、生动、准确、有感染力、逻辑性强，少用土语和方言，切忌平平淡淡、滥用辞藻、含含糊糊、干巴枯燥。

②语音、语调、语速要恰当，要根据谈话的内容和场合，采取相应的语音、语调和语速。

③讲笑话要注意对象、场合、分寸，以免笑话讲得不得体，伤害他人的自尊心。

④适度地称赞对方：每个人都希望别人赞美自己的优点。如果我们能够发掘对方的优点，进行赞美，他会很乐意与你多交往。但是赞美要适度，要有具体内容，绝不能曲意逢迎。真诚的赞美往往能获得出乎意料的效果。

⑤避免争论：青年大学生喜欢争论，但争论往往是在互不服输、面红耳赤甚至直接的人身攻击或严重的敌意中结束。这对人际关系的影响是显而易见的。因此，大学生要尽量避免争论，而要通过讨论、协商的途径解决分歧。

语言艺术运用得好，就能吸引和抓住对方，从内容到形式适应对方的心理需要、知识经验、双方关系及交往场合，使交往关系密切起来。

2. 非语言艺术

一般包括眼神、手势、面部表情、姿态、位置、距离等。掌握和运用好这种交往艺术，对大学生搞好人际交往是不可少的。"眼睛是心灵的窗户"，"眼睛像嘴一样会说话"。面部表情是内心情绪的外在表现，它们均能表达人的态度和情感。如眉飞色舞表示内心高兴，怒目圆睁表示愤怒等。交往中还可用人体动作来表达思想，大学生在人际交往中根据谈话的内容和场合，正确运用非语言艺术，巧妙地表达自己的思想感情，有时能起到"此时无声胜有声"的作用。但非语言艺术要运用得恰到好处，不可过于频繁和夸张，以免给人手舞足蹈之感。

此外，大学生还要学会有效地聆听。人际关系学者认为"倾听"是维持人际关系的有效法宝，几乎所有的人都喜欢听他讲话的人，所以，大学生要学会有效地聆听。在沟通时，作为听者要少讲多听，不要打断对方的谈话，最好不要插话，要等别人讲完之后再发表自己的见解；要尽量表现出聆听的兴趣，听别人讲话时要正视对方，切忌小动作，以免对方认为你不耐烦；力求站在对方的角度设身处地地考虑问题，对对方表示关心、理解和同情；不要轻易地与对方争论或妄加评论。

三、努力增强自己的人际魅力

人际魅力，是指在人和人之间在感情方面相互喜欢和亲和的现象。每个人都有自己喜欢的人，并愿意与之交往；每个人也都有自己讨厌的人，不愿意和这些人交往。这种现象反映的实际上就是人际吸引。那么，大学生如何增强人际吸引力，做一个受欢迎的人呢？

1. 努力建立良好的第一印象

怎样表现才能给人留下良好的第一印象呢？美国著名的人际关系学大师卡耐基在其著作《怎样赢得朋友，怎样影响别人》一书中总结出给人留下良好的第一印象的6种途径：

（1）真诚地对别人感兴趣；
（2）微笑；
（3）多提别人的名字；
（4）做一个耐心的听者，鼓励别人谈他们自己；
（5）谈符合别人兴趣的话题；
（6）以真诚的方式让别人感到他很重要。

2. 提高个人的外在形象

追求美、欣赏美、塑造美是人的天性。美的外貌、风度能使人感到轻松愉快，并且在心理上构成一种精神的酬赏。所以，大学生应恰当地修饰自己的容貌，扬长避短，注意在不同场合下选择样式和色彩符合自己的服装，形成自己独特的气质和风度。同时，大学生应注意追求外在美和内在美的协调一致，即外秀内慧，因随着时间的推移、交往的加深，外在美的作用会逐渐减弱，对他人的吸引会逐渐由外及内，从相貌、仪表转为道德、才能。

3. 培养良好的个性特征

良好的个性特征对建立良好的人际关系有吸引作用，不良的个性特征对建立良好的人际关系有阻碍作用。生活中，大家都愿意与性格良好的人交往，没有人愿意与自私、虚伪、狡猾、性情粗暴、心胸狭隘的人打交道。因此，要不断形成良好的个性特征，注意克服性格上的弱点。

4. 加强交往，密切关系

心理学研究表明，人与人之间空间距离上的接近，是促进人际吸引的重要因素，因为人与人之间空间位置上越接近，彼此交往的频率就越高，越有助于相互了解、沟通情感、密切关系。即使两个人的人际关系比较紧张，通过交往，也有可能逐步消除猜疑、误会。反之，即使两人关系很好，但如果长期不交往，彼此了解减少，其关系也可能逐渐淡薄。大学生同住在一起，接触密切，这是建立良好友情的客观条件，应充分利用这一条件，与朋友保持适度的接触频率，才能使人际关系不至于淡化甚至消失。切忌"有事有人，无事无人"。

第三节 大学生人际交往的特点

一、交往需求迫切

当代大学生一般都经历过高考的筛选，普遍有一种"身经百战，力压群芳"的优越感。他们在中学时代学习较好，受老师的赞扬、父母的宠爱和同龄人的羡慕，然而一进入大学，面对五湖四海的同龄人，他们顿时发现，大家都是时代的骄子，都是家庭的"宠儿"，顿时有一种在"群英荟萃"的大学院园里被淹没的感觉。面对远离父母、远离家乡的陌生环境、陌生同学、陌生老师，有的大学生便不知所措。同时，大学生的思想活跃、精力充沛、兴趣广泛、活泼好动，使他们对社会交往的需要比成人更为迫切，他们力图通过交往去拓宽视野，获得友谊，满足自己物质上和精神上的各种需要。

二、交往动机复杂化

处于青春期的大学生，学习知识是他们的主要目标，功名利禄对他们来说也许还为时过早，或是因太遥远可望而不可即，因此，以功利为目的的交往明显少于社会其他群体。大学生禀性的纯真，使他们在交往中具有较多的情感输出，交往动机以情感性因素居多。他们注意情趣相投，满足交往双方的精神需要，这在新生中尤为突出。但是，随着学院招生、就业、教学体制的变化，大学生的社会价值观也随之发生了变化，交往动机从较单一的情感需要扩展到生活、发展、成才、就业等多种需要并重，逐渐趋向复杂化。

三、交往的自主性增强

进入大学后，大学生由于远离父母、远离家庭，自主交往由期盼变成了现实。大学生可以逐渐以自己的兴趣爱好来主导自己，以独立自主的方式来应对一切，以自己的观点来为人处世、待人接物。自主性的增强，使大学生的学习生活、人际交往与高中阶段相比发生了巨大的变化，其交往范围从宿舍、班级、院系、学院扩展到社会，交往对象从同学、老乡、老师扩展到社会各阶层，形成了一个纵横交错的网络结构。

第四节 人际交往礼仪

我国是礼仪之邦，自古就有着"人无礼不而不生，事无礼而不成，国无礼而不宁"的说法，可见礼仪的重要性，社交礼仪是指人们在沟通的过程中应该遵循的仪表、语言和行为规范。

一、交际礼仪的意义

人际交往是每个人的必修课，人们进行人际交往的目的就是为了建立良好的人际关系，人际关系是人与人之间通过交往和相互作用而形成的一种心理关系，与动物相比，人具有社会属性，"一个篱笆三个桩，一个好汉三个帮"，人的一生无时无刻不生活在错综复杂的人际关系中，大学生的人际关系表现为大学生在学习、生活、工作中发生的与他人的心理关系，对其日常学习、生活、身心健康、全面发展有重要的影响。

在中国经济迅猛发展的今天，人与人之间的联系愈加密切。每个人要想在他人的心目中迅速留下一个良好的印象，就要在人际交往中讲究礼仪，要以他人所乐于接受的言谈举止，方式方法与之交往。对于当代大学生来说，掌握好社交礼仪，更是必要的，也是必需的。因为，在人类文明经过演进跨入新世纪的今天，礼仪已成为一个国家、一个民族文明程度的重要标志，成为衡量社会公众教养和道德水准的尺度，也是每个人成功地与他人交往的锐利武器，正所谓有"礼"走遍天下。

另外，从更实际的方面讲，了解并掌握必要的社交礼仪，能够使大学生在复杂的人际交往中获得自信，取得主动，更能够塑造自己的个人形象，提高自己的人格魅力，吸引他人。

二、交往中的文明礼仪

文明礼仪是一种行为规范。它不是人生下来就会用的，而是通过长期的教育、训练和培养而形成的一种文明素养。作为大学生，更不能忽视对文明素养的训练和培养。

社交中的礼仪是人们在社会生活中处理人际关系并约束自己的行为以示尊重他人的准则。校园中的常见礼仪如下：

（1）举行升旗仪式时，要停止其他一切活动，自动站立，行注目礼。

（2）参加大型集会要整队入场；有领导、来宾到会要起立鼓掌以示欢迎；会前有歌声，会上有掌声；散会后请领导、来宾、老师先退场；遵守会场秩序，不中途退场，不看书报，不乱讲话，会后按次序退场。

（3）上课时主动脱帽，回答问题和向老师请教问题，要举手起立。

（4）在寝室走廊不准大声喧哗、吵闹、吹口哨，不要影响他人休息。

（5）老师及客人进宿舍，下铺的同学要起立，上铺的同学要坐起，主动打招呼。

（6）穿戴整洁，朴素大方。男生不留长发，女生不留奇怪发型，不穿背心、拖鞋进课堂及公共场所，不佩戴与学生身份不符的首饰。

（7）保持教室、图书馆、阅览室的安静，不影响他人工作、学习。

（8）在校内外遇到老师要主动打招呼，礼让。

（9）进食堂要按先后顺序排队买饭菜，要节约粮食，文明就餐。

（10）进办公室，先敲门，经允许后方可入内；上课迟到，先敲门，经老师允许后方可入座，课后向老师说明原因。

第七章 职业生涯规划与就业创业指南

案例： 2004年，杨成兴考入了重庆市复旦中学，他的学业成绩一直都不甚理想，处于中下游水平，但他却在科技发明方面有着突出的表现，是小有名气的"校园发明大王"，曾经获得众多荣誉，包括全国宋庆龄少年儿童发明奖三等奖、重庆市科技创新大赛一等奖、全国青少年作文比赛二等奖、重庆市十佳中学生等。杨成兴对考试这种中国学生习以为常的评价方式产生怀疑，所以在2011年高考前，他自信满满地向108所大学写了自荐信，其中有36所大学给予了回应，不少名校都表示欢迎杨成兴参加自主招生考试，并承诺根据政策优先录取。杨成兴没有参加这些学院的选拔，最后他选择了重庆电子工程职业学院这样的一所高职院校。对于自己放弃高考的选择，他表示不会后悔，他说："这个选择，符合我的理想，也符合我对未来成长的规划。"

点评： "校园发明大王"杨成兴自荐108所高校，最终放弃高考而选择了上高职，以实现自己的理想和人生价值。这对我们刚进校的高职新生来讲，是一种鼓舞，是一种激励，极大地增强了我们的自信心。高等职业教育是我国高等教育的重要组成部分，同学们只要努力学习，积极参加实践，认真设计自己的学业和职业生涯，我们的前程必将一片光明！

第一节 从三句话说起

岁月既然是一首歌，它的旋律里就必然会有高低起伏。所以，首先提醒你一定要坚强、勇敢、热爱生命。请珍惜自己的这段岁月，让它多一些更加激越的篇章。也希望你在顺境时能多去想想退路，在逆境时能很快找到出路。送你第一句话：只有一条路不能选择——那是放弃；只有一条路不能拒绝——那叫成长。

但你我都知道——没有完美的个人，只有完美的团队。我们是一群鸟儿，聚集于"江西工业工程职业技术学院"这棵树上，以不同的姿势，栖于不同的地方。所以，我们要珍爱共同的家园，以维护她的"生态平衡"。因此，聪明的你也就该懂得"规章制度"的重要性。所以，送你第二句话：请你一定理解并遵守学院的所有规章制度。想一想：如果没有了罗盘的指引，轮船还能不能在大海中驶向正确的航向？

今天，彼此的相会，是一种"缘分"；三年五载后，各自带走的礼物，有一件叫"成熟"。希望你能在离别时欣然回顾今天的承诺，坦然面对复杂的社会。"种瓜得瓜，种豆得豆"，请种下厚德、强技、求是、创新的种子，请学会认知、学会做事、学会生活、学会生存。"艺多不压身"，这是我们理应深知的道理。所以，送你第三句话：请刻苦练习，掌握"一技之长"，甚至"数技之长"，在将来的人生选择中拥有更多机会。

爱因斯坦说："我从未教过我的学生，我只是创造了一个让他们学习的环境。"今天，这样的环境摆在你的面前，你准备怎么办？我们期待着你的回答，你的行为。

我们每个人都必然会有很多专属于自己的梦想。有的梦想若干年后变成了现实，有的梦想却夭折在路上。但不管结果如何，只要曾经竭力去追寻，就算失败，今生亦当无悔。怕只怕在岁月中蹉跎、让时间消磨掉激情、等倦怠爬满了心灵后，蓦然回首，才惊觉梦想已然蒙尘。

诗人歌德曾经说过:"有时候我们的命运就像那冬日的果树。谁会想到哪些枝条会转绿开花呢?可是我们希望,我们知道它会如此。"梦想就是那些不知是枯是荣的枝条啊,等我们用青春去滋养。无论历经几多风霜,我们得记住这些梦想,我们得坚信它们都能在春天里歌唱。坚持去实现自己的愿望,不为任何人或事所动摇,这才是信念的力量,这才是青春的荣光。

有这样一则故事:

一位叫布罗迪的英国教师,在整理阁楼上的旧物时,发现了一叠练习册,它们是皮特金幼儿园B(2)班31位孩子的春季作文,题目叫:《我是未来的……》

这些东西奇迹般地躲过了战火的洗劫,在这里一躺就是50年。

布罗迪随便翻了几本,很快被孩子们千奇百怪的自我设计迷住了。比如,有个叫彼得的小家伙说,未来的他是海军大臣,因为有一次他在海中游泳,喝了3升海水,都没被淹死;还有一个说,自己将来必定是法国的总统,因为他能背出25个法国城市的名字,而同班的其他同学最多的只能背出7个;最让人称奇的,是一个叫戴维的小盲童,他认为,将来他必定是英国的一个内阁大臣,因为,在英国还没有一个盲人进入过内阁。总之,这31个孩子都在作文中描绘了自己的未来,有当驯狗师的,有当领航员,还有做王妃的……

布罗迪读着这些作文,突然有一种冲动——何不把这些本子重新发到孩子们手中,让他们看看现在的自己是否实现了50年前的梦想。

当地一家报纸得知他这一想法后,为他发了一则启事。没几天,一封封书信便向布罗迪飞来。他们中间有商人、学者及政府官员,更多的是默默无闻的人,他们都表示,很想知道儿时的梦想,并且很想得到那本作文簿。布罗迪按地址一一给他们寄去了。

一年后,布罗迪身边仅剩下一个作文本没有人索要。他想,这个叫戴维的人也许死了,毕竟50年了,什么事都会发生。

就在布罗迪准备把这个本子送给一家私人收藏馆时,他收到内阁教育大臣布伦克特的一封信。他在信中说:"那个叫戴维的就是我,感谢您还为我们保存着儿时的梦想。不过,我已经不需要那个本子了,因为从那时起,我的梦想就一直在我的脑子里,我没有一天放弃过;50年过去了,可以说我已经实现了那个梦想。今天,我还想通过这封信告诉我其他的30位同学,只要不让年轻的梦想随着岁月飘逝,成功总有一天会出现在你的面前。"

布伦克特的练习册在阁楼上一躺就是50年,相信上面会积满尘土,但他的梦想却一直那么清晰,那么鲜活,50年不变,终于酿就了成功的美酒。

所以,同学们,无论身处顺境逆境,哪怕前路荆棘丛生,请对自己充满希望,请提醒自己不要让梦想蒙尘!

第二节 职业生涯规划的重要意义

一件成功的产品,在它问世之前,要经过精心策划,从调查市场需求,到了解消费者偏好,到搜集相关产品市场现状、前景,权衡本企业生产、销售条件,之后设计实施生产工艺流程、制造、包装、销售……

那么,我们自己呢?

多少年来，我们的父辈，还有很多身边的同龄人重复着这条不变的轨迹，一切按部就班，仿佛坐上惯性火车，行程的主题只有一个——"活着"，不知道自己究竟想要什么，甚至根本没想过自己想要做什么。直到有一天年老力衰时，失望的情绪像潮水一样涌上心头：为什么学了那么多年，工作了那么久，到头来却两手空空？少时曾经的梦想早已成为遥远的空中楼阁，曾经憧憬的有趣的工作、快乐的生活方式、诱人的成就感都埋没于光阴的流逝中……

如果，早一天规划自己的人生呢？

在老同学聚会的场所总是听到这样的感慨：看看，当年班级成绩平平的学生，只勉强考上一个专科的"差等生"，如今却是大老板、总经理，开公司，坐小车，满脸事业成功的喜悦；相反，当年成绩优秀的好学生，听话的学生，重点本科毕业的"优等生"，却几十年如一日在那个再熟悉不过的岗位上日复一日闷头劳作，挣一份清淡的薪水，眼里尽是不如意……甚至还有些当年的"尖子生"，博士毕业后还在高不成低不就地寻找工作。这世界是怎么了？！

不要责怪这个多变的世界吧。想想看，凭什么那些"不怎么样"的学生有了今天的成就？他们善于钻营？是的，因为成绩不如人，"差"学生早早就认识到只靠念书不会有什么发展，为了生存必须提前规划一下自己的未来，比如将来做什么？是自己创业呢还是打工去？先到哪里做积累经验？怎么做才能站稳脚跟？他们运气好？是的，他们不放过每一个机会，一步步地积累终成大运。而许多所谓的好学生呢？因为成绩好，一帆风顺地上重点大学、就业，老师和父母会告诉他们选什么职业，甚至替他们联系好工作，这样的结果，很多好学生到了岗位上还习惯于像过去等待老师、父母的帮助一样，期待上司、老板无微不至地指点自己的职业生涯，等着上司来培养提拔自己，等着好机遇翩然降临到自己头上……职场不比家庭和学院，抱着依赖心理来工作当然不会有发展。自己的天空，是要自己亲手来开创的。

机遇，从来只青睐有心人。

这，就是为什么我们要进行职业生涯规划的原因。只有尽早进行科学的个人职业生涯规划，才能掌握开天辟地的利斧，获得机遇的青睐。职业生涯是指一个人一生连续担负的职业和工作职务的发展道路。职业生涯规划则指你根据自我的兴趣、特点，将自己定位在一个最能发挥自己长处的位置，可以最大限度地实现自我价值。职业生涯规划实质上是追求最佳职业生涯的过程。

第三节　规划建议

"决定一个人的一生，以及整个命运的，只是一瞬间。"——歌德

刚刚跨入大学校门的时候，几乎所有的人都会对未来有着非常美好的憧憬。你或许想过成为银行家、管理者、设计师、大老板，甚至想过出国留学，蜚声海内外，想过无数种可能的成功方式。你可能也努力过，积极地参加社团活动，认真地听课，认真地准备考试。然而，到了毕业的时候，很多人都会发现，现实中的选择和想象中的根本就不是一回事，而自己大学时所做的那些事，有很多是毫无意义的，不能对未来产生一点点的有益影响。而另外一些有意义的事，却根本没想到去做，或没来得及做。所以，回首过去，许多人都会隐隐约

约有些遗憾的感觉。

这样的情况，一方面是因为对未来的不确定性，特别是对于今天正处于高速的社会转型期的中国人来说，未来会怎么变化，谁也无法预料。所以，我们一再强调市场意识和环境的重要性。另一方面，则是因为我们缺乏科学的人生规划。我们发现，有相当多的同学对于自己的未来根本就没有一个明晰的概念，就更不用说科学地去规划了。因此，我们建议每一位同学，在刚踏进校门后，就要先来关注一下科学地进行人生规划的问题。

思想家罗伯特·F·梅杰曾说："如果你没有明确的目的地，你很可能走到不想去的地方。"

梦想不等于理想，幻想不等于规划。真正科学的人生规划，是建立在你对自己和环境的准确认识基础上的关于未来的一系列目标和行动方案。人生规划必须是可行的，必须是你自己的。正如卡耐基所提倡的那样，你必须建立一个"个人的标准"，一个符合你的兴趣，能给你带来最大价值的标准，而不是人云亦云。你不妨多问自己几个问题。对别人合适的道路对于你不一定适合，这一点你必须始终牢记。

在此我们推荐一种人生规划的科学方法——标杆管理。

标杆管理起源于美国，是由施乐公司最先创造并使用的。施乐公司将标杆定义为"一个将产品、服务和实践与最强大的竞争对手或是行业领导者相比较的持续流程"。也就是说，你可以找一个或几个榜样，将自己和他们进行对比，找出他们的优点和劣势，加以学习和改进。刚进入大学的时候，许多人对于大学生活根本就没有什么概念，因此，找优秀的师兄师姐作为标杆是很必要的。可以使自己少走很多弯路。例如，某院 2005 级物流管理专业的学生杨胜平，就是在一位师兄的影响下才逐渐确立自己的目标，并在那位师兄的指导下确定了切实可行的规划，选修弥补自己短处的人际沟通、心理知识、投资理财等课程并积极参与社团活动锻炼个人管理能力。这位师兄就是他的标杆。后来他担任了某学院最大学生社团——心理协会的会长，并长期在外坚持打工，最后成功地凭自己的实力同时拿到几家大公司的聘用通知，成为当之无愧的"面霸"。工作短短半年，他就成长为著名物流公司——德邦物流的一名主管。可见，那位师兄功不可没。

所以，建议每一位同学，认真了解学院的专业与课程设置，选择你感兴趣而又能展露长处、挖掘潜力的部分，找准你自己最适合的领域，走到你能达到的最高位置，横向延伸，纵向发展，日臻完善。

叩问一：你所学的专业有哪些具体的人才培养模式？

叩问二：你准备考取哪些职业资格证书？

叩问三：你准备通过哪些方式探寻自己的真实兴趣所在？

凡事预则立，不预则废。科学可行的学习计划，是主动学习、实现理想目标的重要手段。

制订科学可行的学习计划，要全面分析主客观条件，对自己今后的发展方向以及采取的对策应该有一个总体上的要求。

尽快了解自己所选择的专业方向的性质、发展历史、课程结构、课程与课程之间的关系、该专业相关的就业岗位群需要考取的职业资格与技能等级证书等，以便从总体上认识和把握专业状况，认识各门课程、技能训练等在人才培养体系中的地位与作用。这样有利于建立完整的知识和能力结构，合理规划自己的学习内容和进度。

要了解本专业最基本的课程结构。包括公共文化课程、专业基础课程、专业课程、本专业必须要考取的职业资格证和技能等级证及相关的学分构成等。掌握最基本的课程结构是提高学习效率、加快成长的基本条件。在这个基础上，在自己可支配的时间内，决定看什么书、做什么事。

要重视了解本专业或者自己将来希望从事的职业的发展方向。专业杂志、报纸、门户网站以及学术报告会是获取本专业发展的重要载体，要注意经常浏览。

要规划好时间。大学的整个学习期间应该规划好自己学习的进度、时间和学习内容，使学习合理有序。

愿你学习有计划，做学习的主人。

叩问一：我的公共技能起点如何？

叩问二：我的工作经验可以从哪些方式中积累？

叩问三：我准备选择哪些技能模块进行训练？这些模块可以对应哪些职业群？

山田本一是日本的马拉松选手，1984年和1986年，他分别获得了两个国际马拉松邀请赛的冠军。两次比赛结束后都有记者请他谈谈成功的经验，但是山田本一两次说的都是同一句话："用智慧战胜对手。"这让当时的记者觉得迷惑不解。若干年后，山田本一在自己的自传中这样解释了当年的回答："每次比赛之前，我都要乘车把比赛的线路仔细地看一遍，并把沿途比较醒目的标志画下来。比如，第一个标志是银行；第二个标志是一棵大树；第三个标志是一座红房子……这样一直画到赛程的终点。"比赛开始后，他就奋力地向第一个目标冲去；等到达第一个目标后，他又以同样的速度向第二个目标冲去。40多公里的赛程就这样被他轻松地跑完了。起初，他并不懂这样的道理，他就把他的目标定在40多公里外终点线上的那面旗帜上，结果他跑到十几公里时就疲惫不堪了，他被前面那段遥远的路程给吓倒了。实际的、明确的目标能提供足够的动力，帮助执行者获得成功。如果目标不明确，无论执行得多么好，执行者都难以坚持到成功的终点。

杨子之邻人亡羊，既率其党，又请杨子之竖（注：仆人）追之。杨子曰："嘻！亡一羊，何追之者众？"邻人曰："多歧路。"既反，问："获羊乎？"曰："亡之矣。"曰："奚亡之？"曰："歧路之中又有歧焉，吾不知所之，所以反也。"杨子戚然变容，不言者移时，不笑者竟日。（摘自《列子·说符》）

上面引用的是著名的"歧路亡羊"的故事。杨子是战国时代的诸子之一，是当时"为我"学派的代表人物。今天，我们已经无法知道，这位哲学家为什么而郁闷了一整天，但是从每一年的就业推荐中，我们可以看出，大学毕业时的选择与歧路追羊的情景颇有些相似，都是"歧路之中又有歧焉"。太多的选择有时候也让人左右为难。每个人的情况是不一样的，在某些道路上可以成功的人，在另外的道路上就可能是彻头彻尾的失败者。因为在那些道路上，我们可能就缺乏那一点点的竞争优势。为什么选择如此重要？因为路虽然有许多条，但能选择的却只有一条。选择对了，那只"羊"就能被成功地抓获；反之，则只好两手空空地回来。

往往是等到快毕业了，许多学生才开始问：我到底该何去何从？由于没有一个好的规划，没有一条清晰的思路，随着毕业日期的临近，这个问题变得越来越难以回答。同学们站在人生的十字路口，对着不停变幻的红绿灯，不知道该往哪里迈步。

亲爱的同学，在奔向理想的路上，你是否常常困惑于"付出多多，收获了了"的窘境？

你是否苦于"忙、茫、盲"的无休循环？总是在爬上了屋顶时才发现搭错了梯子，总是等走到路的尽头才惊觉陷入了死胡同。为什么那么多人高喊着成功，而成功却只青睐少数的人？不为失败找借口，要为成功找方法。在这里，让我们一起来探讨迈向成功的途中，我们该如何设计自己的学业，该如何分解职业的目标，并且学会用职业生涯规划来指引人生，完成学业、职业的双丰收。

第四节 过来人之言——从学生到职业人

我们企业去年从应届毕业生中招聘了十几位售后工程师，他们是 7 月份到岗的，3 个月后，也就是在 10 月份，我把他们召集起来，询问入职三个月的感想。他们大有感慨，比较集中的看法有两条，我想借此机会与大家共享。

企业对诸位师兄师姐们的看法，应该就是企业的用人观，你们一定更想了解。因为在校园中，你们还只是与同年级的同学竞争；进入社会，竞争对手就是全年龄段的人了，且没有地域限制；而好企业的用人看法是基本相似的。鉴于深入了解企业用人观对各位今后的职业生涯非常重要，本文会着重介绍。最后，还将简单介绍一下近几年来中国企业的用人特点，希望对大家今后的工作搜索、职场定位及发展有所帮助。

先转达师兄师姐们的忠告，两句话：

第一句话——学院所学知识，在工作中能用到的只是很小很小的一部分；如果你在学院里学到的只是知识，那么适应工作可能就需要比较长的时间。

我们的企业属 IT 业，IT 业是所有行业中知识更新最快，工作节奏最快的。其他行业也一样在迅速更新，这是一个知识经济的时代。在学院辛苦学得的某些知识，很可能在工作中还没用上就过时了。这就是现实。但如果你是善于学习的，你一定能在工作中如鱼得水；因为，这样的人本来就不喜欢墨守成规，本来就能在寻求新知中找到乐趣；而且，竞争越激烈还越有干劲。如果不是这样，我只能说，竞争本来就是残酷的。什么叫善于学习？稍微展开些说，就是永远有动力去更新自己的知识，迅速识别工作或任务中的要点，捕捉重要线索，分析问题，为创造性地解决问题而迅速吸收所需信息。爱看书、爱想问题是所有善学之人的共同特征。

第二句话——从学院到社会的身份转换，可以更早些开始。我们不需要学得老于世故，但需要对社会有一个现实的理解。特别是理解市场经济环境下的种种世态，并正确理解"钱"，包括赚钱与花钱。为什么这么说？因为，你们在入职后肯定要关心自己可以赚多少钱，如何可以赚更多的钱。然后就是，有了这些钱后，怎样支配可以让自己更快乐。对钱没有正确认识的人，在个人生活中马上会遇到入不敷出的问题，可能还需要继续依靠父母的资助；在工作上会遇到如何正确地去花企业的钱，如何赢得客户订单，如何为企业赚钱获利等一系列的问题。

在企业眼里，不爱钱的销售不是好销售；不抠门的采购不是好采购；算不好经济账，控制不好成本的经理不是好经理。所以，渴望通过第一份工作证明自己有能力自立的学子们，如果你们平时就养成了量入为出、精打细算的习惯，信奉"君子爱财，取之有道"这一简单真理，就不会受到生活的困扰，并经受得住金钱的诱惑，在工作中能以良好的心态稳步发展。

早些开始社会实践，最起码能锻炼自己待人接物的技能。我们去年从应届生中招了一位女生做销售，她的主管让她先从电话销售开始，事先提供了一个星期的培训，并有当面指导。真到需要她给客户打电话的时候，这位可爱的女生酝酿了整整半天的感情才敢拨第一个电话。她说，她不知道那位未曾谋面的客户到底需要听到什么，把握不好怎么打交道。她的问题也属正常；因为在学院几年间，她真的没有参加过什么社会活动，一直埋头读书。我们看好这位女生的潜质和性格，所以能忍受这一问题，一个有悟性的人能解决这个问题。她特别想让我转告大家的是，在学院中，我们不光要安于学习知识，还要能积极参与社会实践，充分利用课余时间兼职打工，参加各种校内外的社会活动，这样就会在待人接物等方面变得更老练些，并更容易理解客户的心理和需求，在正式进入工作岗位的时候，能够更快地进入工作角色。

丰富的社会活动还可以锻炼个人管理时间的能力，不会让正常的学习受到干扰。这种时间管理能力也是企业非常看重的，企业的中高层管理人员通常都是善于管理时间、工作效率很高的人。从这个意义上，我们说，从学生到社会人的身份转换可以更早些开始。

其实，这两句话的背后都蕴涵着一个颇有深意的问题，相对于那个问题，上述两条忠告还都只是技术层面的。那个问题就是："我是谁？我为什么学习，为什么选择某一种状态的生活和工作？"

我们将从这个问题开始，与大家介绍企业的用人观。"我是谁？"甚至可以说是一个哲学上的问题，这个问题的经典展开就是："我是谁？我从哪里来？要到哪里去？"大可以用于讨论国家和企业的发展战略，小则用于思考我们自己的职业发展。每次面试，我们都会请候选人介绍自己的优势和劣势，以及对自己职业的定位和规划。我们在看什么？我们想了解候选人想要什么，对自己有无正确定位，对生活和工作的态度是怎样的，思考能力如何。

为什么关心这个？根据世界著名的调查公司盖洛普从20世纪70年代至今研究的结果表明："在外部条件给定的前提下，一个人能否成功，关键在于能否准确识别并全力发挥自己的天生优势。"

怎么理解这个天生优势？就是你不费劲能把某件事情做好，而别人在同样的事情上比你更花力气，却没有你效果好。这种在你擅长的领域能有持续的、近乎完美表现的能力，就是你的优势！只要你正确识别了自己的独特优势，并全力发挥了，就能够获得属于自己的成功和快乐！而对企业来说，用人所长，是成本最低、效益最高的选择。那么，这个人人皆知的真理，为何今天又要拿出来老生常谈呢？关键在于，真的要认识清楚"我是谁"不容易！企业准确识别人才的优势也是不容易的事情。而且，人的潜力很大。一个有意志、有信念、有能力的人，可以不断突破原来的自我，在自我超越中获得极大的满足和快乐。我们能在身边找到这种例子。从用人角度看，企业有责任去帮助员工识别个人优势，并根据企业的战略需要，创造条件去促进各类人才的优势发挥。对于个人而言，充分了解自我优势的员工通常能够把握工作中的主动。否则，人们怎么会说，机会总是给准备好的人呢？

到此，我特别想说说信念对认识自我、实现自我、超越自我的意义。科学进步到今天，我们能够找到一些好的工具，帮助我们识别现在这个时点的自己有哪些优势，比如，我们可以用盖洛普公司开发的优势识别器进行优势测试，十几分钟后就能从网上下载其自动生成的个人五大优势主题报告。知道了又如何？如果你对自己有足够坚定的信念，就能在人生的长河中帮助你克服惰性、承受人生低谷、面对各种挫折、跨越各种障碍。

信念在公司中就是愿景，是鼓舞员工和企业家奋力拼搏，致力于实现的企业蓝图；在社会上表现为企业的定位；比如，美国的西南航空公司就是要成为城际交通成本最低而服务最优的航空公司，迪斯尼就是要成为把快乐带给世界的企业，福特就是让每一个人都拥有汽车。这些信念听起来高远而富有想象力，因此可以鼓舞企业走很长的路。信念对个人也是如此，它是人生规划，是对自己最终要做成哪些事情的期望，结果如何或许与能力高低及机遇有关，但是否追求与意愿有关，强烈的意愿才能称得上信念！有信念，才能够在困难的时候不轻易放弃；在无人喝彩的时候，能够自励自强，甘于寂寞；有信念的人才有可能实现自我的超越；否则，必将庸庸碌碌，终其一生。

对生活和自我有信念的人，才活得精彩，他们的工作才富有激情和创造力；企业欢迎这样的人，只有和这样的人一起经营，企业也才能变得更有活力。这样的人在我们身边有很多，看那些企业家，如华为的任正非、TCL的李东升等，他们身上表现出非常坚定的信念。这种信念来自哪里？我说，最根本的是来自对天地间最杰出的自然作品——人的信心！这种信心集中表现在对自己和周边团队的信心上，表现在要让中国企业蓬勃发展起来的信心上。

人这件上帝的杰作曾经让文艺复兴时期的天才达·芬奇如此着迷，基于对人简单而复杂的结构的敬畏，达·芬奇用画笔表达了对人体结构美的赞叹，留下传世佳作；又把其后半生都用在了人体解剖研究上，成为此领域的先驱，启发无数后人。对人的基本信心还拯救了"二战"集中营中坚强的犹太人。对人有信念，才会产生对人权的尊重，对人性善、美、真的追求，才能在小到日常行为、大到制度安排中都能充分认识人的局限和弱点，充分欣赏人的能力，充分体现对人的尊重。

在个人，对人的信心最基本的就是表现为自重，最长远的就是表现为信念，表现为对个人理想的执着追求。它能给你的眼睛赋予更多的神采，给心灵注入更多的安宁，使你更加坚定地走自己的路。有信念、有专长的人，是所有企业欢迎的人才，他们经得起时间的考验，经得起诱惑，经得起挫折；能够给别人带来快乐，给企业带来活力、给世界带来美好。我祝愿你们个个都成为这样的人。

上述用人观在任何时间说都行得通，经得起时间考验。如果说这不足以让我们的学子对企业如何用人有具体的认识，那么，希望下面的介绍能满足这个要求。

今年是我在企业工作的第15个年头。我的介绍，就是基于这十几年我作为一名文职技术人员和人力资源管理人员的观察，纯属个人观点，仅供大家参考。我这十几年恰逢中国企业走出计划经济体系的束缚，在市场经济的环境中寻求突破，不断进步的阶段；我们都很幸运的是，今后几十年，中国依然将经历前所未有的社会变革和经济发展。我们在听取一家全球人力资源咨询公司介绍年度薪酬行情的时候，他们是这么说的：全球阴雨，唯中国这边阳光独好。很多跨国公司在各地裁人，而中国不受影响，就是因为他们的中国业务是成长的。虽然，我们的国家由于历史的原因在社会经济的各个方面比西方发达国家落后很多年，有的地方是几十年的距离。但，对于我们这几代人来说，这恰恰意味着无数的机遇。生在这样的时代是我们的福气。这机遇来自中国的不断开放和我们全社会奋力追赶先进文明的步伐。由于开放，许多全球公司在中国寻找到他们的市场和低价质优的人力资源；中国的各级劳动力因此得以在外资企业中受到国际化的职业训练，使得其中的佼佼者具备了在国际职场上竞争的能力。

在我们全社会大步追赶先进经济文明的过程中，民营和个人私营企业尤其爆发出了强劲的生命力。中国各行业加速与世界接轨，竞争还将日益全球化，越来越残酷的市场竞争使得我们的企业不得不致力于追求跳跃式发展。而跳跃式发展对于人才意味着什么？用你们的想象力吧。中央电视台二套节目曾有一句广告语叫:"心有多大,舞台就有多大。"可以绝对贴切地用来形容在这些企业中的有志有才之士。看中国目前最值得敬佩的企业华为,20世纪90年代初还是无名之辈,现已经成功地在国际市场上崭露头角了。中国的追赶步伐,你可以在这样的企业中清楚地听到。中国企业的工作节奏甚至可以说比外企还要快。这是跳跃式发展的需要。

在跳跃式发展的企业中,只要你是有信念、有能力的人,一定不会被埋没,别被拔苗助长就很好了。我们企业的老板是1990年硕士毕业的。时势造英雄,我们所处的无疑是个英雄辈出的时代。

在如此之多的机遇面前,在如此之快的发展节奏的催逼之下,企业用人会有怎样的特点呢?你们自己都能推断出来。在我向你们展示令人炫目的发展机会的同时,你们还看到了什么?为了实现跳跃发展,企业要用熟练工、有经验的人,恨不得上手就能出活;今天到人,明天就派出去面对客户。显得有些急功近利是吧?所以,不要奇怪为何很多企业甚至对你们也提出最好有工作经验的要求,他们没有时间自己培养。

拔苗助长的情况在所难免。人才成长的周期被尽量缩短了。在某个岗位有些成绩,马上提拔到管理岗位上;在管理岗位上小有突破,很快提拔到领导岗位上。多少人是跑步上岗的,这使得我们在中国很难找到那种踏踏实实在一个专业上深入5年以上的人。我们公司新来的CTO(首席技术执行官)让我帮他物色一名AIX系统高级咨询顾问,要求在AIX、ESS、HACMP和TSM企业系统设备管理领域有7~10年的经验,外加售前或者技术客户管理经验,当然还提出了非常明确的其他要求。我们请了若干猎头帮助,找到一位业界高手,他亲自上门要来看看提出这等要求的人。他说,一方面能提出这种要求的人本身就是高人;另一方面,他要当面告诉我们的CTO,根据他在国内大型机应用领域十多年来的经验,我们要找的人在中国不存在,即使60%符合条件也属于凤毛麟角。

我举这个例子,只是想告诉大家,我们的社会,我们的企业多么急迫地需要资深的、高级的各类专业人才,而这种需要与人才培养所需的必经周期有时就是矛盾的。战略层次的高级人才只有经历战术层面多种复杂情况的锤炼摔打才能成熟成长起来。跳级式的用人对人才本身也是有损害的,会出现战略层面的领导提出战术上不可行的指令等问题,这种脱节目前比较普遍地存在于企业和社会用人的方方面面。正因为我们的企业管理还是比较幼稚的,而竞争又毫不留情,所以,我们的步伐有时就显得急切而纷乱,而成熟的全球企业却是有条不紊,尽管不似我们快,但是效率比我们高很多。对于个人而言,还是要坚持这样一个原则:充分认识自己,然后认真规划自己的职业生涯,沉住气,在致力于发展的领域扎实钻研,扎实积累,在充满着投机诱惑的环境中耐得住寂寞,经得起风雨。这样,在一个以实力取胜的竞争社会中,你终会脱颖而出,成就一番大事业,为企业和社会所重用。

第五节 关于创业那些事

1998年7月,翟根芝职专毕业后,一时没有找到工作,于是她进城打工、卖菜、当"二道贩子",两年多来,她挣了票子、换了脑子。在一家饭店打工时,她发现肉鸽的销路不错,于是就产生了自我创业的念头,她下决心要用自己学过的知识办一个养鸽厂。她把这个念头和爱人商量后,两人一拍即合,卖了家里的猪,筹集了7 000元钱,于2000年3月先买了 200 对美国皇鸽，一边翻书学习，一边向老师请教。她说："上学时老师还不太认识我，如今我成了老师家的常客。"每天早晨迎着晨曦，听着鸽叫，她早早地为鸽子喂水、喂食，人瘦了许多，但很充实。她说："干自己的事，挣多挣少，心里踏实，过得有滋味。"到年底她又买了 200 对种鸽。如今她的养鸽场种鸽已繁殖到 8 000 多对，占地 10 余亩，成了当地有名的"养鸽大王"。小翟养鸽，丈夫推销，2001 年春节，一次就销售乳鸽 5 000 只。现在养鸽场里还吸收了十几个年轻人做帮手，生意越做越大，成了当地的"龙头企业"。

翟根芝职专毕业后，不是消极等待就业，而是主动谋业，走出了一条成功创业的道路。在这条道路上，她获得成功的秘诀在于她大胆"换脑子"，这是创业的"金钥匙"。

江苏信息职业技术学院毕业生宋铁健，毕业后分配在南京某部属国有大型企业。他努力进取，勤奋工作，两年后入了党，并参与科研攻关，因成绩显著被评为南京市十佳杰出科技青年。但他在成绩卓著被人羡慕的时刻，告别了国有企业，南下深圳"下海"创业。起先在某公司担任副总经理，几年后，他又辞去待遇丰厚的副总职位，白手起家，办起了"民营企业"。经过十多年的拼搏，他的公司发展成为拥有数个分厂、固定资产数千万元、在全国同行业中颇有影响的著名企业。回顾这一历程，宋铁健深有感触地说，是创业给了我动力，是创业给予我财富，物质财富是重要的，但更重要的是获得的精神财富，创业使我充实。"人生能有几回搏"，在拼搏中更能体现自己的人生价值。

青岛民营企业"万和春"商贸有限公司法人代表王涛，是青岛职业学院 1993 届烹饪专业毕业生。一名职校毕业生在短短几年中成为有 10 个连锁店、固定资产达 900 多万元的经营者，是改革开放给了他机遇，是创业精神给了他力量，使他获得了成功。

王涛在 1993 年毕业前，由于学习刻苦，专业技能在学院名列前茅，用人单位纷纷指名要他。但他拒绝用人单位的招聘，说服父母接手父亲开办的小餐馆，开始了他的创业生涯。

"万和春"餐馆是个个体经营、营业面积不足 50 平方米的小饭店，又地处青岛威海路不起眼的地段，营业额不高，帮工也少，许多事情都要自己亲自干，从采购、进货、初加工、切配、蒸煮全要亲自过问，当顾客多时，还要参加柜台站位或跑堂工作，晚间还要进行卫生大扫除和餐具消毒，王涛真正尝到了创业经营的艰辛。加工排骨米饭是父亲多年摸索积累起来的烹调技艺，有一整套烹调诀窍和调料配方。王涛接班后运用在学院所学的知识，改变小锅小灶眼烹制的老办法，采用现代化炊具进行加工，亲自烹调，品尝对比，最后终于做出口味纯正的砂锅排骨饭，于是营业额迅速增加。经过几年的艰苦创业，"万和春"排骨砂锅米饭被评为青岛十大特色小吃，上了广播电视和报刊，饭店的固定资产也从 7 位数向 8 位数发展。现在，"万和春"商贸有限公司下辖连锁店已有 10 个，岛城人民一提起排骨砂锅米饭就自然会说出"万和春"，许多人都慕名专程前往品尝。

王涛创业做出了成绩，也获得了荣誉，为职业学院毕业生走自谋职业、自我创业的道路树立了榜样。但是，我们有些高职大学毕业生却意志消沉、怨天尤人，他们胸无大志，无所事事，总是埋怨自己学历低、机会少，他们总希望好运有一天突然到来。其实机会和好运总是在他们消极等待中偷偷地溜走。关键是他们缺少一种精神，一种自强不息的创业精神。

高职教育是培养高端技术技能型人才的职前教育，同学们毕业后都要谋取职业，走向社会，在一定的岗位上为社会主义建功立业。在社会主义市场经济的背景下，计划分配已进入了"历史的博物馆"，对大多数人来讲，不可能也不再会有现成的计划分配来输送你去就业了，职业主要由自己发挥主动性、积极性和创造性去谋取。这是一种崭新的择业观、就业观，这种择业观、就业观从时代意义上讲就是谋业观、创业观。谋业是一个人由家庭成员变为社会成员的必由之路，是青年了解社会、服务社会、了解自己、开发自己，使自己成为社会劳动者的过程，因此，谋业的过程应该就是创业的过程。从这个意义上说，从业的始点也就是自己创业的起点，只有在创业中谋业，所谋得的职业才是自己最满意的；也只有在谋业中创业，才能在所谋取的职业中干出一番事业。很多青年人，他们有理想，有抱负，有朝气，有满腔热情，可是他们缺乏信心，认为自己无谋业之路。其实，路就在脚下。在人生的征途中，只要你肯去开拓，去寻找，就会找到施展才华的天地。有人说谋业难创业难，但一旦有了明确的目标和坚定的信念，困难就会迎刃而解。

中华民族是一个富有创新意识和创业精神的民族。从古代的"四大发明"到现代的"两弹""飞船"，无不蕴含着勤劳勇敢的中国人民的创新和创业能力。特别是改革开放以来，伟大的创业精神已成为中国人民建设中国特色社会主义的不竭动力。中国的改革开放本身就是一种伟大的创造，改革开放所取得的每一项成就也正是创新和创业的结果。我们高职高专学生立志创业取得巨大成就的也大有人在。河南安阳大学是一所大专层次的高校，名气也不大。这所学院4名2003届毕业生自主创业，注册了安大四兄弟企业策划工作室，并正式入住国家级安阳创业服务中心。目前，这个由大学生创立的工作室运转正常，取得了较好的社会效益和经济效益，并吸收了安阳大学等高校毕业生10多人。有人说，创业需要有高文凭，其实，创业不在于文凭，而在于自己的智慧和勇气。据《经济日报》报道，四川农民已有数十万打工者从劳务输出大军中脱颖而出，实现了由"打工者"向"经营者"的转变，成功地实现了创业的梦想。高职高专学生具有较好的知识能力和素质基础，只要立下创业之志，坚定地走创业之路，就一定能建树创业的伟大功勋，成为21世纪和平时代的新英雄。

那么创业需要哪些素质呢？我们来看一个故事。

甲乙两个青年一起开山，青年甲把石块砸成石子运到路边，卖给建房的人；青年乙直接把石块运到码头，卖给杭州的花鸟商人，因为这里的石头奇形怪状，富有观赏价值。3年后，青年乙成为村上第一个盖起瓦房的人。

后来，不许开山，只许种树，于是这里成了果园。人们把堆积如山的梨子成筐成筐地运往北京和上海，然后再发往韩国和日本，因为这里的梨汁浓肉脆。唯独青年乙与众不同，他卖掉果树，开始种柳。因为他发现来这儿的客商不愁买不到好梨子，只愁买不到盛梨子的筐。5年后，青年乙又成为第一个在城里买房的人。

这个故事对我们立志创业的高职学生来说，有什么启迪呢？

一个拥有一技之长或数技之长而无创业基本素质的人，不一定能够成为成功的创业者、竞争的胜利者；而一个拥有良好创业素质的人，不仅能走在别人的前面，成为市场或行业的领头羊，而且有可能使那些有技术的人成为自己的伙伴或助手，从而成为成功的创业者、竞争的胜利者。因此，作为21世纪全面建设小康社会的开拓者和创业者的高职学生，应该不断拓展和提升自己的素质，使自己成为具有创业素质的高级人才。

创业素质是在人的心理素质和社会文化素质的基础上，在环境和教育的影响下形成和发展的，它是人们从事社会职业、参与社会实践所必需的基本素质。由创业意识、创业心理品质、创业能力、创业知识结构等要素组成，各要素之间既相互独立、又相互影响，形成相互制约的一个有机整体。

要想成为创业者,就必须抛弃陈腐的、禁锢思想的旧观念,树立适应现代化要求的新观念,并随着时代的发展和形势的变化不断更新自己的观念。这些观念主要有:

1. 自主观念

作为一个创业者,必须有自主观念。任何创业者都坚信不是命运主宰自己,而是自己主宰命运,都能够自己选择自己的道路,自己对自己的行为负责。"从来就没有救世主,也不靠神仙和皇帝,要创造人类的幸福全靠我们自己。"这就是创业者的意识。

在温州,老百姓常常把"下岗"称为"站起"。下岗职工周大伟创办的打火机厂,产品远销日、美等多个国家和地区。在温州,下岗没什么丢脸的,坐等政府和社会来帮助才是耻辱。与其"寄人篱下"等待别人安排,不如另起炉灶自己创业,这就是温州人的意识。

自主观念的形成,需要经过长期的锻炼。一个人首先要学会独立思考,才能逐步形成自主观念。在起步阶段,模仿是必不可少的,但模仿是为了创新。只有在学习和实践中逐渐走出模仿的圈子,形成自己独有的思维模式,才有可能造就自己独立的性格和人格,成为自主的人,具有创造性的人。谋事贵众,成事贵独,自主意识是创业意识的重要成分。

2. 竞争意识

创业诞生于竞争之中,创业者只有具备竞争意识,才能在现代社会的竞争中捷足先登。没有竞争,也就没有创业的活力。满足于比上不足、比下有余,是无法创业的。

有经济学家指出:一旦一个公司不再面对真正的挑战,它就会很少有机会保持活力。同样,一个人不再面对真正的挑战,他也就会变得缺少活力。最成功的公司和最成功的人都是会面对很多竞争对手的。因为竞争,公司和员工不得不有更高水准的表现,从而明显地变得更敏锐、更出色。竞争使创业者变得精明强干,使创业者不断寻求新的答案,使创业者不至于感到沾沾自喜并自以为无所不能。

竞争包括外在竞争和内在竞争两方面。外在竞争即同他人的竞争,内在竞争即同自己的竞争。外在竞争是为了超越他人,内在竞争是为了超越自己,超越他人首先在于超越自己,这才是真正意义上的竞争意识。

3. 风险意识

创业与冒险在某种意义上是同义语。俗话说一分风险,一分财富。创业者是市场经济中风险和不确定性的承担者。许多成功者的创业都有一个共同点,就是喜欢冒风险并勇于承担责任,善于发现潜在危机,并尽可能把这种风险减少到最低程度。

李晓华是一位有名的创业家,他在短期内积累巨额财富的秘诀就是敢于冒风险。在他的创业史上最险的一次是在马来西亚的投资。通过考察,他得知马来西亚高速公路开发权正在招标,条件很优惠,但没有人愿意干,因为这段公路不长,车流量也不大。李晓华在调查中得知在离路不远处有一个储量十分可观的油田,只是最后确认还没完成,新闻暂时没公布。如果油田正式开采,丰厚的石油利润将带来大批投资者,与油田相关联的加工及运输业也将火爆起来,这条公路的用途将可想而知。李晓华决心"干"。他拿出全部积蓄,又以房产抵押从银行贷款,以3 000万美元买下了公路开发权。贷款期限半年,风险实在太大。妻子为他担心,说:"你要是干,我就跟你离婚!"李晓华意识到了问题的严重性,此事若不成自己可能输个精光!抵押完后,李晓华每天盼望新闻发布,但是油田新闻发布会一拖再拖,李晓华陷入绝望,他承受着常人无法想象的压力。第5个月零16天,消息终于发布了!一周之内,李晓华的投标项目价格翻了一番。敢于向困难挑战、敢于面对风险,使他又一次成了大赢家。

风险是不可避免的。高风险主要来自3个方面：技术风险、市场风险与管理风险。但在许多情况下，风险中也蕴藏着潜在的机会和利润。创业者可通过分析风险，发现潜在机会，采取正确的决策，从而控制和驾驭风险，减少风险损失并获得风险收益。

4. 法律意识

法律意识是人们关于法的各种现象的感知、情绪和意志的总和。从内容上看，它包括人们对法律规范和法律行为的把握、评价和态度；从形式上看，它表现为人们对法律现象的理解和认识。

市场经济本身也是法制经济。市场经济的正常运转需要一整套科学并能严格执行的法律法规。创业者增强法律意识不仅可使自己的企业依据市场经济规律合法经营、健康发展，减少不必要的权益纠纷，而且可以运用法律意识，使自己企业的合法权益得到法律保护。如果创业者没有法律意识，在激烈的市场竞争中就会被动挨打、无立足之地。

创业心理品质是指在创业实践过程中对人的心理和行为起调节作用的个性特征。我国科学家经过多方面的调查和研究，提出了影响创业活动的3对相辅相成的个性因素，它们是：独立性与合作性、敢为性和克制性、坚韧性与适应性。他们认为这3对个性因素与创业成功具有较大的相关性。

1. 独立性与合作性——创业的基本心理品质

独立性是思维和行为不受外界和他人的干扰，能够独立思考，独立选择自己行为的心理品质；合作性是能设身处地地为他人想着，善于理解对方，体谅对方，善于与他人合作共事的心理品质。这是两种相反的心理品质，它们交互作用、相互制约，在创业实践中发挥重要的心理调节作用。

创业是一种自立性的谋业活动，首先要走出依附于他人的立业之路。独立性是创业者最基本的个性品质，创业者不要依靠别人的供养，也不要跟在别人后面人云亦云，而是独立思考，依靠自己的劳动和智慧自主行动，走上兴家立业的道路。这种心理品质主要表现为以下3个特点：一是抉择的独立性；二是行为的自主性；三是独创性，独树一帜，不因循守旧，开拓创新，与时俱进。

独立性是创业者自立自强的重要的人格因素，但独立并不等于孤独，更不是孤僻。因为，我们所从事的创业实践活动离不开社会这个大舞台，社会生产、社会生活如同在这个大舞台上演出的一幕幕错综复杂、丰富多彩的生活话剧，需要形形色色的角色之间的默契和配合。因此，创业活动虽然是个体的实践活动，但也是一种社会性的活动。这种活动是在人与人之间的交往、配合和协调中发生、发展并取得成功的，离开社会集体这个赖以行舟的海洋，任何活动都会受阻。所以，成功的创业者大多数是出色的社会活动家，他们善于与各种人打交道，积极主动地与人交流、交往、合作、互助，通过合作，取长补短；通过交流，获得信息。

俗话说："一个好汉三个帮。"在创业道路上，必须摒弃"同行是冤家"的狭隘陈腐观念，学会合作。每一个创业者都富有自己的个性特点，他们既不依赖他人，听命于他人的安排，又能与他人密切配合，这就是独立性与合作性在创业者身上的和谐统一。独立性与合作性是创业者必须拥有的两种基础人格心理品质。

2. 敢为性和克制性——创业的突出心理品质

敢为性是指有果断的魄力，敢于行动，敢冒风险，并敢于承担行为后果的心理品质。

克制性是指能自觉地调节和控制自己的情绪和感情，约束自己的行为，克服冲动的心理品质。

敢为性与克制性也是一组相对的心理品质，它们在创业活动中交互作用、相互制约，起着重要的调节作用。

只要从事创业活动，就必然会有某种风险伴随，且事业的范围和规模越大，取得的成就越大，伴随的风险也越大，需要承受风险的心理负担也就越大。对于个人，尤其是从事创业活动的人来说，如果没有冒险精神，那是什么也干不成的。

立志创业，必须敢闯敢干；有胆有识，才能变理想为现实。对瞄准的目标敢于起步，选定的事业敢冒风险，这就是敢为性。敢为性强的人对事业总是表现出一种积极的心理状态，不断地寻找新的起点，并及时付诸行动，表现出自信、果断、大胆和一定的冒险精神，当机会出现的时候，往往能激起心理冲动。但是，敢作敢为并不是盲目冲动、任意妄为，而是建立在对主客观条件科学分析的基础上的。成功的创业者总是事先对成功的可能性和失败的风险性进行分析比较和充分论证，选择那些成功的可能性大而失败的可能性小的目标。

因此，立志创业过程中，也要善于克制，防止盲目冲动。克制是一种积极的、有益的心理品质，这种心理品质能够使创业者积极有效地控制和调节自己的情绪，使自己的活动始终在正确的轨道上运行，而不会因一时的冲动而引起缺乏理智的行为。

从更深的层次上讲，创业活动是一种社会活动，是在一定的社会组织结构中进行的，因而必须符合一定的社会道德规范，自觉接受法律的约束。合法创业，守法经营，依法行事，诚实守信，互惠互利，这些基本原则必须遵守。所以，当个人利益与社会利益相冲突时，要能克制个人欲望，约束自己的行为。对情绪的自我控制，对行为的自觉约束，对心理的自我调节，这都属于克制性。敢为而又善于自控，才能在积极进取和自我完善中不断获得成功。

3. 坚韧性与适应性——创业的重要心理品质

坚韧性是指为达到某一目的，坚持不懈，不屈不挠，并能承担挫折和失败的心理品质。

适应性是指能及时适应外界环境和条件的变化，灵活地进行自我调整、自我转换的心理品质。

坚韧性就是为达到既定目标顽强拼搏，并在困难面前百折不挠、始终如一、坚持到底的精神。创业是一个需要长期坚持努力奋斗的过程，立竿见影、迅速见效的事是极少的。创业者在方向目标确定之后，就要朝着既定的目标一步步走下去，纵有千难万险，迂回曲折，也不轻易改变初衷，半途而废。这就需要创业者有恒心、毅力和坚韧不拔的意志，这是创业者十分可贵的个性品质。

由于创业活动是在一定的社会环境中进行的，而社会环境是在不断地发展变化的，因此，必须以极强的信息意识和对市场走向的敏锐洞察力，掌握市场外部环境和创业条件的变化，具有以变应变的能力，这就是适应性。只有把坚韧性与取得成功的可能性有机地结合在一起，才能避免盲目、呆板、僵化和固执。坚韧而不失灵活，才能确保创业有成。

优良的个性品质是创业活动的极其重要的内在因素，但这些因素的确立和提升是在消除创业心理障碍的过程中实现的。因此，培养创业心理品质，同时必须消除不利于创业的心理障碍。这些心理障碍包括人格障碍、情绪障碍和行为障碍。

人格障碍主要是指自傲、自卑、畏缩等心理缺陷；情绪障碍主要是指抑郁寡欢、过度焦虑和紧张的心理状态；行为障碍主要是指急功近利、急于求成、目标多变、缺乏持久力的心理障碍。克服和矫正这些心理障碍的有效途径是在实践中加强学习、修养和心理保健。

强烈的创业意识和优良的创业心理品质对创业活动起着启动、导向、激励、维持和强化的作用，它们是创业活动产生的源泉和动力。具备了强烈的创业意识和优良的创业品质，就如扬起了创业之舟的风帆，但要使创业之舟乘风破浪，达到胜利的彼岸，还要依靠熟练的驾驭技术和本领。这就是创业能力。

能力是一种直接影响活动效率，使活动能够顺利进行的个性心理特征。创业能力是指一种能够顺利实现创业目标的特殊能力，它是一种以智力为核心的具有较高综合性的能力，是一种具有突出的创造性特征的能力。创业能力与创业实践紧密相连，与个性心理倾向和个性心理特征紧密结合在一起。

创业能力在创业的基本素质中具有非常重要的地位，它是创业基本素质的核心，是将其他各要素组合成创业基本素质结构的中心，直接影响着创业实践的成败。在创业实践活动中，直接发挥效率的创业能力有3种不同层次，即专业技术能力、经营管理能力和综合能力。

1. 专业技术能力

专业技术能力是指从事职业和创业活动所必需的知识和技能以及运用已经掌握的知识和技能解决生产实际问题的能力。专业技术能力是创业能力中最为基本的能力，是人们从事某一特定社会职业所必须具备的能力和本领。专业技术能力作为一种创业能力，具有以下功能：一是为创业者走上社会、投身于创业实践活动提供基本的条件和手段；二是在一定条件下影响创业实践活动的效率；三是在一定条件下对高层次创业能力的有效发挥具有促进作用。

专业技术能力包括专业知识和专业技能两个层面。专业知识是指从事某一专业工作所必须具备的知识，一般具有较为系统的内容体系和知识范围。掌握专业知识是培养专业技术能力的基础。专业技能包括智力技能和操作技能两个方面。智力技能是在大脑内部借助于语言，以缩简的方式对事物的映象进行加工改造而形成的，它以抽象思维为主要特征。创业能力是一种以智力为核心的具有较大综合性的能力，创业能力结构的核心部分是智力。在知识经济时代，创新意识和创造能力将成为经济发展的重要潜力。因此，智力技能的训练就显得十分重要。

操作技能是由一系列外部动作构成的，是经过反复训练形成和巩固起来的一种合乎法则的操作活动方式。操作技能是专业技术能力的有机组成部分，也是形成综合能力的基础。操作技能需要进行系统训练，才能达到一定的熟练程度，形成初步的技术经验。掌握操作技能要经过对动作的认识、联系和达到协调完善3个阶段，操作技能训练总要通过认识动作样板，了解动作程序，掌握动作关键，从而理解整个动作，进而反复练习，使动作之间有机联系，相互协调，最后形成连锁反应，接近自动化动作，达到准确性、协调性、速度和技巧利用的统一。

2. 经营管理能力

在创业能力中，经营管理能力是一种较高层次的能力，它从3个方面直接影响创业实践活动。一是涉及创业实践活动的每一个环节：规划、决策、实施、管理、评估、反馈，影响到创业实践活动的全过程；二是涉及创业实践活动中人的选择、使用、组合和优化，涉及群体控制的各方面：群体目标、群体内聚力、群体规范和价值等；三是涉及创业实践活动中资金的分配、使用、流通、增值等环节，从而影响实践活动的规模和效益。

在现代社会中，经营管理能力为企业的生存和发展提供了较好的主体条件；同时，也能形成人、财、物、时间、空间的合理组合。经营管理能力直接关系到创业活动的效率和成败,因此管理也是生产力。

(1) 善于经营。成功的创业者,不仅要有果敢的开拓精神,还必须精通经营之道,熟悉市场行情,了解和掌握生产经营活动的内容、生产经营的策略和手段。掌握信息要及时准确,对比选优要多设方案,不同意见要兼收并蓄;要懂得市场经营策略、销售策略、市场定价策略,熟悉生产经营的组织和管理等。

(2) 善于管理。经济核算的结果表明,生产条件和资源投入相同时,生产效率也会有差异。对个体产品来说,这种差异取决于劳动的熟练程度,而对有赖于群体分工合作的产品来说,这种差异则取决于管理,且产品越复杂,参与劳动协作的人越多,管理对效率的影响就越大。所谓管理,就是根据企业的内在活动规律,综合运用企业中的人力资源及其他资源,从而有效地实现企业目标的过程。善于管理,必须了解生产环节,掌握管理的窍门,精通经营核算,做好生产过程的组织、生产计划的编制、生产的调度、产品的质量控制等。

(3) 善于用人。在生产力的诸要素中,人是最活跃的、起决定作用的因素,也是企业能否发展的决定性因素。善于用人,就能调动人的积极性,使人尽其能,人尽其才,使个人的长处得到充分的发挥。要做到善于用人,必须统一指挥、权责相配、建立规章、民主管理,还必须论功晋升,按劳分配。

(4) 善于理财。创业者从事生产经营,要获得利润,就必须善于理财。理财是对资金运动过程进行正确的组织、指挥和调节,保证生产活动顺利进行,从而减少劳动和物质资源的耗损,降低产品成本,提高资金利润率的重要环节。不言而喻,善于理财能使资金增值,提高经济效益,这是创业成功的重要保证和标志。

3. 综合能力

在创业能力中,综合能力是一种最高层次的能力,它由多种特殊能力与经营管理能力综合而成。这些特殊能力主要有:发现机会、把握机会、利用机会和创造机会的能力;搜集信息、处理和加工信息、运用信息的能力;适应变化、利用变化、驾驭变化的能力;交往、公关、社会活动的能力等。综合能力是智力操作的特殊能力,是创业者在创业实践中学会学习、学会做人、学会生存、学会发展、学会创造的综合性能力的概括。

实践证明,仅有专业技术能力的人,可以完成某一职业岗位的职责,成为一名称职的从业者,也可以成为创业者的合作伙伴,但很难成为一个开创新事业的创业者。而只有同时具有综合能力的人,才可能成为成功的创业者,成为从业人员群体的雇主和上司。

综合能力包括:

(1) 学习能力。学习能力是知识经济时代最为重要的自我学习、自我完善、自我提高的能力,包括逻辑思维能力、综合应用能力、分析比较能力、归纳总结能力、阅读理解能力和口头表达能力等。科学技术不断发展,新知识、新技术层出不穷,而学院教育的时间又有限,这就需要终生学习。学习能力为创业的发展打下了坚实的基础。

(2) 独立工作能力。独立工作能力是自立、自主、自强的能力,包括独立思考能力、组织决策能力、自我控制能力、经营管理能力、遇挫承受能力、人际交往能力以及在市场经济条件下的竞争能力等。培养独立工作能力,要从平凡的小事入手,从学生时代做起,独立完成每一次作业,独立做好每一件工作,独立组织每一次活动,独立完成每一项任务,在实践中培养和锻炼自己的独立工作能力。

（3）社交能力。社交能力是指学会认识人际关系，正确理解人际关系，培养良好人际关系的能力。创业的过程就是不断熟悉社会，同时让社会熟悉自己、接纳自己的过程。为此，创业者一定要敢于面向社会，闯入社会，把社会看成是自己获取支持，从而获得能量、信息与材料的源泉，即在社会实践中逐步提高自己的创业意识，从而获取创业能力。同时，必须把社会的需要、社会的利益、社会的价值标准与评价原则作为自己行动的一个参照系，把自己所从事的事业与集体的、社会的事业沟通起来，提高自己的社交能力，扩大交往，与人合作，取信于他人，取信于社会，为自己创造一个开放的创业环境。

（4）应变能力。应变能力就是灵活机动、锐意创新，能根据社会的变化和市场的需求，迅速采取相应对策的能力。在当今社会，面对科学技术高速发展和市场变化，仅仅具备一种职业能力显然是不够的，只有掌握了应变能力，才能迅速捕捉信息、利用信息，更好地适应环境和市场的变化。

李嘉诚12岁逃离战乱，流落他乡，在香港备受贫穷的折磨。14岁时，父亲因病无钱医治，过早离世，给李嘉诚刺激很大。身为长子的李嘉诚面对严峻的现实，发出了"我不要穷，我要赚钱"的呼声。父亲病逝后，李嘉诚开始了辍学打工的生涯，由于抱着"我不要穷，我要赚钱"的强烈意识，他在泡茶、扫地、当学徒、当店员、当跑街推销员的早年生涯中，努力学习和思考，自觉和不自觉地不断开发着自己经商赚钱的能力。

李嘉诚14岁走向社会，在舅父的钟表公司当学徒，后当店员。17岁先后在一家五金制造厂和塑胶裤带制造公司当推销员，18岁被提拔为塑胶裤带制造公司的部门经理，20岁时又被提升为该公司的总经理。

22岁时的李嘉诚独立出来与人合作开创自己的事业，这时他已有了7年做生意、搞推销、办企业的经验。这7年的创业经验使他敢于独立创业，而创业的第一步就是从事自己熟悉的塑胶行业，开办"长江塑胶厂"，生产塑胶玩具和简单的日用品。经过5年创业，他摸准市场需求，将"厂"改为"公司"，他自己则成为"塑胶大王"。

30岁时，他进入房地产业。此后，他以塑胶业为后方，向房地产进军，到40岁时成立了长江房地产有限公司，两年后又成立了上市集团公司……之后，他进军海外，收购吞并公司，不断地开发应用与积累自己广泛深厚的创业经验与智慧。在62岁时，被评选为香港的"风云人物"，成为世界瞩目的超级企业家、超级富豪。

创业是当今时代的一面旗帜，高职学生立志创业是时代的呼唤。但是，并不是每一个创业者都能获得创业的成功。无数事实证明，创业是一项充满风险的活动，既不可能一帆风顺，也不会人人都是成功者，创业未半而中途夭折的公司比比皆是。高职学生虽然有高素质的技能、灵便的信息和先进的文化支撑，其成功的概率比一般的创业者高，但是也有涉世不深、经验不足等不利因素，创业失败的可能性依然很大。对于社会上的创业者来说，现在的创业者已不同于改革开放初期"个体户""家族式"的创业模式，凭着胆大敢闯和有利的社会关系就能成功。现在的创业是在更高更深层次上的生产经营和服务活动，大量高智商、高学历的人士加入了创业者的队伍，使创业越来越难，仅靠"摸着石头过河"的经验式创业已难以成功，需要用科学的理论做指导，因而，树立科学的创业观就成为题中之义。

所谓科学的创业观就是要用科学的理论做指导，用科学的观点和方法，把握创业实践的规律，既有敢闯敢干的满腔热忱，又有脚踏实地、冷静应对的科学态度，只有这样，创业才易于成功。为此，必经走出创业的四大误区。

一是求大的误区。许多初出茅庐者的想法和计划总是很"大气",总是想尽可能多地开辟市场,然而,一个公司的能力是有限的,触角伸得越多,力量便分散得越开,最后反而是自己失去深度开发的机会和能力。

二是避小的误区。做企业与做人一样,不要因为是小利,便看不上眼。任何一家企业都是从最小、最底层做起的。

三是趋利的误区。不能为了赢利而"东一榔头西一棒槌"。企业的发展应该是有一个长期的规划,不能为了一时的赢利而放弃自己坚持的长远目标和核心业务。

四是失败的误区。战场上没有常胜将军,商场上同样也没有只赚不赔的买卖。大学毕业生只有在失败中吸取教训,才能够获得更大的发展。

第六节　学院职业生涯规划相关工作

1. 专业介绍

按照学院的安排,在新生入学后,各专业的学科带头人或专业负责人都要做专业介绍。主要介绍本行业发展前景、本专业的特点、专业课程、学习方法、学习目标、学生就业状况等。

2. 大学生就业与创业教育

按照教育部、教育厅的要求和学院的教学安排,我院所有专业都开设了必修课创新创业教育和大学生就业与指导,对大学生进行创新创业教育和就业指导。

3. 大学生校园模拟招聘会

4. 萍乡市组织的就业创业培训班

5. 校园招聘会

每年11月份左右我校都会在校园举办校园现场招聘会,邀请全国各地相关企事业单位来学院举行现场招聘。

6. 就业管理部门

我院负责学生就业工作的管理部门是就业指导工作办公室,主要负责学生就业政策咨询、联系就业单位、发布就业信息、组织招聘会等。

7. 职业资格证书

双证书制度是我国目前高等职业教育的一种培养模式,高等职业院校毕业生通过专业学习,在获得毕业证书的同时可以获得多个职业资格证书。技术等级证书或职业资格证书是高等职业院校毕业生能够直接从事某种职业岗位的凭证。学院学生在学习期间可报名参加此类考试,成绩合格后可获得相应的职业资格证书。具体如下表:

证书名称	主要面向专业	发证单位	组织部门	联系电话
建筑五大员证:施工员证、质检员证、材料员证、安全员证、资料员证	建筑工程技术、建筑工程管理、工程监理、工程造价、装饰、艺术设计、视觉传达	江西省住房与城乡建设厅	采矿与建筑工程系	0799-7062008
装饰装修工证、Corel证	装饰艺术设计、电脑艺术设计、视觉传达	人力资源和社会保障部	采矿与建筑工程系	0799-7062008

续表

证书名称	主要面向专业	发证单位	组织部门	联系电话
测量放线工证	工程测量、煤矿开采技术	人力资源和社会保障部	采矿与建筑工程系	0799-7062008
采矿掘进工证	煤矿开采技术	人力资源和社会保障部	采矿与建筑工程系	0799-7062008
建筑 CAD 证采矿 CAD 证	建筑类、装饰类、采矿等	人力资源和社会保障部	采矿与建筑工程系	0799-7062008
钳工证、焊工证	机电类	人力资源和社会保障部	机电工程系	0799-7062341
数控车工证、数控铣工证	数控、机电	人力资源和社会保障部	机电工程系	0799-7062341
机电 CAD 证	机电类	人力资源和社会保障部	机电工程系	0799-7062341
ATA 证	机电类	人力资源和社会保障部	机电工程系	0799-7062341
维修电工证、家用电子产品维修工证、通信终端维修工证、电子 CAD 证	电子、电气、通信、光伏、数控、机电	人力资源和社会保障部	电子工程系	0799-7062230
计算机维修工证、网络管理员、网络工程师、计算机操作工	网络、软件技术、多媒体技术	人力资源和社会保障部	计算机工程系	0799-7062630 0799-7062230
全国计算机等级证	全院	教育部考试中心	计算机工程系	0799-7062630 0799-7062041
初级会计师证	会计、造价	江西省财政厅	经济管理系	0799-7062644
初级经济师证	会计、造价	人力资源和社会保障部	经济管理系	0799-7062644
会计从业资格证	会计、造价	江西省财政厅	经济管理系	0799-7062644
会计电算化证	会计、造价	江西省财政厅	经济管理系	0799-7062644
导游资格证	旅游	江西省旅游局	经济管理系	0799-7062644
国际商务单证员	商务	国家商务部	经济管理系	0799-7062644
三级企业人力管理师证	全院	人力资源和社会保障部	经济管理系	0799-7062644

第七节　我院创新创业教育工作简介

李克强在总理公开场合发出"大众创业、万众创新"的号召,最早是在 2014 年 9 月的夏季达沃斯论坛上。当时他提出,要在 960 万平方公里土地上掀起"大众创业""草根创业"的新浪潮,形成"万众创新""人人创新"的新势态。此后,他在首届世界互联网大会、国务院常务会议和各种场合中频频阐释这一关键词。每到一地考察,他几乎都要与当地年轻的"创客"会面。他希望激发民族的创业精神和创新基因。

2015 年,李克强总理在政府工作报告又提出"大众创业,万众创新"。政府工作报告中如此表述:"推动大众创业、万众创新,既可以扩大就业、增加居民收入,又有利于促进社会纵向流动和公平正义。"在论及创业创新文化时,强调"让人们在创造财富的过程中,更好地实现精神追求和自身价值"。当前,在举国上下全力推进"大众创业、万众创新"的大背景下,大学生创新创业的春天已经到来。大家要了解创业政策、聆听创业课题、学习创业之星、参加创业大赛都可以访问江西省大学生创新创业网,网址是:http://cy.jxjob.net/cy/。

我院也十分重视创新创业教育,专门制定了关于深化创新创业教育改革的实施方案,方案的主要内容如下:

一、指导思想

为深入贯彻落实《国务院办公厅关于发展众创空间推进大众创新创业的指导意见》(国办发〔2015〕9 号)、《国务院关于进一步做好新形势下就业创业工作的意见》(国发〔2015〕23 号)、《国务院办公厅关于深化高等学校创新创业教育改革的实施意见》(国办发〔2015〕36 号)的精神,坚持创新引领创业、创业带动就业,主动适应经济发展新常态,以推进素质教育为主题,以提高人才培养质量为核心,以创新人才培养机制为重点,以完善条件和政策保障为支撑,加强创新创业理念的学习,积极推进大学生创新创业教育改革,为夯实大众创新、万众创业的良好基础提供支持和保障,特制定我院创新创业教育改革的实施方案。

二、工作目标

全面深化创新创业教育改革,建立健全课堂教学、自主学习、结合实践、指导帮扶、文化引领融为一体的创新创业教育体系,培育学生创新创业精神,增强学生创新创业意识,提升学生创新创业能力,形成一批可复制可推广的制度成果,人才培养质量显著提升,学生的创新精神、创业意识和创新创业能力明显增强,投身创业实践的学生显著增加。

三、组织领导

成立由院长任组长,分管教学副院长任副组长,党政办、人事处、教务处、招就办、宣传部、学工处、校团委等负责人为成员的江西工业工程职业技术学院大学生创新创业教育工作领导小组,领导小组下设办公室,办公室设在教务处,教务处长兼任办公室主任,招生就业办公室主任、学工处长、校团委书记兼任办公室副主任,各系部主任为成员。

四、具体措施

以学院大学生创新创业中心为依托,以培养优秀企业家精神为核心,面向全体、基于专业、融入教学、强化实践的创新创业教育工作原则,建立与专业核心课程相融合的创新创业课程体系、与专业实践教学相衔接的创新创业实践体系,打造创新创业教育实践平台,创造学生创新创业的良好条件。

(一)修订人才培养方案,完善创新创业教育课程体系

结合办学定位、服务面向和创新创业教育目标要求,学校、行业和企业共同修订专业人才培养方案,细化创新创业素质能力要求,调整专业课程设置,完善创新创业教育课程体系,推动各类课程资源聚集、开放和共享,使创新精神、创业意识和创新创业能力成为评价人才培养质量的重要指标。

1. 开设创新创业意识类课程

本类课程是全校性的、跨专业的通识教育课程,主要培养大学生的创新创业意识,以职业素养课或职业素养拓展课的形式开展。

主要内容:大学生创新创业基础、大学生创新创业经典案例、创新思维、创意激发、职业生涯规划、小企业管理、公共关系等,学习对象为大一学生,约32学时(2学分)。

2. 开设创新创业能力类课程

本类课程是与专业教育紧密融合的课程,是将创新创业知识渗透结合到各专业的课程教学中,通过在专业课程教学内容中适当地增加创新创业元素,培养学生基于专业知识的创新创业能力。

主要内容:技术创新、管理创新、机制体制创新等,学习对象为大二学生。

3. 开设创新创业实践类课程

本类课程是以培养学生综合实践能力为目的,强调超越教材、课堂和学校的局限,在活动空间上向自然环境、学生的生活领域和社会活动领域延伸,在实践活动方式上向"互联网+"模式扩展,密切学生与自然、与社会、与生活的联系,以第二课堂及大学生创新创业大赛的形式开展。

主要内容:专业竞赛、模拟创业、商业计划书、专业创新创业项目、创业模拟实训等,学习对象为大三学生。

4. 深化教学方法和考核方式改革

积极开展启发式、讨论式、参与式、体验式教学,沙盘演练等多样化的教学方法改革,将科学研究思维训练和科学研究方法训练融入实训教学中,引导学生主动学习,激发学生的积极性、主动性和创造性。改革考试考核内容和方式,注重考查学生分析、解决问题的能力,根据学生的兴趣爱好、特长优势、专业培养特点等实际情况及人才培养要求,建立多样化、多元化的成绩评价体系。

(二)强化创新创业实践,打造创新创业教育实践平台

坚持理论与实践相结合,根据创新创业教育目标要求,积极推动创新创业实践资源整合,打造创新创业教育实践平台,为培养学生创新创业实践能力提供保障。

1. 搭建创新创业孵化基地

拟在商业街筹建大学生创业园、创客咖啡、创客智慧中心等,拟在综合实训楼筹建以专

业为依托的创新创业实验室,拟合作建设"淘商"电子商务平台线下体验店等,不断加大"引企进校"力度,力促产、学、研高度融合,充分利用校内外各种创业资源共同搭建集创业教育、创业实践、创业孵化、创业服务等功能于一体的创业平台,扶持学生低风险创业,大力提升学生的创新创业能力。

2. 加强创新创业指导服务

建立健全学生创新创业指导服务专门机构,建立就业创业素质拓展中心、就业创业心理服务中心等服务机构。健全持续化信息服务制度,加强创业培训,开设创业精英班,引导学生捕捉创业商机。

3. 争取政府资金政策支持

积极争取政府"十三五"重点项目支持,打造创新创业实践平台和环境,形成以企业人才需求为依据,以职业活动为导向,模拟企业真实的内外业务环境,建成开放式、多功能、高度共享的创新创业综合实践平台,让学校、企业、学生能够直接动手参与运营决策、体验经营管理和训练业务。

(三) 改革学籍管理制度,创造学生创新创业良好条件

坚持立德树人基本导向,明确创新创业教育目标要求,改革学籍管理制度,为学生创新创业创造良好条件。

1. 实施弹性学制

设置合理的创新创业学分,实施弹性学制(2~8年),允许保留学籍休学创新创业,为有意愿、有潜质的学生创新创业创造良好的条件。

2. 设立大学生创新创业成长奖学金

设立大学生创新创业成长奖学金,重点支持与专业衔接的创业者、在校潜在创业者、基于"互联网+"的创业者大学生。

3. 加强学生综合素质培养

组织开展大学生创新创业心理辅导咨询,通过新生入学教育、思想素质教育、身心素质教育和劳动素质教育,培养学生职业素养及创新创业能力。

(四) 加强第二课堂建设,把校园文化融入创新创业活动

1. 加强第二课堂建设

依据学生特点和就业方向,通过精心设计,把"企业家精神""创新、创业、敬业、奉献、诚信、担当"等品质校本化,从校园活动开展、文化熏陶、思想引领方面引导大学生创新创业。

2. 举办大学生创新创业大赛

每年举办全院大学生创新创业大赛,获奖项目引入大学生创业园。设立校、省、国家、竞赛相应的管理与激励机制。

3. 鼓励学生参加各类各级的竞赛

鼓励学生在专业教师指导下参加各类各级的竞赛,组织专业教师对参赛的学生进行赛前培训、赛中指导与赛后总结,不断提升学生的创新创业能力。

（五）创新人才培养机制，搭建合作培养协同创新平台

1. 建立协同育人新机制

建立需求导向的专业结构和创业就业导向的人才培养类型结构调整新机制，建立校校、校企、校地、校所以及国际合作的协同育人新机制，建立跨专业交叉培养创新创业人才的新机制，促进人才培养由学科专业单一型向多学科融合型转变。

2. 建立企业技术中心和学校对接机制

面向"互联网+"融合发展的需求，加强"互联网+"领域的产学合作，鼓励校企合作办学，推进"互联网+"专业技术人才培训，深化互联网领域产教融合，建立企业技术中心和学校对接机制，吸引企业在学校建立"互联网+"研发机构和实验中心。

3. 落实各项扶持政策和资金

建立创新创业专项基金，每年从学校经费中提取一定比例的资金作为学生创新创业专项基金，从合作企业提取一定的管理费作为创新创业扶持资金，积极争取上级主管部门下拨的创新创业扶持资金，整合发展财政和社会资金，支持高校学生创新创业活动。

（六）制订教师培养计划，加强创新创业教师队伍建设

1. 制订教师培养与引进计划

认真制订教师培养与引进计划，进一步加强创新创业教育的师资队伍建设，加快复合型人才的培养与引进。

2. 加强本校师资培养

采取送出去参加创新创业相关内容的短期培训，培养本学院的师资队伍。通过"师导生创"成立创新创业工作室或实验室，老师指导学生进行创新创业活动，并担任相关项目的老板和教练，培养本校教师当企业家。

3. 聘请行业企业专家

通过聘请行业企业的高级人才作为兼职教师，加强校企合作，推进专业技术人才培养。通过聘请校外专家开展教师培训，把专家请进校园举办相关培训项目。

4. 鼓励教师积极承担行业课题

鼓励教师面向企业和社会积极承担行业课题，激发学生参加科研项目和技术创新工作的积极性。

（七）加强创新创业宣传，营造创新创业的良好氛围

1. 加强在校园网站的宣传力度

在校园网上建立专门的大学生创新创业教育板块，积极宣传学校创新创业教育的有关政策、取得的成绩、发展的方向等。

2. 加强在其他媒体上的宣传力度

除校园网专题板块外，进一步加强在微信、报纸、电台、宣传栏等其他媒体上的宣传力度，让学生充分了解学院创新创业教育动态，为学院的大学生创新创业教育营造良好的氛围。

第三部分 政策法规篇

I 教育行政法规

第一项 普通高等学院学生管理规定

中华人民共和国教育部令第41号

《普通高等学校学生管理规定》已于2016年12月16日经教育部2016年第49次部长办公会议修订通过，现将修订后的《普通高等学校学生管理规定》公布，自2017年9月1日起施行。

教育部部长
2017年2月4日

普通高等学校学生管理规定

第一章 总则

第一条 为规范普通高等学校学生管理行为，维护普通高等学校正常的教育教学秩序和生活秩序，保障学生合法权益，培养德、智、体、美等方面全面发展的社会主义建设者和接班人，依据教育法、高等教育法以及有关法律、法规，制定本规定。

第二条 本规定适用于普通高等学校、承担研究生教育任务的科学研究机构（以下称学校）对接受普通高等学历教育的研究生和本科、专科（高职）学生（以下称学生）的管理。

第三条 学校要坚持社会主义办学方向，坚持马克思主义的指导地位，全面贯彻国家教育方针；要坚持以立德树人为根本，以理想信念教育为核心，培育和践行社会主义核心价值观，弘扬中华优秀传统文化和革命文化、社会主义先进文化，培养学生的社会责任感、创新精神和实践能力；要坚持依法治校，科学管理，健全和完善管理制度，规范管理行为，将管理与育人相结合，不断提高管理和服务水平。

第四条 学生应当拥护中国共产党领导，努力学习马克思列宁主义、毛泽东思想、中国特色社会主义理论体系，深入学习习近平总书记系列重要讲话精神和治国理政新理念新思想新战略，坚定中国特色社会主义道路自信、理论自信、制度自信、文化自信，树立中国特色社会主义共同理想；应当树立爱国主义思想，具有团结统一、爱好和平、勤劳勇敢、自强不息的精神；应当增强法治观念，遵守宪法、法律、法规，遵守公民道德规范，遵守学校管理制度，具有良好的道德品质和行为习惯；应当刻苦学习，勇于探索，积极实践，努力掌握现代科学文化知识和专业技能；应当积极锻炼身体，增进身心健康，提高个人修养，培养审美情趣。

第五条 实施学生管理，应当尊重和保护学生的合法权利，教育和引导学生承担应尽的义务与责任，鼓励和支持学生实行自我管理、自我服务、自我教育、自我监督。

第二章 学生的权利与义务

第六条 学生在校期间依法享有下列权利：

（一）参加学校教育教学计划安排的各项活动，使用学校提供的教育教学资源；

（二）参加社会实践、志愿服务、勤工助学、文娱体育及科技文化创新等活动，获得就业创业指导和服务；

（三）申请奖学金、助学金及助学贷款；

（四）在思想品德、学业成绩等方面获得科学、公正评价，完成学校规定学业后获得相应的学历证书、学位证书；

（五）在校内组织、参加学生团体，以适当方式参与学校管理，对学校与学生权益相关事务享有知情权、参与权、表达权和监督权；

（六）对学校给予的处理或者处分有异议，向学校、教育行政部门提出申诉，对学校、教职员工侵犯其人身权、财产权等合法权益的行为，提出申诉或者依法提起诉讼；

（七）法律、法规及学校章程规定的其他权利。

第七条 学生在校期间依法履行下列义务：

（一）遵守宪法和法律、法规；

（二）遵守学校章程和规章制度；

（三）恪守学术道德，完成规定学业；

（四）按规定缴纳学费及有关费用，履行获得贷学金及助学金的相应义务；

（五）遵守学生行为规范，尊敬师长，养成良好的思想品德和行为习惯；

（六）法律、法规及学校章程规定的其他义务。

第三章 学籍管理

第一节 入学与注册

第八条 按国家招生规定录取的新生，持录取通知书，按学校有关要求和规定的期限到校办理入学手续。因故不能按期入学的，应当向学校请假。未请假或者请假逾期的，除因不可抗力等正当事由以外，视为放弃入学资格。

第九条 学校应当在报到时对新生入学资格进行初步审查，审查合格的办理入学手续，予以注册学籍；审查发现新生的录取通知、考生信息等证明材料，与本人实际情况不符，或者有其他违反国家招生考试规定情形的，取消入学资格。

第十条 新生可以申请保留入学资格。保留入学资格期间不具有学籍。保留入学资格的条件、期限等由学校规定。

新生保留入学资格期满前应向学校申请入学，经学校审查合格后，办理入学手续。审查不合格的，取消入学资格；逾期不办理入学手续且未有因不可抗力延迟等正当理由的，视为放弃入学资格。

第十一条 学生入学后，学校应当在3个月内按照国家招生规定进行复查。复查内容主要包括以下方面：

（一）录取手续及程序等是否合乎国家招生规定；

（二）所获得的录取资格是否真实、合乎相关规定；

（三）本人及身份证明与录取通知、考生档案等是否一致；

（四）身心健康状况是否符合报考专业或者专业类别体检要求，能否保证在校正常学习、生活；

（五）艺术、体育等特殊类型录取学生的专业水平是否符合录取要求。

复查中发现学生存在弄虚作假、徇私舞弊等情形的，确定为复查不合格，应当取消学籍；情节严重的，学校应当移交有关部门调查处理。

复查中发现学生身心状况不适宜在校学习，经学校指定的二级甲等以上医院诊断，需要在家休养的，可以按照第十条的规定保留入学资格。

复查的程序和办法，由学校规定。

第十二条 每学期开学时，学生应当按学校规定办理注册手续。不能如期注册的，应当履行暂缓注册手续。未按学校规定缴纳学费或者有其他不符合注册条件的，不予注册。

家庭经济困难的学生可以申请助学贷款或者其他形式资助，办理有关手续后注册。

学校应当按照国家有关规定为家庭经济困难学生提供教育救助，完善学生资助体系，保证学生不因家庭经济困难而放弃学业。

第二节 考核与成绩记载

第十三条 学生应当参加学校教育教学计划规定的课程和各种教育教学环节（以下统称课程）的考核，考核成绩记入成绩册，并归入学籍档案。

考核分为考试和考查两种。考核和成绩评定方式，以及考核不合格的课程是否重修或者补考，由学校规定。

第十四条 学生思想品德的考核、鉴定，以本规定第四条为主要依据，采取个人小结、师生民主评议等形式进行。

学生体育成绩评定要突出过程管理，可以根据考勤、课内教学、课外锻炼活动和体质健康等情况综合评定。

第十五条 学生每学期或者每学年所修课程或者应修学分数以及升级、跳级、留级、降级等要求，由学校规定。

第十六条 学生根据学校有关规定，可以申请辅修校内其他专业或者选修其他专业课程；可以申请跨校辅修专业或者修读课程，参加学校认可的开放式网络课程学习。学生修读的课程成绩（学分），学校审核同意后，予以承认。

第十七条 学生参加创新创业、社会实践等活动以及发表论文、获得专利授权等与专业学习、学业要求相关的经历、成果，可以折算为学分，计入学业成绩。具体办法由学校规定。

学校应当鼓励、支持和指导学生参加社会实践、创新创业活动，可以建立创新创业档案、设置创新创业学分。

第十八条 学校应当健全学生学业成绩和学籍档案管理制度，真实、完整地记载、出具学生学业成绩，对通过补考、重修获得的成绩，应当予以标注。

学生严重违反考核纪律或者作弊的，该课程考核成绩记为无效，并应视其违纪或者作弊情节，给予相应的纪律处分。给予警告、严重警告、记过及留校察看处分的，经教育表现较好，可以对该课程给予补考或者重修机会。

学生因退学等情况中止学业，其在校学习期间所修课程及已获得学分，应当予以记录。学生重新参加入学考试、符合录取条件，再次入学的，其已获得学分，经录取学校认定，可以予以承认。具体办法由学校规定。

第十九条　学生应当按时参加教育教学计划规定的活动。不能按时参加的，应当事先请假并获得批准。无故缺席的，根据学校有关规定给予批评教育，情节严重的，给予相应的纪律处分。

第二十条　学校应当开展学生诚信教育，以适当方式记录学生学业、学术、品行等方面的诚信信息，建立对失信行为的约束和惩戒机制；对有严重失信行为的，可以规定给予相应的纪律处分，对违背学术诚信的，可以对其获得学位及学术称号、荣誉等做出限制。

第三节　转专业与转学

第二十一条　学生在学习期间对其他专业有兴趣和专长的，可以申请转专业；以特殊招生形式录取的学生，国家有相关规定或者录取前与学校有明确约定的，不得转专业。

学校应当制定学生转专业的具体办法，建立公平、公正的标准和程序，健全公示制度。学校根据社会对人才需求情况的发展变化，需要适当调整专业的，应当允许在读学生转到其他相关专业就读。

休学创业或退役后复学的学生，因自身情况需要转专业的，学校应当优先考虑。

第二十二条　学生一般应当在被录取学校完成学业。因患病或者有特殊困难、特别需要，无法继续在本校学习或者不适应本校学习要求的，可以申请转学。有下列情形之一，不得转学：

（一）入学未满一学期或者毕业前一年的；
（二）高考成绩低于拟转入学校相关专业同一生源地相应年份录取成绩的；
（三）由低学历层次转为高学历层次的；
（四）以定向就业招生录取的；
（五）研究生拟转入学校、专业的录取控制标准高于其所在学校、专业的；
（六）无正当转学理由的。

学生因学校培养条件改变等非本人原因需要转学的，学校应当出具证明，由所在地省级教育行政部门协调转学到同层次学校。

第二十三条　学生转学由学生本人提出申请，说明理由，经所在学校和拟转入学校同意，由转入学校负责审核转学条件及相关证明，认为符合本校培养要求且学校有培养能力的，经学校校长办公会或者专题会议研究决定，可以转入。研究生转学还应当经拟转入专业导师同意。

跨省转学的，由转出地省级教育行政部门商转入地省级教育行政部门，按转学条件确认后办理转学手续。须转户口的由转入地省级教育行政部门将有关文件抄送转入学校所在地的公安机关。

第二十四条 学校应当按照国家有关规定，建立健全学生转学的具体办法；对转学情况应当及时进行公示，并在转学完成后3个月内，由转入学校报所在地省级教育行政部门备案。

省级教育行政部门应当加强对区域内学校转学行为的监督和管理，及时纠正违规转学行为。

第四节 休学与复学

第二十五条 学生可以分阶段完成学业，除另有规定外，应当在学校规定的最长学习年限（含休学和保留学籍）内完成学业。

学生申请休学或者学校认为应当休学的，经学校批准，可以休学。休学次数和期限由学校规定。

第二十六条 学校可以根据情况建立并实行灵活的学习制度。对休学创业的学生，可以单独规定最长学习年限，并简化休学批准程序。

第二十七条 新生和在校学生应征参加中国人民解放军（含中国人民武装警察部队），学校应当保留其入学资格或者学籍至退役后2年。

学生参加学校组织的跨校联合培养项目，在联合培养学校学习期间，学校同时为其保留学籍。

学生保留学籍期间，与其实际所在的部队、学校等组织建立管理关系。

第二十八条 休学学生应当办理手续离校。学生休学期间，学校应为其保留学籍，但不享受在校学习学生待遇。因病休学学生的医疗费按国家及当地的有关规定处理。

第二十九条 学生休学期满前应当在学校规定的期限内提出复学申请，经学校复查合格，方可复学。

第五节 退学

第三十条 学生有下列情形之一，学校可予退学处理：

（一）学业成绩未达到学校要求或者在学校规定的学习年限内未完成学业的；

（二）休学、保留学籍期满，在学校规定期限内未提出复学申请或者申请复学经复查不合格的；

（三）根据学校指定医院诊断，患有疾病或者意外伤残不能继续在校学习的；

（四）未经批准连续两周未参加学校规定的教学活动的；

（五）超过学校规定期限未注册而又未履行暂缓注册手续的；

（六）学校规定的不能完成学业、应予退学的其他情形。

学生本人申请退学的，经学校审核同意后，办理退学手续。

第三十一条 退学学生，应当按学校规定期限办理退学手续离校。退学的研究生，按已有毕业学历和就业政策可以就业的，由学校报所在地省级毕业生就业部门办理相关手续；在学校规定期限内没有聘用单位的，应当办理退学手续离校。

退学学生的档案由学校退回其家庭所在地，户口应当按照国家相关规定迁回原户籍地或者家庭户籍所在地。

第六节 毕业与结业

第三十二条 学生在学校规定学习年限内，修完教育教学计划规定内容，成绩合格，达到学校毕业要求的，学校应当准予毕业，并在学生离校前发给毕业证书。

符合学位授予条件的，学位授予单位应当颁发学位证书。

学生提前完成教育教学计划规定内容，获得毕业所要求的学分，可以申请提前毕业。学生提前毕业的条件，由学校规定。

第三十三条 学生在学校规定学习年限内，修完教育教学计划规定内容，但未达到学校毕业要求的，学校可以准予结业，发给结业证书。

结业后是否可以补考、重修或者补做毕业设计、论文、答辩，以及是否颁发毕业证书、学位证书，由学校规定。合格后颁发的毕业证书、学位证书，毕业时间、获得学位时间按发证日期填写。

对退学学生，学校应当发给肄业证书或者写实性学习证明。

第七节 学业证书管理

第三十四条 学校应当严格按照招生时确定的办学类型和学习形式，以及学生招生录取时填报的个人信息，填写、颁发学历证书、学位证书及其他学业证书。

学生在校期间变更姓名、出生日期等证书需填写个人信息的，应当有合理、充分的理由，并提供有法定效力的相应证明文件。学校进行审查，需要学生生源地省级教育行政部门及有关部门协助核查的，有关部门应当予以配合。

第三十五条 学校应当执行高等教育学籍学历电子注册管理制度，完善学籍学历信息管理办法，按相关规定及时完成学生学籍学历电子注册。

第三十六条 对完成本专业学业同时辅修其他专业并达到该专业辅修要求的学生，由学校发给辅修专业证书。

第三十七条 对违反国家招生规定取得入学资格或者学籍的，学校应当取消其学籍，不得发给学历证书、学位证书；已发的学历证书、学位证书，学校应当依法予以撤销。对以作弊、剽窃、抄袭等学术不端行为或者其他不正当手段获得学历证书、学位证书的，学校应当依法予以撤销。

被撤销的学历证书、学位证书已注册的，学校应当予以注销并报教育行政部门宣布无效。

第三十八条 学历证书和学位证书遗失或者损坏，经本人申请，学校核实后应当出具相应的证明书。证明书与原证书具有同等效力。

第四章 校园秩序与课外活动

第三十九条 学校、学生应当共同维护校园正常秩序，保障学校环境安全、稳定，保障学生的正常学习和生活。

第四十条 学校应当建立和完善学生参与管理的组织形式，支持和保障学生依法、依章程参与学校管理。

第四十一条 学生应当自觉遵守公民道德规范，自觉遵守学校管理制度，创造和维护文明、整洁、优美、安全的学习和生活环境，树立安全风险防范和自我保护意识，保障自身合法权益。

第四十二条 学生不得有酗酒、打架斗殴、赌博、吸毒，传播、复制、贩卖非法书刊和音像制品等违法行为；不得参与非法传销和进行邪教、封建迷信活动；不得从事或者参与有损大学生形象、有悖社会公序良俗的活动。

学校发现学生在校内有违法行为或者严重精神疾病可能对他人造成伤害的，可以依法采取或者协助有关部门采取必要措施。

第四十三条 学校应当坚持教育与宗教相分离原则。任何组织和个人不得在学校进行宗教活动。

第四十四条 学校应当建立健全学生代表大会制度，为学生会、研究生会等开展活动提供必要条件，支持其在学生管理中发挥作用。

学生可以在校内成立、参加学生团体。学生成立团体，应当按学校有关规定提出书面申请，报学校批准并施行登记和年检制度。

学生团体应当在宪法、法律、法规和学校管理制度范围内活动，接受学校的领导和管理。学生团体邀请校外组织、人员到校举办讲座等活动，需经学校批准。

第四十五条 学校提倡并支持学生及学生团体开展有益于身心健康、成长成才的学术、科技、艺术、文娱、体育等活动。

学生进行课外活动不得影响学校正常的教育教学秩序和生活秩序。

学生参加勤工助学活动应当遵守法律、法规以及学校、用工单位的管理制度，履行勤工助学活动的有关协议。

第四十六条 学生举行大型集会、游行、示威等活动，应当按法律程序和有关规定获得批准。对未获批准的，学校应当依法劝阻或者制止。

第四十七条 学生应当遵守国家和学校关于网络使用的有关规定，不得登录非法网站和传播非法文字、音频、视频资料等，不得编造或者传播虚假、有害信息，不得攻击、侵入他人计算机和移动通信网络系统。

第四十八条 学校应当建立健全学生住宿管理制度。学生应当遵守学校关于学生住宿管理的规定。鼓励和支持学生通过制定公约，实施自我管理。

第五章 奖励与处分

第四十九条 学校、省（区、市）和国家有关部门应当对在德、智、体、美等方面全面发展或者在思想品德、学业成绩、科技创造、体育竞赛、文艺活动、志愿服务及社会实践等方面表现突出的学生，给予表彰和奖励。

第五十条 对学生的表彰和奖励可以采取授予"三好学生"称号或者其他荣誉称号、颁发奖学金等多种形式，给予相应的精神鼓励或者物质奖励。

学校对学生予以表彰和奖励，以及确定推荐免试研究生、国家奖学金、公派出国留学人选等赋予学生利益的行为，应当建立公开、公平、公正的程序和规定，建立和完善相应的选拔、公示等制度。

第五十一条 对有违反法律法规、本规定以及学校纪律行为的学生，学校应当给予批评教育，并可视情节轻重，给予如下纪律处分：

（一）警告；

（二）严重警告；

（三）记过；

（四）留校察看；

（五）开除学籍。

第五十二条 学生有下列情形之一，学校可以给予开除学籍处分：

（一）违反宪法，反对四项基本原则、破坏安定团结、扰乱社会秩序的；

（二）触犯国家法律，构成刑事犯罪的；

（三）受到治安管理处罚，情节严重、性质恶劣的；

（四）代替他人或者让他人代替自己参加考试、组织作弊、使用通信设备或其他器材作弊、向他人出售考试试题或答案牟取利益，以及其他严重作弊或扰乱考试秩序行为的；

（五）学位论文、公开发表的研究成果存在抄袭、篡改、伪造等学术不端行为，情节严重的，或者代写论文、买卖论文的；

（六）违反本规定和学校规定，严重影响学校教育教学秩序、生活秩序以及公共场所管理秩序的；

（七）侵害其他个人、组织合法权益，造成严重后果的；

（八）屡次违反学校规定受到纪律处分，经教育不改的。

第五十三条 学校对学生做出处分，应当出具处分决定书。处分决定书应当包括下列内容：

（一）学生的基本信息；

（二）做出处分的事实和证据；

（三）处分的种类、依据、期限；

（四）申诉的途径和期限；

（五）其他必要内容。

第五十四条 学校给予学生处分，应当坚持教育与惩戒相结合，与学生违法、违纪行为的性质和过错的严重程度相适应。学校对学生的处分，应当做到证据充分、依据明确、定性准确、程序正当、处分适当。

第五十五条 在对学生做出处分或者其他不利决定之前，学校应当告知学生做出决定的事实、理由及依据，并告知学生享有陈述和申辩的权利，听取学生的陈述和申辩。

处理、处分决定以及处分告知书等，应当直接送达学生本人，学生拒绝签收的，可以以留置方式送达；已离校的，可以采取邮寄方式送达；难于联系的，可以利用学校网站、新闻媒体等以公告方式送达。

第五十六条 对学生做出取消入学资格、取消学籍、退学、开除学籍或者其他涉及学生重大利益的处理或者处分决定的，应当提交校长办公会或者校长授权的专门会议研究决定，并应当事先进行合法性审查。

第五十七条 除开除学籍处分以外，给予学生处分一般应当设置6到12个月期限，到期按学校规定程序予以解除。解除处分后，学生获得表彰、奖励及其他权益，不再受原处分的影响。

第五十八条 对学生的奖励、处理、处分及解除处分材料，学校应当真实完整地归入学校文书档案和本人档案。

被开除学籍的学生，由学校发给学习证明。学生按学校规定期限离校，档案由学校退回其家庭所在地，户口应当按照国家相关规定迁回原户籍地或者家庭户籍所在地。

第六章　学生申诉

第五十九条　学校应当成立学生申诉处理委员会，负责受理学生对处理或者处分决定不服提起的申诉。

学生申诉处理委员会应当由学校相关负责人、职能部门负责人、教师代表、学生代表、负责法律事务的相关机构负责人等组成，可以聘请校外法律、教育等方面专家参加。

学校应当制定学生申诉的具体办法，健全学生申诉处理委员会的组成与工作规则，提供必要条件，保证其能够客观、公正地履行职责。

第六十条　学生对学校的处理或者处分决定有异议的，可以在接到学校处理或者处分决定书之日起10日内，向学校学生申诉处理委员会提出书面申诉。

第六十一条　学生申诉处理委员会对学生提出的申诉进行复查，并在接到书面申诉之日起15日内做出复查结论并告知申诉人。情况复杂不能在规定限期内做出结论的，经学校负责人批准，可延长15日。学生申诉处理委员会认为必要的，可以建议学校暂缓执行有关决定。

学生申诉处理委员会经复查，认为做出处理或者处分的事实、依据、程序等存在不当，可以做出建议撤销或变更的复查意见，要求相关职能部门予以研究，重新提交校长办公会或者专门会议做出决定。

第六十二条　学生对复查决定有异议的，在接到学校复查决定书之日起15日内，可以向学校所在地省级教育行政部门提出书面申诉。

省级教育行政部门应当在接到学生书面申诉之日起30个工作日内，对申诉人的问题给予处理并做出决定。

第六十三条　省级教育行政部门在处理因对学校处理或者处分决定不服提起的学生申诉时，应当听取学生和学校的意见，并可根据需要进行必要的调查。根据审查结论，区别不同情况，分别做出下列处理：

（一）事实清楚、依据明确、定性准确、程序正当、处分适当的，予以维持；

（二）认定事实不存在，或者学校超越职权、违反上位法规定做出决定的，责令学校予以撤销；

（三）认定事实清楚，但认定情节有误、定性不准确，或者适用依据有错误的，责令学校变更或者重新做出决定；

（四）认定事实不清、证据不足，或者违反本规定以及学校规定的程序和权限的，责令学校重新做出决定。

第六十四条　自处理、处分或者复查决定书送达之日起，学生在申诉期内未提出申诉的视为放弃申诉，学校或者省级教育行政部门不再受理其提出的申诉。

处理、处分或者复查决定书未告知学生申诉期限的，申诉期限自学生知道或者应当知道处理或者处分决定之日起计算，但最长不得超过6个月。

第六十五条　学生认为学校及其工作人员违反本规定，侵害其合法权益的；或者学校制定的规章制度与法律法规和本规定抵触的，可以向学校所在地省级教育行政部门投诉。

教育主管部门在实施监督或者处理申诉、投诉过程中，发现学校及其工作人员有违反法律、法规及本规定的行为或者未按照本规定履行相应义务的，或者学校自行制定的相关管理制度、规定，侵害学生合法权益的，应当责令改正；发现存在违法违纪的，应当及时进行调查处理或者移送有关部门，依据有关法律和相关规定，追究有关责任人的责任。

第七章 附则

第六十六条 学校对接受高等学历继续教育的学生、港澳台侨学生、留学生的管理，参照本规定执行。

第六十七条 学校应当根据本规定制定或修改学校的学生管理规定或者纪律处分规定，报主管教育行政部门备案（中央部委属校同时抄报所在地省级教育行政部门），并及时向学生公布。

省级教育行政部门根据本规定，指导、检查和监督本地区高等学校的学生管理工作。

第六十八条 本规定自 2017 年 9 月 1 日起施行。原《普通高等学校学生管理规定》（教育部令第 21 号）同时废止。其他有关文件规定与本规定不一致的，以本规定为准。

第二项 高等学院学生行为准则

一、志存高远，坚定信念。努力学习马克思列宁主义、毛泽东思想、邓小平理论和"三个代表"重要思想，面向世界，了解国情，确立在中国共产党领导下走社会主义道路、实现中华民族伟大复兴的共同理想和坚定信念，努力成为有理想、有道德、有文化、有纪律的社会主义新人。

二、热爱祖国，服务人民。弘扬民族精神，维护国家利益和民族团结。不参与违反四项基本原则、影响国家统一和社会稳定的活动。培养同人民群众的深厚感情，正确处理国家、集体和个人三者利益关系，增强社会责任感，甘愿为祖国为人民奉献。

三、勤奋学习，自强不息。追求真理，崇尚科学；刻苦钻研，严谨求实；积极实践，勇于创新；珍惜时间，学业有成。

四、遵纪守法，弘扬正气。遵守宪法、法律法规，遵守校纪校规；正确行使权利，依法履行义务；敬廉崇洁，公道正派；敢于并善于同各种违法违纪行为做斗争。

五、诚实守信，严于律己。履约践诺，知行统一；遵从学术规范，恪守学术道德，不作弊，不剽窃；自尊自爱，自省自律；文明使用互联网；自觉抵制黄、赌、毒等不良诱惑。

六、明礼修身，团结友爱。弘扬传统美德，遵守社会公德，男女文明交往；关心集体，爱护公物，热心公益；尊敬师长，友爱同学，团结合作；仪表整洁，待人礼貌；豁达宽容，积极向上。

七、勤俭节约，艰苦奋斗。热爱劳动，珍惜他人和社会劳动成果；生活俭朴，杜绝浪费；不追求超越自身和家庭实际的物质享受。

八、热爱生活，强健体魄。积极参加文体活动，提高身体素质，保持心理健康；磨砺意志，不怕挫折，提高适应能力；增强安全意识，防止意外事故；关爱自然，爱护环境，珍惜资源。

颁布机关：教育部

颁布时间：2005 年 3 月 25 日

第三项　普通高等学校辅导员队伍建设规定

中华人民共和国教育部令第 43 号普通高等学校辅导员队伍建设规定

《普通高等学校辅导员队伍建设规定》已于 2017 年 8 月 31 日经教育部 2017 年第 32 次部长办公会议修订通过。现将修订后的《普通高等学校辅导员队伍建设规定》公布，自 2017 年 10 月 1 日起施行。

教育部部长

2017 年 9 月 21 日

第一章　总则

第一条　为深入贯彻落实全国高校思想政治工作会议精神和《中共中央国务院关于加强和改进新形势下高校思想政治工作的意见》，切实加强高等学校辅导员队伍专业化职业化建设，依据《高等教育法》等有关法律法规，制定本规定。

第二条　辅导员是开展大学生思想政治教育的骨干力量，是高等学校学生日常思想政治教育和管理工作的组织者、实施者、指导者。辅导员应当努力成为学生成长成才的人生导师和健康生活的知心朋友。

第三条　高等学校要坚持把立德树人作为中心环节，把辅导员队伍建设作为教师队伍和管理队伍建设的重要内容，整体规划、统筹安排，不断提高队伍的专业水平和职业能力，保证辅导员工作有条件、干事有平台、待遇有保障、发展有空间。

第二章　要求与职责

第四条　辅导员工作的要求是：恪守爱国守法、敬业爱生、育人为本、终身学习、为人师表的职业守则；围绕学生、关照学生、服务学生，把握学生成长规律，不断提高学生思想水平、政治觉悟、道德品质、文化素养；引导学生正确认识世界和中国发展大势、正确认识中国特色和国际比较、正确认识时代责任和历史使命、正确认识远大抱负和脚踏实地，成为又红又专、德才兼备、全面发展的中国特色社会主义合格建设者和可靠接班人。

第五条　辅导员的主要工作职责是：

（一）思想理论教育和价值引领。引导学生深入学习习近平总书记系列重要讲话精神和治国理政新理念新思想新战略，深入开展中国特色社会主义、中国梦宣传教育和社会主义核心价值观教育，帮助学生不断坚定中国特色社会主义道路自信、理论自信、制度自信、文化自信，牢固树立正确的世界观、人生观、价值观。掌握学生思想行为特点及思想政治状况，有针对性地帮助学生处理好思想认识、价值取向、学习生活、择业交友等方面的具体问题。

（二）党团和班级建设。开展学生骨干的遴选、培养、激励工作，开展学生入党积极分子培养教育工作，开展学生党员发展和教育管理服务工作，指导学生党支部和班团组织建设。

（三）学风建设。熟悉了解学生所学专业的基本情况，激发学生学习兴趣，引导学生养成良好的学习习惯，掌握正确的学习方法。指导学生开展课外科技学术实践活动，营造浓厚学习氛围。

（四）学生日常事务管理。开展入学教育、毕业生教育及相关管理和服务工作；组织开展学生军事训练；组织评选各类奖学金、助学金；指导学生办理助学贷款；组织学生开展勤工俭学活动，做好学生困难帮扶；为学生提供生活指导，促进学生和谐相处、互帮互助。

（五）心理健康教育与咨询工作。协助学校心理健康教育机构开展心理健康教育，对学生心理问题进行初步排查和疏导，组织开展心理健康知识普及宣传活动，培育学生理性平和、乐观向上的健康心态。

（六）网络思想政治教育。运用新媒体新技术，推动思想政治工作传统优势与信息技术高度融合；构建网络思想政治教育重要阵地，积极传播先进文化；加强学生网络素养教育，积极培养校园好网民，引导学生创作网络文化作品，弘扬主旋律，传播正能量；创新工作路径，加强与学生的网上互动交流，运用网络新媒体对学生开展思想引领、学习指导、生活辅导、心理咨询等。

（七）校园危机事件应对。组织开展基本安全教育；参与学校、院（系）危机事件工作预案制定和执行；对校园危机事件进行初步处理，稳定局面控制事态发展，及时掌握危机事件信息并按程序上报；参与危机事件后期应对及总结研究分析。

（八）职业规划与就业创业指导。为学生提供科学的职业生涯规划和就业指导以及相关服务，帮助学生树立正确的就业观念，引导学生到基层、到西部、到祖国最需要的地方建功立业。

（九）理论和实践研究。努力学习思想政治教育的基本理论和相关学科知识，参加相关学科领域学术交流活动，参与校内外思想政治教育课题或项目研究。

第三章　配备与选聘

第六条　高等学校应当按总体上师生比不低于1∶200的比例设置专职辅导员岗位，按照专兼结合、以专为主的原则，足额配备到位。

专职辅导员是指在院（系）专职从事大学生日常思想政治教育工作的人员，包括院（系）党委（党总支）副书记、学工组长、团委（团总支）书记等专职工作人员，具有教师和管理人员双重身份。高等学校应参照专任教师聘任的待遇和保障，与专职辅导员建立人事聘用关系。

高等学校可以从优秀专任教师、管理人员、研究生中选聘一定数量兼职辅导员。兼职辅导员工作量按专职辅导员工作量的三分之一核定。

第七条　辅导员应当符合以下基本条件：

（一）具有较高的政治素质和坚定的理想信念，坚决贯彻执行党的基本路线和各项方针政策，有较强的政治敏感性和政治辨别力；

（二）具备本科以上学历，热爱大学生思想政治教育事业，甘于奉献，潜心育人，具有强烈的事业心和责任感；

（三）具有从事思想政治教育工作相关学科的宽口径知识储备，掌握思想政治教育工作相关学科的基本原理和基础知识，掌握思想政治教育专业基本理论、知识和方法，掌握马克思主义中国化相关理论和知识，掌握大学生思想政治教育工作实务相关知识，掌握有关法律法规知识；

（四）具备较强的组织管理能力和语言、文字表达能力，及教育引导能力、调查研究能力，具备开展思想理论教育和价值引领工作的能力；

（五）具有较强的纪律观念和规矩意识，遵纪守法，为人正直，作风正派，廉洁自律。

第八条 辅导员选聘工作要在高等学校党委统一领导下进行，由学生工作部门、组织、人事、纪检等相关部门共同组织开展。根据辅导员基本条件要求和实际岗位需要，确定具体选拔条件，通过组织推荐和公开招聘相结合的方式，经过笔试、面试、公示等相关程序进行选拔。

第九条 青年教师晋升高一级专业技术职务（职称），须有至少一年担任辅导员或班主任工作经历并考核合格。高等学校要鼓励新入职教师以多种形式参与辅导员或班主任工作。

第四章 发展与培训

第十条 高等学校应当制定专门办法和激励保障机制，落实专职辅导员职务职级"双线"晋升要求，推动辅导员队伍专业化职业化建设。

第十一条 高等学校应当结合实际，按专任教师职务岗位结构比例合理设置专职辅导员的相应教师职务岗位，专职辅导员可按教师职务（职称）要求评聘思想政治教育学科或其他相关学科的专业技术职务（职称）。

专职辅导员专业技术职务（职称）评聘应更加注重考察工作业绩和育人实效，单列计划、单设标准、单独评审。将优秀网络文化成果纳入专职辅导员的科研成果统计、职务（职称）评聘范围。

第十二条 高等学校可以成立专职辅导员专业技术职务（职称）聘任委员会，具体负责本校专职辅导员专业技术职务（职称）聘任工作。聘任委员会一般应由学校党委有关负责人、学生工作、组织人事、教学科研部门负责人、相关学科专家等人员组成。

第十三条 高等学校应当制定辅导员管理岗位聘任办法，根据辅导员的任职年限及实际工作表现，确定相应级别的管理岗位等级。

第十四条 辅导员培训应当纳入高等学校师资队伍和干部队伍培训整体规划。

建立国家、省级和高等学校三级辅导员培训体系。教育部设立高等学校辅导员培训和研修基地，开展国家级示范培训。省级教育部门应当根据区域内现有高等学校辅导员规模数量设立辅导员培训专项经费，建立辅导员培训和研修基地，承担所在区域内高等学校辅导员的岗前培训、日常培训和骨干培训。高等学校负责对本校辅导员的系统培训，确保每名专职辅导员每年参加不少于16个学时的校级培训，每5年参加1次国家级或省级培训。

第十五条 省级教育部门、高等学校要积极选拔优秀辅导员参加国内国际交流学习和研修深造，创造条件支持辅导员到地方党政机关、企业、基层等挂职锻炼，支持辅导员结合大学生思想政治教育的工作实践和思想政治教育学科的发展开展研究。高等学校要鼓励辅导员在做好工作的基础上攻读相关专业学位，承担思想政治理论课等相关课程的教学工作，为辅导员提升专业水平和科研能力提供条件保障。

第十六条 高等学校要积极为辅导员的工作和生活创造便利条件，应根据辅导员的工作特点，在岗位津贴、办公条件、通信经费等方面制定相关政策，为辅导员的工作和生活提供必要保障。

第五章 管理与考核

第十七条 高等学校辅导员实行学校和院（系）双重管理。

学生工作部门牵头负责辅导员的培养、培训和考核等工作，同时要与院（系）党委（党总支）共同做好辅导员日常管理工作。院（系）党委（党总支）负责对辅导员进行直接领导和管理。

第十八条 高等学校要根据辅导员职业能力标准，制定辅导员工作考核的具体办法，健全辅导员队伍的考核评价体系。对辅导员的考核评价应由学生工作部门牵头，组织人事部门、院（系）党委（党总支）和学生共同参与。考核结果与辅导员的职务聘任、奖惩、晋级等挂钩。

第十九条 教育部在全国教育系统先进集体和先进个人表彰中对高校优秀辅导员进行表彰。各地教育部门和高等学校要结合实际情况建立辅导员单独表彰体系并将优秀辅导员表彰奖励纳入各级教师、教育工作者表彰奖励体系中。

第六章 附则

第二十条 本规定适用于普通高等学校辅导员队伍建设。其他类型高等学校的辅导员队伍建设或思想政治工作其他队伍建设可以参照本规定执行。

第二十一条 高等学校要根据本规定，结合实际制定相关实施细则，并报主管教育部门备案。

第二十二条 本规定自2017年10月1日起施行。原《普通高等学校辅导员队伍建设规定》同时废止。

第四项 江西省学校学生人身伤害事故预防与处理条例

目录

第一章 总则
第二章 学生人身伤害事故预防
第三章 学生人身伤害事故处理
　第一节 一般规定
　第二节 协商与调解
　第三节 应急处置
第四章 学生人身伤害事故责任承担和损害赔偿
第五章 法律责任
第六章 附则

第一章 总则

第一条 为了预防和依法处理学生人身伤害事故，保护学生和学校的合法权益，维护正常的教育教学秩序，根据《中华人民共和国教育法》等法律、行政法规的规定，结合本省实际，制定本条例。

第二条　本省行政区域内的学生人身伤害事故预防，在学校教育教学活动或者学校组织的校外活动中，以及在学校负有管理责任的校舍、场地和其他教育教学设施、生活设施内发生的学生人身伤害事故处理，适用本条例。

前款规定以外的活动、区域和设施内发生的学生人身伤害事故处理，不适用本条例。

第三条　学生人身伤害事故预防应当坚持安全优先、多方配合、各司其职的原则。学生人身伤害事故处理应当坚持依法、公正、合理、及时的原则。

第四条　县级以上人民政府应当加强对学生人身伤害事故预防与处理工作的领导，建立教育、公安、司法行政、卫生计生、发展改革、住房和城乡建设、交通运输、国土资源、环境保护、文化、新闻出版广电、水利、工商、质量技术监督、安全生产监督、食品药品监督等有关部门参加的学校安全管理协作机制，依法做好学生人身伤害事故预防与处理工作。

县级以上人民政府教育督导机构应当加强对学校安全工作的督导，将学校安全工作列入教育督导评估的重要内容。

学校所在地乡镇人民政府、街道办事处、村（居）民委员会应当与学校、有关部门共同维护学校及周边地区安全，做好学生人身伤害事故预防与处理工作。

新闻媒体应当加强学生安全法律、法规和知识的宣传，对学生人身伤害事故纠纷的报道应当客观、公正。

第五条　建立学生人身伤害事故纠纷人民调解制度。县级以上社会治安综合治理机构应当根据本地实际，指导、协调设立学生人身伤害事故纠纷人民调解委员会，并将学生人身伤害事故预防与处理工作纳入社会治安综合治理目标管理考评。

学生人身伤害事故纠纷人民调解委员会，是依法设立的调解学生人身伤害事故纠纷的群众性组织。县级以上人民政府司法行政部门应当对学生人身伤害事故纠纷人民调解委员会的调解工作进行指导。

第六条　建立健全学校风险防范和风险分担机制。鼓励学校购买校方责任保险及附加无过失责任保险。提倡学生监护人或者抚养人自愿为学生购买学生意外伤害等商业保险。

保险监督管理机构应当加强对校方责任保险及附加无过失责任保险、学生意外伤害保险承保及其理赔工作的监督管理，依法保护被保险人和投保人的权益。

第二章　学生人身伤害事故预防

第七条　预防学生人身伤害事故，保障学生人身安全是各级人民政府及有关部门、学校举办者、学校、学生及其监护人或者抚养人的共同责任。

第八条　教育主管部门应当加强对学校安全防范工作的部署、指导和检查，会同相关部门共同做好学生人身伤害事故预防工作，履行下列职责：

（一）建立健全学生人身伤害事故预防制度和学校安全工作考核监督机制，落实学校安全防范工作责任制和事故责任追究制；

（二）指导学校开展学生安全教育，建立教师安全培训制度，组织、指导教师安全知识培训；

（三）定期组织对学校的校舍、场地和其他公共设施，以及学校提供给学生使用的学具、教育教学和生活设施设备的安全检查；

（四）制定学校突发事件应急预案，协调学生人身伤害事故纠纷的应急处置；
（五）指导和监督学校建立健全并落实预防学生人身伤害事故的制度和措施；
（六）指导和监督学校建立健全校车安全管理制度，落实校车安全管理责任；
法律、法规规定的其他职责。

第九条 公安机关应当履行下列职责：
（一）指导和监督学校做好内部安全保卫工作，构建校园内部治安防控网络；
（二）加强学校及其周边地区的治安工作，在治安情况复杂的学校周边地区设置警务室或者治安岗亭，安装监控设施，及时制止和依法查处扰乱学校秩序、侵害学生人身财产安全的违法犯罪行为；
（三）指导和监督学校做好校内消防工作，定期对学校进行消防安全监督检查，督促学校规范消防安全管理，消除火灾隐患；
（四）加强学校及其周边道路的交通安全管理，依法在学校附近设立交通安全标志，并在学校门前路段设置车辆禁停、警示、限速等标志标线，施画人行横道线，上学、放学时段维护交通繁忙路段学校出入口道路的交通秩序；
（五）加强对校车运行情况的监督检查，依法查处校车道路交通安全违法行为，定期将校车交通事故信息和驾驶人的道路交通安全违法行为抄送其所属单位和教育主管部门；
（六）协助学校开展治安、消防、禁毒和交通安全知识教育。

第十条 卫生计生主管部门应当加强对学校卫生防疫和卫生保健工作的指导和检查，督促学校落实疾病预防控制措施；监督检查学校饮用水和其他教学生活环境的卫生状况；及时向学校通报传染病疫情等相关情况。

食品药品监督主管部门应当加强对学校食品安全教育的指导和有关食品安全法律、法规的宣传，定期对学校食堂及周边地区餐饮、食品安全状况进行监督、检查。

第十一条 发展改革、住房和城乡建设、城市管理、交通运输、国土资源、环境保护、文化、水利、工商、质量技术监督、安全生产监督等部门，应当按照各自职责加强对学校及其周边地区建设、生产经营活动的监督管理，及时制止和查处下列行为：
（一）进行易燃易爆、有毒有害等危险物品项目建设或者项目的建设、生产会危及学校和学生安全的；
（二）依傍学校围墙搭建建筑物、构筑物的；
（三）在中小学周边200米范围内设置营业性歌舞娱乐场所、互联网上网服务营业场所等不适宜未成年人活动场所的；
（四）在学校门前及其两侧50米范围内摆摊设点、堆放杂物，设置影响学生安全或者正常通行的设施、设备的；
（五）学校及其周边道路出现不符合安全通行条件的状况或者存在交通安全隐患，不及时改善道路安全通行条件消除安全隐患的；
（六）进行有污染环境以及其他影响学校和学生安全的生产经营活动的；
（七）学校及其周边存在地质灾害、洪涝灾害等安全隐患，不采取工程治理或者搬迁避让措施的；在学校及其周边的水利工程管理范围内未设立明显警示标志的；
（八）法律、法规规定的其他危及学校和学生安全的行为。

第十二条 学校举办者应当提供符合国家和本省规定的安全、卫生标准的校舍、场地以及其他教育教学和生活设施设备。

学校不得在教育期间将操场等教学场地用于停放机动车辆；将校舍、场地以及其他教育教学和生活设施设备用于其他用途的，不得影响学校教育教学秩序和危害学生人身安全。

第十三条 学校应当将学生安全纳入日常管理和教育教学活动，根据不同年龄学生的认知能力、心理和生理特点，开展下列安全教育：

（一）开展有关法律、法规的宣传教育，增强学生安全防范和依法维权的意识；

（二）开展交通安全教育，帮助学生掌握基本的交通规则和行为规范；

（三）开展消防安全教育，帮助学生掌握基本的消防安全知识，增强防火意识和逃生自救能力；

（四）开展防溺水教育，帮助学生掌握游泳安全知识；

（五）开展心理、生理健康知识，传染病预防知识，防性侵、防拐卖知识和毒品危害知识教育，帮助学生提高心理素质，掌握卫生保健知识，提高自我保护能力；

（六）开展网络安全教育，增强学生抵制网络不良信息诱惑的能力；

（七）开展食品安全教育，普及食品安全知识，增强学生食品安全意识和自我保护能力；

（八）开展自然灾害、事故灾难等突发事件的应急演练，提高学生避险、逃生、自救和互救能力。

第十四条 学校应当建立健全下列安全管理制度：

（一）建立以校长为第一责任人的学生安全管理责任制，明确专门机构或者人员具体负责安全管理工作；

（二）建立传染病疫情报告制度和卫生管理制度，并按照国家有关规定配备具有从业资格的专职医务（保健）人员或者兼职卫生保健教师，负责学生卫生保健工作；

（三）建立食堂物资索证、登记制度以及饭菜留验制度，保证食品安全；配备专职或者兼职的食品安全管理员，负责学校食品安全管理工作；

（四）建立门卫管理、校园巡查等内部安全保卫制度，安排专人担任门卫和其他保卫工作，加强进入学校区域来访人员和车辆的登记和管理，负责校园内安全值勤，防范和制止校园欺凌、校园暴力等违法行为；

（五）落实消防安全制度和消防工作责任制，加强消防设施和器材的日常维护，设置消防安全标志，保障疏散通道、安全出口和消防车通道畅通；

（六）建立实验室安全管理制度，加强实验室易燃易爆、有毒有害等危险物品的购买、保管、使用、登记、注销等环节的管理，规范实验操作流程，定期对实验室的安全防范措施进行检查；

（七）建立学生请销假制度，对学生请销假进行登记，发现学生未到校、擅自离校、旷课的，及时告知学生监护人或者抚养人；

（八）有寄宿生的学校应当建立住校学生管理制度，做好住校学生的生活管理和安全保护工作，对违反校规擅自在校外住宿的学生，应当告知其监护人或者抚养人；

（九）建立校内安全检查与隐患排查报告制度，发现安全隐患及时进行处理。

第十五条 学校应当落实以下安全管理和学生人身伤害事故预防措施：

（一）印发标准格式的入学须知，告知学生及其监护人或者抚养人学校的安全管理制度和注意事项、学校负责管理的区域范围以及发生意外伤害事故的处理途径和程序,并要求如实填写血型、疾病史以及过敏食物、药物等情况;

(二) 寒暑假前,印发安全告知单,明确寒暑假起止时间及假期安全注意事项等;

(三) 组织学生参加实习、考察、劳动等社会实践活动以及军事训练、文化娱乐和其他集体活动,应当与学生生理、心理特点相适应,符合安全要求,采取必要的安全防护措施,并落实专人负责;

(四) 对特异体质或者患有疾病不适宜参加特定教育教学活动的学生给予必要照顾,发现学生有身体和心理异常状况,及时救护、告知其监护人或者抚养人;

(五) 在教学楼进行教学活动和晚自习时,应当合理安排学生疏散时间和楼道上下顺序,同时安排人员巡查,防止拥挤踩踏;在易发生拥挤的通道、场所,应当采取必要的防护措施,并设置明显的警示标志;

(六) 教职工患有不适宜担任教育教学或者其他工作的疾病的,应当及时将其调离相应的工作岗位;

(七) 学校选用产品和服务时应当建立查验记录制度,查验产品标签、说明书、质量合格证或者服务提供者的资质证书,保证产品和服务可追溯;

(八) 建立安全工作台账,记录日常安全工作、安全责任落实、安全检查、安全隐患消除等情况;

(九) 制定突发事件应急预案,发生自然灾害、事故灾难、公共卫生事件、社会安全事件等突发事件时,及时启动应急预案,采取防护、抢险、救助等措施,保护学生的人身安全。

第十六条 除本条例第十三条、第十四条和第十五条规定外,中小学校还应当履行下列职责:

(一) 合理安排学生上学、放学时间,保持疏散通道畅通;

(二) 在学生上学、放学时段,应当组织门卫和保安人员在校门口在岗值守,组织教职工和成年志愿者在校门口维护秩序;

(三) 按照校车安全管理的有关规定,建立健全校车安全管理制度;

(四) 建立学生安全信息通报制度,将学校规定的学生到校和放学时间、学生提前离校情况,以及学生身体和心理的异常状况等关系学生安全的信息,及时告知其监护人或者抚养人;

(五) 建立健全与家长的联系制度,建立家长委员会,为家庭教育提供指导,对涉及学生人身安全的重要事项,征求家长委员会的意见;

(六) 重视学校留守儿童的安全管理工作,加强与留守儿童监护人或者抚养人、所在村(居) 民委员会的沟通联系。

第十七条 除本条例第十三条、第十四条和第十五条规定外,中等职业学校还应当履行下列职责:

(一) 规范实习基地建设,完善实习管理制度,配备责任心强、熟悉安全生产常识的实习指导教师,为学生参加实习提供有效的安全保障;

(二) 依照有关法律、法规规定,为学生提供必要的实习条件和安全的实习环境;

(三) 与实习单位或者实习基地依法签订学生安全保障协议或者安全保障条款,明确双方对学生安全保障的责任和义务。

第十八条　除本条例第十三条、第十四条和第十五条规定外，高等学校还应当履行下列职责：

（一）规范心理健康教育工作，建立健全心理健康教育和咨询的专门机构，按照规定配备专职或者兼职心理健康教育教师，完善学生心理健康预警和干预机制，对入校新生进行体检和心理健康测试；

（二）引导学生建立安全管理组织，提高学生自主进行安全防范与安全管理的能力；

（三）与合作办学者或者实习基地依法签订学生安全保障协议，明确双方对学生安全保障的责任和义务。

第十九条　学校教职工应当履行下列职责：

（一）发现学生行为具有危险性或者学生遭受侵害时，应当及时进行告诫、制止、保护，并及时报告学校或者有关部门；

（二）在教育教学活动中发现学生生理、心理有异常的，应当及时处理；

（三）在工作岗位上遇到紧急情况时，应当及时采取必要措施优先保护学生人身安全。

学校教职工在教育教学活动中应当尊重学生人格，不得对学生实施侮辱、歧视、殴打、体罚、变相体罚，或者利用学生惩罚等其他人身侵害行为。

第二十条　未成年学生的监护人应当与学校共同做好学生的安全教育，落实安全保护措施，保障未成年学生上学、放学途中的人身安全，制止未成年学生携带管制刀具、易燃易爆、有毒有害等危险物品进入学校。

未成年学生的监护人因外出务工或者其他原因不能履行监护职责的，应当委托有监护能力的其他成年人代为监护，并将委托监护情况告知未成年学生所在学校、村（居）民委员会，保持与委托监护人、未成年学生及其所在学校、村（居）民委员会的经常性联系。

有特异体质、特定疾病或者身体状况、行为、情绪等有异常情况的学生，其监护人或者抚养人应当向学校提供医学诊断证明或者书面报告；涉及学生隐私的，学校应当保密。

第二十一条　学生应当遵守法律、法规、社会公共行为准则和学校规章制度，服从学校的安全教育和管理，不得进行可能危及自身或者他人安全的游戏，不得进行赌博、吸毒、酗酒、寻衅滋事、打架斗殴、擅自攀爬学校建筑物、构筑物等危及自身或者他人安全的活动。

第二十二条　为学校、学生提供教育教学、实习和生活设施设备、场地，以及其他与学生学习、生活有关的物品和服务的学校举办者以外的单位和个人，应当落实各项安全保障措施，所提供的设施设备、物品、场地和服务应当符合国家、行业的质量标准或者安全要求。

在学校内施工作业或者开展其他活动的单位和个人，应当遵守学校的安全制度，服从学校的安全管理。

第二十三条　保险人、保险代理人应当积极参与教育行业风险管理服务体系建设，定期为学校提供风险诊断、风险排查、风险化解等风险管理服务，及时提供安全风险隐患排查结果并协助学校消除安全隐患，降低学校学生人身伤害事故的发生率。

第三章　学生人身伤害事故处理

第一节　一般规定

第二十四条　学生人身伤害事故发生后，学校应当及时采取措施救护受伤害学生，保护事故现场，保全相关证据，通知受伤害学生监护人或者抚养人。出现重伤、死亡的，学校应当立即向当地公安机关报案。公安机关对学生死亡的事故，应当依法及时对死亡原因、死亡性质做出结论。

医疗机构对受伤害学生应当及时抢救和治疗，不得拒绝、推诿或者拖延；对限于设备或者技术条件不能诊治的病人，应当按照规定及时转诊。

第二十五条 发生学生人身伤害事故，学校应当按照规定向教育主管部门及有关部门报告。属于重大学生伤害事故的，教育主管部门接到学校报告后，应当立即向本级人民政府和上一级教育主管部门报告。出现影响社会稳定的群体性事件的，学校应当向社会治安综合治理机构报告。

第二十六条 发生学生人身伤害事故，学校应当及时组织调查处理，并通知保险人参与；学校无法调查处理的，由县级以上人民政府教育主管部门或者有关部门组织调查处理。

发生重大学生人身伤害事故，由学校所在地县级以上人民政府组织教育、公安、卫生计生、安全生产监督、食品药品监督等有关部门组成联合调查组进行事故调查，并自事故发生之日起30日内提出事故调查处理意见。法律、法规另有规定的，从其规定。

受伤害学生的监护人或者抚养人有权了解学生伤害事故及相关调查处理情况，学校及有关部门应当如实告知。

第二十七条 学生人身伤害事故纠纷发生后，学校应当及时成立事故纠纷处理小组或者指派专人负责事故纠纷的处理工作。负责事故纠纷处理的人员应当听取受伤害学生及其监护人或者抚养人、代理人意见，告知学生及其监护人或者抚养人、代理人事故纠纷处理的途径、方法和程序。对出现情绪失控、有过激行为的学生及其监护人、抚养人、代理人，应当及时采取心理危机干预等方式稳定其情绪，并视情况报告公安机关。

第二十八条 学生人身伤害事故纠纷发生后，当事人可以选择下列途径解决：

（一）自行协商；

（二）向学校主管部门申请行政调解；

（三）向学校所在地学生人身伤害事故纠纷人民调解委员会申请调解；

（四）向人民法院提起诉讼；

（五）法律、法规规定的其他途径。

第二十九条 处理学生人身伤害事故，应当保护当事人的个人隐私。

第二节 协商与调解

第三十条 学生人身伤害事故纠纷发生后，当事人可以自行协商解决。协商一致的，当事人可以签订书面和解协议。协商不一致的，当事人可以申请调解。

第三十一条 学生人身伤害事故纠纷发生后，当事人可以请求学校主管部门组织行政调解。

学校主管部门收到调解申请后，应当指派专人调解，并自受理申请之日起30日内调解终结。调解应当遵循自愿、合法、公正的原则。双方当事人达成一致意见的，可以签订调解协议书；调解不成或者人民法院已经受理当事人起诉的，应当终止调解，并书面通知当事人。

第三十二条 学生人身伤害事故纠纷发生后，学校应当告知当事人可以向学校所在地的学生人身伤害事故纠纷人民调解委员会申请调解。

学生人身伤害事故纠纷人民调解委员会由3至9名具有教育、法律、保险、医疗、心理等专业技能或者调解工作经验的委员组成，设主任一人，必要时，可以设副主任若干人；根据工作需要，委员会可以聘任公道正派、热心人民调解、群众认可的社会人士、学校家长委员会代表作为人民调解员参与调解。委员的产生、人民调解员的聘任等事项，由司法行政部门和教育主管部门依法确定。

学生人身伤害事故纠纷人民调解委员会调解学生人身伤害事故纠纷不得收取任何费用，调解工作经费由本级财政予以保障。

第三十三条 学生人身伤害事故纠纷人民调解委员会收到调解申请后，应当在3个工作日内予以审查。决定受理的，及时答复当事人；不予受理的，应当书面通知当事人并说明理由。

学生人身伤害事故纠纷人民调解委员会受理调解申请后，应当告知双方当事人在调解过程中的权利和义务。

代理人从事学生人身伤害事故纠纷代理活动应当出示授权委托书，代理人属于律师或者基层法律服务工作者的，还应当出示执业证。参加学生人身伤害事故纠纷调解活动的学生监护人、抚养人或者其代理人不得超过5人。

法律援助机构应当依法为符合法律援助条件的学生或者其监护人、抚养人提供法律援助。

第三十四条 有下列情形之一的，学生人身伤害事故纠纷人民调解委员会不予受理；已经受理的，终止调解：

（一）一方当事人拒绝调解的；

（二）一方当事人申请行政调解，学校主管部门已经受理的；

（三）一方当事人向人民法院提起诉讼的；

（四）法律、法规规定的其他情形。

终止调解的，应当书面通知当事人并说明理由。

第三十五条 学生人身伤害事故纠纷人民调解委员会根据调解纠纷的需要，可以指定一名或者数名人民调解员进行调解，也可以由当事人选择一名或者数名人民调解员进行调解。

第三十六条 学生人身伤害事故纠纷人民调解委员会应当自受理申请之日起30日内调解终结。调解期限不包含鉴定时间。

因特殊情况需要延长调解期限的，当事人可以约定延长期限；超过约定期限仍未达成调解协议的，视为调解不成。调解不成的，应当书面告知当事人并说明理由。

调解学生人身伤害事故纠纷需要鉴定的，鉴定费用由相关当事人按照责任比例承担。

第三十七条 经学生人身伤害事故纠纷人民调解委员会调解达成一致的，可以制作调解协议书。调解协议书自各方当事人签名、盖章或者按指印，人民调解员签名并加盖学生人身伤害事故纠纷人民调解委员会印章之日起生效。调解协议书，具有法律约束力，当事人应当按照约定履行。

当事人认为无须制作调解协议书的，可以采取口头协议方式，人民调解员应当记录协议内容。口头调解协议自各方当事人达成协议之日起生效。

第三十八条 经学生人身伤害事故纠纷人民调解委员会调解达成调解协议后，双方当事人认为有必要的，可以自调解协议生效之日起30日内共同向学生人身伤害事故纠纷人民调解委员会所在地的基层人民法院申请司法确认。学生人身伤害事故纠纷人民调解委员会可以协助当事人进行司法确认。经人民法院依法确认有效的调解协议，一方当事人拒绝履行或者未全部履行的，对方当事人可以向人民法院申请强制执行。

人民法院依法确认调解协议无效的，当事人可以通过人民调解方式变更原调解协议或者达成新的调解协议，也可以向人民法院提起诉讼。

第三节 应急处置

第三十九条 学校应当制定学生人身伤害事故应急预案，报所在地的教育主管部门和公安机关备案。发生学生人身伤害事故，学校应当及时启动应急预案。

发生重大学生人身伤害事故，当地人民政府应当立即采取措施组织救援，防止事态扩大。

第四十条 学生及其监护人、抚养人或者其代理人以及其他相关人员有下列行为之一，经劝阻无效的，学校应当立即向所在地公安机关报案，并保护好现场，配合公安机关做好调查取证等工作：

（一）侮辱、威胁、恐吓、故意伤害教职工、学生或者非法限制教职工、学生人身自由的；

（二）围堵学校或者进入学校拉条幅、设灵堂、焚香烧纸、摆花圈、散发传单、喧闹、张贴大字报等聚众闹事的；

（三）侵占、破坏学校房屋、设施、设备等寻衅滋事行为的；

（四）在学校等公共场所停尸或者拒不按照规定处理遗体的；

（五）携带易燃易爆危险物品和管制器具进入学校的；

（六）制造、散布谣言等其他扰乱学校教学、生活秩序行为的。

第四十一条 公安机关接到学校报案后，应当依照下列程序处理：

（一）立即组织警力赶赴现场，开展教育疏导，劝阻过激行为，经劝阻无效的，应当依法予以制止，防止事态扩大；

（二）将扰乱学校正常教育教学秩序的参与人员带离现场调查，维护学校正常教育教学秩序；

（三）依法查处违法犯罪行为。

第四十二条 社会治安综合治理机构接到影响社会稳定的学生人身伤害事故纠纷报告后，应当协调、督促有关地方和部门做好学生人身伤害事故纠纷处理工作。

学生监护人、抚养人、代理人和其他相关人员所在单位、户籍所在地或者居住地乡镇人民政府、街道办事处、村（居）民委员会，接到社会治安综合治理机构要求其参与处理纠纷的通知后，应当立即指派有关人员赶赴纠纷现场，配合教育、公安等部门开展教育、疏导和劝返工作。

第四章 学生人身伤害事故责任承担和损害赔偿

第四十三条 发生学生人身伤害事故，当事人应当依法承担责任和给予损害赔偿。

受害人和行为人对损害的发生都没有过错的，可以根据实际情况，由双方分担损失。

第四十四条　因下列情形之一造成的学生人身伤害事故，学校应当依法承担相应责任：

（一）学校的校舍、场地和其他公共设施，以及学校提供给学生使用的学具、教育教学和生活设施设备不符合国家、行业的质量标准或者安全要求的；

（二）学校的安全保卫、消防和设施设备管理等安全管理制度有疏漏，或者管理混乱，存在明显安全隐患，未及时发现并采取措施的；

（三）学校向学生提供的食品、饮用水、药品等不符合国家、行业的相关标准和要求的；

（四）学校组织学生参加教育教学活动或者校外活动，未对学生进行相应的安全教育，未采取必要的安全措施的；

（五）学生在校期间突发疾病或者受到伤害，学校发现后未及时采取相应措施，导致不良后果的；

（六）学校教职工违反本条例第十九条规定的；

（七）学校知道或者应当知道教职工有不适宜担任教育教学活动的情况，但未采取必要措施的；

（八）学校知道或者应当知道学生患有需要隔离治疗的传染病，但未采取必要措施的；

（九）对学生擅自离校等与学生人身安全直接相关的信息，学校未发现或者已经发现但未及时告知未成年学生的监护人，导致学生发生伤害的；

（十）学校因故放假、学生提前离校，但未及时告知未成年学生监护人的；

（十一）学校未履行本条例规定的其他职责以及法律、法规规定学校应当承担责任的其他情形。

第四十五条　因下列情形之一造成的学生人身伤害事故，学校已履行了教育、管理职责，且行为并无不当的，不承担责任：

（一）地震、雷击、台风、洪水等不可抗力造成的；

（二）因学生自杀、自伤等自身故意或者身体疾病造成的；

（三）因学校以外的第三人造成的；

（四）学校组织的对抗性或者具有风险性的体育竞赛活动中发生意外伤害的；

（五）法律、法规规定学校不应当承担责任的其他情形。

第四十六条　学生监护人或者抚养人未履行法定义务，疏于或者不配合学校对未成年子女进行管理、教育和保护，或者没有及时将未成年子女的身体和心理异常情况告知学校，导致其他学生人身伤害事故发生的，应当依法承担责任。

第四十七条　有下列情形之一造成学生人身伤害事故的，学生或者其监护人应当依法承担相应责任：

（一）违反法律法规、社会公共行为准则、学校规章制度和纪律，实施危害他人或者自身行为的；

（二）行为具有危险性，学校、教师已经告诫并要求纠正，学生不听劝阻、拒不改正的；

（三）违反学校规定擅自租住房屋，学校、教师已经告诫并要求纠正，学生不听劝阻、拒不改正的；

（四）法律、法规规定的其他情形。

第四十八条 因学校以外的第三人实施侵害行为造成未成年学生人身伤害的,由第三人承担责任。学校未尽到管理职责的,承担相应的补充责任。

第四十九条 学生人身伤害事故损害赔偿的范围和标准,适用有关法律和国家、本省相关的规定。

第五十条 因学校教职工在教育教学活动中造成学生人身伤害事故的,学校赔偿损失后,可以向有故意或者重大过失的教职工进行追偿。

第五十一条 教育主管部门应当鼓励、引导学校办理校方责任保险及附加无过失责任保险,校方责任保险的保险费由学校举办者承担,禁止向学生摊派。

学校可以为学生参加意外伤害等商业保险提供便利条件,但不得从中收取任何费用。

第五十二条 保险责任范围内的学生人身伤害事故发生后,学校应当及时通知保险人。

保险人应当将其所参与签订的自行和解协议书、学生人身伤害事故纠纷人民调解协议书、主管部门行政调解协议书以及人民法院判决书、调解书等作为保险理赔的依据。

发生学生人身伤害事故,依法应当由学校承担赔偿责任的,由保险人根据校方责任及附加无过失责任保险合同赔偿,不足部分由学校赔偿。

第五章 法律责任

第五十三条 学校有下列情形之一的,由教育主管部门或者其他有关部门责令改正;情节严重的,对学校主要负责人和其他直接责任人员给予处分:

(一) 未建立健全安全管理制度,未落实安全管理和学生人身伤害事故预防措施的;

(二) 拒绝或者不配合有关部门依法实施安全监督管理职责的;

(三) 对学生人身伤害事故负有责任的;

(四) 学生人身伤害事故发生后,未及时采取救护措施导致损害加重的;

(五) 瞒报、谎报学生人身伤害事故的;

(六) 伪造、隐匿、转移、销毁学生人身伤害事故证据的;

(七) 其他违反本条例规定应当给予处分的情形。

第五十四条 学校教职工对学生人身伤害事故负有责任的,教育主管部门或者其他有关部门、学校应当给予批评教育或者处分;情节严重的,可以依法予以开除、解聘。

第五十五条 学生对学生人身伤害事故负有责任的,学校可以按照学籍管理的规定给予处分;情节严重的,由有关部门依法处理。

第五十六条 县级以上人民政府教育、公安、司法行政、卫生计生、发展改革、住房和城乡建设、交通运输、国土资源、环境保护、文化、新闻出版广电、水利、工商、质量技术监督、安全生产监督、食品药品监督等部门和社会治安综合治理机构及其工作人员未履行相应职责,对学生人身伤害事故发生负有责任的,或者在学生人身伤害事故预防与处理中滥用职权、玩忽职守、徇私舞弊、索贿受贿,尚不构成犯罪的,对主要负责人和其他直接责任人员依法给予处分;构成犯罪的,依法追究刑事责任。

第五十七条 学校及其教职工、学生及其监护人、抚养人及其亲属或者其代理人以及其他相关人员有违反治安管理行为的,由公安机关依照《中华人民共和国治安管理处罚法》的规定予以处罚;构成犯罪的,依法追究刑事责任。

第六章 附则

第五十八条 本条例中下列用语的含义为：

（一）学校，是指国家或者社会力量举办的全日制中小学（含特殊教育学校）、中等职业学校和高等学校；

（二）学生，是指在学校中全日制就读的受教育者；

（三）学校举办者，是指举办学校的人民政府、行业主管部门（或者群众团体）以及民办学校的出资人；

（四）学校以外的第三人，是指除学校教职工、学生以外的人员；

（五）教职工，是指学校管理人员、教师以及学校的其他职工；

（六）人身伤害，是指侵犯他人的生命健康权益造成致伤、致残、致死等后果；

（七）校车，是指依照国务院《校车安全管理条例》取得使用许可，用于接送接受义务教育的学生上下学的 7 座以上的载客汽车。

第五十九条 幼儿园的幼儿人身伤害事故预防与处理，参照本条例执行。

第六十条 本条例自 2016 年 1 月 1 日起施行。

Ⅱ 学院学生管理有关规定

第一项 学院考勤与纪律管理规定

一、考勤与请销假

1. 学生必须在规定时间到校，缴费、注册后才能开始新学期的学习。

2. 上课、自习、实验、实训、军训、劳动、班团活动等都必须考勤。不得迟到、早退，因故不能参加必须请假。凡未请假、请假未批准或超假，均以旷课论处。缺勤一天的按旷课8节课计，迟到早退达10分钟或迟到或早退累计3次，均按旷课一节计算。

3. 请假。

（1）请病假必须有院医务所证明或持县级以上医院证明并经院医务所认可。

（2）一般不准请事假。特殊情况非请事假不可的，必须事先按规定程序办理书面请假手续。因事请假离校，须告知其家长，并在假条上注明。

（3）院内学习期间请假，半天以内由辅导员批准；3天以内，辅导员签署意见，由系（部）书记批准；3天以上7天以内，由辅导员、系（部）书记签署意见，报学工处批准；超过7天，由辅导员、系（部）书记、学工处处长签署意见，报分管副院长批准。

院外实习期间请假，1天由指导教师或带队教师批准；3天以上7天以内指导教师或带队教师签署意见后，由辅导员、系部支部书记签署意见，报学工处批准；超过7天，指导教师或带队教师签署意见后，由辅导员、系（部）书记、学工处处长签署意见，报分管副院长批准。

（4）学生在节假日离校外出旅游或外出住宿，必须告知辅导员并报系（部）同意，并按时返校，否则一切后果由学生自负。

（5）班长每星期一晚必须将经辅导员审核的上一周本班学生考勤表，报系学生管理干事、支部书记。

（6）请假期满必须按时返校并持准假条到相应的批假处报到、销假。

（7）每学期末各辅导员须将统计的学生出勤情况通知学生家长或委培单位。

二、课堂纪律

1. 自觉遵守学院作息制度。按时上、下课，不迟到、不早退、不旷课。

2. 上课铃响前，应做好上课准备。

3. 上课时（包括晚自习、实验、实训、考试等）应保持安静，发言应先举手示意。上课时不准随便离开座位。

4. 自习课应保持肃静，禁止自习时间在教室、图书馆等学习场所进行娱乐活动。

5. 实验、实训课应自觉遵守实验室、实训基地的规定，严格执行操作规程，服从指导教师的安排。

三、日常生活和学习纪律

1. 严格遵守作息制度，按时起床，按时熄灯就寝，按时午休。就寝和午休时间，不准从事娱乐活动，不准喧哗。
2. 爱护公物，不得任意迁移、改造、增减室内外固定设备（如桌、椅、床、电线、电灯等）。不许损坏公物，严禁使用电炉、热得快等大功率自备电器。
3. 严禁在教学楼、寝室、实验室、图书馆等场所焚烧杂物、燃放烟花爆竹及从事体育活动。
4. 不得擅自调换宿舍或床位，不得擅自留宿校外人员。
5. 维护学院环境，不准攀折花草树木。
6. 严禁从事或者参与有损大学生形象、有损社会公德的活动，不准通宵上网。
7. 禁止黄、赌、毒，不准酗酒、打架斗殴、翻越围墙，严禁在公共场所吸烟。
8. 尊重老师，不许妨碍学生干部工作。
9. 就餐、购买饭菜及打开水等，要遵守公共秩序、自觉排队、文明礼貌、互让互谅。
10. 不准穿拖鞋参加各类集会和进入教学楼、实验室、图书馆、办公室等公共场所。
11. 严禁参与传销和进行邪教、封建迷信活动。
12. 未经批准不准在外租房居住。
13. 严格遵守外事纪律。

四、关于早锻炼

1. 每个学生都要参加以增强体质为目的早锻炼，提倡在学院规定的早锻炼时间离开寝室早锻炼，严禁睡懒觉。
2. 早锻炼的形式由班级或学生自行确定，要保证锻炼的质量。

第二项　学院学生处分管理规定

第一章　总则

第一条　为维护学院正常的教育教学秩序和生活秩序，建设优良的学习、生活环境，促进学生的健康成长，为国家建设培养合格的应用型人才，根据《普通高等学校学生管理规定》（教育部令第41号）及《江西应用工程职业学院学生管理规定》的有关规定，结合我院实际，制定本规定。

第二条　本规定适用于我院接受普通高等学历教育的各类学制的高职学生。

第三条　对学生的处分，应当做到程序正当，证据充分，依据明确，定性准确，处分恰当；应坚持公平、公开、公正原则，坚持教育与处分相结合原则，坚持学生的申诉权保障原则。

第二章　处分的种类

第四条　对有违反校规校纪行为的学生，根据情节轻重、认错态度、悔改表现等，给予通报批评或下列纪律处分：
(一) 警告；
(二) 严重警告；
(三) 记过；
(四) 留校察看；
(五) 开除学籍。

第五条 学生有下列情形之一，给予留校察看或开除学籍处分：
(一) 违反宪法，反对四项基本原则、破坏安定团结、扰乱社会秩序的；
(二) 触犯国家法律，构成刑事犯罪的；
(三) 受到治安管理处罚，情节严重、性质恶劣的；
(四) 代替他人或者让他人代替自己参加考试、组织作弊、使用通信设备或其他器材作弊、向他人出售考试试题或答案牟取利益，以及其他严重作弊或扰乱考试秩序行为的；
(五) 公开发表的研究成果存在抄袭、篡改、伪造等学术不端行为，情节严重的，或者代写论文、买卖论文的；
(六) 违反和学院相关规定，严重影响学院教育教学秩序、生活秩序以及公共场所管理秩序的；
(七) 侵害其他个人、组织合法权益，造成严重后果的；
(八) 屡次违反学院规定受到纪律处分，经教育不改的。

第三章 违纪行为与处分

第六条 有下列扰乱公共秩序的，分别给予以下处分：
(一) 违反宪法，反对四项基本原则，破坏安定团结，扰乱社会秩序的，给予留校察看或开除学籍处分；
(二) 扰乱正常教学秩序，无理起哄吵闹，视其情节轻重，分别给予严重警告以上处分，情节特严重的给予开除学籍处理；
(三) 违反安全和消防管理的（破坏或者移动消防设施，擅自修改或者移动安全标志，将易燃、易爆等危险品带到校内，堵塞消防通道），给予留校察看处分；
(四) 将宠物带进教室、实验室、宿舍区、办公室等场所的，给予警告处分；
(五) 违反学院规定，在校内外酗酒并产生不良影响的给予记过或留校察看处分；
(六) 参与制作、复制、出租或传播淫书、水淫画、淫秽录像或者其他淫秽物品者视情节轻重给予留校察看或开除学籍处分；
(七) 参与非法制造、买卖、使用、传播毒品或者其他禁用药品者给予开除学籍处分；
(八) 参与传销或进行邪教、封建迷信活动的给予留校察看或者开除学籍处分；
(九) 私自涂改、伪造证件、公章的，给予留校察看或开除学籍处分；
(十) 利用计算机网络进行非法活动的，给予留校察看或开除学籍处分。

第七条 违反国家法律、法令、法规者，分别给予下列处分：
(一) 违反国家法律、法规者，受到公安部门处罚者，被判处管制、拘役、徒刑者，给予记过及以上处分，情节特别严重者，给予开除学籍处分；
(二) 被判处管制、拘役、徒刑，但缓期执行者（属过失犯罪者），给予留校察看或开除学籍处分；

(三) 被收容审察释放者，给予留校察看或者开除学籍处分；

(四) 被处以行政拘留者，给予记过、留校察看或开除学籍处分；

(五) 违反治安管理法规受到处罚，给予留校察看或开除学籍处分。

第八条 男女交往过程中，不注重自身道德修养，给对方造成身心伤害或校内外造成不良影响，视情节轻重给予严重警告以上处分。

第九条 偷窃、诈骗国家、集体或私人财产者，视其作案价值多少分别给予下列处分：

(一) 作案价值200元以下者，给予严重警告处分；

(二) 作案价值200～800元者，给予记过处分；

(三) 作案价值800～1 500元者，给予留校察看处分；

(四) 作案价值1 500元以上者，情节特别严重者，给予留校察看或开除学籍处分；

(五) 多次作案，累计次数达3次或其价值总额在1 000元以上者，给予开除学籍处分；

(六) 虽未窃物，但经保卫公安部门确认有偷窃行为者，给予严重警告处分。

第十条 损坏公共财物，视其情节及价值分别给予以下处分：

(一) 故意损坏公物，价值100元以下者，除照价赔偿外，同时给予警告处分；

(二) 故意损坏公物，价值100～300元者，除照价赔偿外，同时给予严重警告处分；

(三) 故意损坏公物，价值300～800元者，除照价赔偿外，同时给予记过处分；

(四) 故意损坏公物，价值800～1 500元者，除照价赔偿外，同时给予留校察看处分；

(五) 故意损坏公物，价值1 500元以上者，情节特别严重者，除照价赔偿外，同时给予留校察看或开除学籍处分。

第十一条 违反宿舍管理规定的，分别给予以下处分：

(一) 宿舍留宿异性者和留宿于异性宿舍者，给予留校察看处分，态度恶劣者给予开除学籍处分。未经许可擅自进入异性宿舍不听劝阻者，给予警告及以上处分；

(二) 违反学院住宿要求未经批准擅自校外租房住宿者，视情节轻重给予记过或留校察看处分，屡教不改者，给予开除学籍处分；

(三) 使用违章电器、炉灶，私自接电线的，视情节轻重，给予严重警告以上处分，情节严重造成严重后果者，给予开除学籍处分；

(四) 在宿舍或者楼道内焚烧物品、使用明火者给予严重警告处分。引起火灾的除照价赔偿外，视情节轻重，给予记过至开除学籍处分，触犯法律的移送公安司法部门处理；

(五) 不遵守宿舍作息时间，通宵上网影响他人休息者，无理取闹，给予严重警告以上处分，屡犯者，从重处分；

(六) 不请假在校外住宿或通宵上网者，给予警告处分；

(七) 未经学院有关部门允许，私自调整宿舍者，视情节严重给予警告或严重警告处分，私自撬门搬入空宿舍者按盗窃及损坏公共财物处理，给予记过及以上处分；

(八) 在宿舍圈养宠物或其他动物不听劝阻者给予警告或严重警告处分；

(九) 在宿舍喝酒酗酒者，给予警告或严重警告处分，造成不良影响者给予记过及以上处分。

第十二条 肇事、策划、打架、伪证、参与、提供凶器者分别给予下列处分：

(一) 肇事者

(1) 公共场所不守秩序，不听劝阻，给予警告处分；

（2）公共场所不守秩序，不听劝阻，恶语伤人，造成混乱或不良后果者，给予严重警告处分。

（3）用语言挑逗，或以其他方式触犯他人，引起混乱或者不良后果者，给予严重警告处分。

（4）动手打人，但未伤人者，给予严重警告处分。

（5）动手打人，致他人轻伤，情节轻微者，给予记过处分。

（6）动手打人，致他人轻伤，情节严重者，给予留校察看处分。

（7）动手打人，致他人轻伤甲级或重伤者，给予留校察看或开除学籍处分。

（8）持管制刀具、匕首之类或利器伤人或威胁他人，给予留校察看或开除学籍处分。

（9）殴打辱骂教职员工者，视情节轻重给予留校察看或开除学籍处分。

（二）策划者

策划打架，情节轻者，给予严重警告或记过处分；造成严重后果者，给予留校察看或开除学籍处分；致他人轻伤，情节严重者，给予留校察看处分；致他人重伤、毁容者，给予开除学籍处分，并移交公安司法部门处理；打群架，根据后果轻重，给予留校察看处分，直至开除学籍。

（三）伪证者

故意为他人做伪证，使调查造成困难者，视情节轻重，给予严重警告或记过处分；参与打架且做伪证者，从重处分。

（四）参与者

（1）以"劝架"为由，偏袒一方，致使殴打事态发展，并造成后果者，给予严重警告或记过处分；造成严重后果者，给予留校察看处分或开除学籍处分。

（2）虽不是主要打架者，但参与其中，视情节轻重，分别给予警告直至留校察看处分；虽不是主要打架者，但参与其中并促使事态恶化，后果严重者，给予开除学籍处分。

（五）提供凶器者

（1）为他人打架提供凶器，未造成后果，给予留校察看处分；造成严重后果者，给予开除学籍处分。

（2）在学院非法存放、携带匕首、三棱刀等管制刀具未使用的，给予记过处分。

第十三条　参与赌博者

（一）一次赌博，赌金（包括物品作价，下同）总额在100元以下者，没收赌金，并给予警告处分；

（二）一次赌博，赌金总额在100～300元之间，没收赌金，并给予严重警告处分；

（三）一次赌博，赌金总额在300～800元之间，没收赌金，并给予记过处分；

（四）一次赌博，赌金总额在800～1 000元之间，没收赌金，并给予留校察看处分；

（五）一次赌博，赌金总额在1 000元以上，没收赌金，并给予开除学籍处分；

（六）两次以上赌博，加重一级处分；

（七）因参与赌博，受公安司法部门处罚者，给予留校察看或开学籍处分；

（八）对组织者或提供赌博条件者（含赌具、场所、放风等），给予留校察看或开除学籍处分。

第十四条　超过进出校和宿舍大门时间又以不当形式进出或强行进出者，给予严重警告或记过处分，有其他情节，加重处罚。

第十五条　前往水库、河道等场所游泳者，给予留校察看处分，情节严重或造成不良影响的，给予开除学籍处分。

违反安全操作规程、教学安全相关规定者，视情节轻重，给予警告以上处分直至留校察看处分。

第十六条　旷课累计达到下列情况者：

（一）15~19（按实际授课时间计算，下同）节者，给予警告处分；

（二）20~39节者，给予严重警告处分；

（三）40~59节者，给予记过处分；

（四）60~79节者，给予留校察看处分；

（五）80节以上（含80节）省，给予开除学籍处分；

（六）仅因旷课而给予学生记过处分，需该生已经因旷课受到警告或严重警告处分；仅因旷课而给予学生留校察看处分，需该生已经因旷课受到记过处分；仅因旷课而给予学生开除学籍处分，需该生已经因旷课受到留校察看处分。

第十七条　有下列作弊行为的，视情节轻重，分别给予下列处分：

（一）考试（含考查）舞弊者，给予留校察看处分，情节特别严重者，给予开除学籍处分；

（二）为舞弊提供条件，也属舞弊行为，其处分与舞弊者相同；

（三）连续或者二次作弊的，给予开除学籍处分；

（四）由他人代替考试、替他人参加考试、组织作弊、使用通信设备作弊及其他作弊行为严重的，给予开除学籍处分；

（五）剽窃、抄袭他人研究成果，视情节轻重给予留校察看或开除学籍处分。

第十八条　违反学院日常纪律或卫生规定等，视情节轻重分别予以下列处分：

（一）达3次以上违纪者，给予警告处分；

（二）达3次以上违纪，且影响较坏者给予严重警告处分；

（三）达4次以上违纪，视其态度及影响，给予记过或留校察看处分；

（四）屡次违反学院规定受到纪律处分，经教育不改者，给予开除学籍处分。

第十九条　有下列情况之一者，从重处分：

违纪后，认错态度差者；已受过处分者；威胁、打击调查取证人、揭发人，阻碍处理进行者；企图蒙混过关拒绝交代检查者。擅自撕毁、涂改处分决定者。

第二十条　同时有几项违纪行为，合并处分，必须高于最严重一项违纪应给予的处分，直至开除学籍处分。

第二十一条　学院对学生做出处分，出具处分决定书。处分决定书包括下列内容：

（一）学生的基本信息；

（二）做出处分的事实和证据；

（三）处分的种类、依据、期限；

（四）申诉的途径和期限；

（五）其他必要内容。

第二十二条　在对学生做出处分或者其他不利决定之前，告知学生作出决定的事实、理由及依据，并告知学生享有陈述和申辩的权利，听取学生的陈述和申辩。申诉期间，不停止处分决定的执行。经复查发现处分决定确实有误应依据规定重新处理。

第二十三条 对学生的处理及解除处分材料归入其个人档案。

第二十四条 各种处理、处分决定告知书等，应当直接送达学生本人，学生拒绝签收的，以留置方式送达；已离校的，采取邮寄方式送达；难于联系的，利用学院网站、新闻媒体等以公告，自发出公告之日起，经过60日，即视为送达。

第二十五条 对学生做出取消入学资格、取消学籍、退学、开除学籍或者其他涉及学生重大利益的处理或者处分决定的，提交校长办公会或者校长授权的专门会议研究决定，并事先进行合法性审查。

第二十六条 申诉

学生对处分决定有异议的，可以在接到处分决定书之日起10日内，向学院学生申诉处理委员会提出书面申诉，具体见《江西应用工程职业学院申诉处理办法》。

第四章 处分的解除

第二十七条 除开除学籍处分以外，学院给予学生处分设置6到12个月期限，到期按规定程序予以解除。解除处分后，学生获得表彰、奖励及其他权益，不再受原处分的影响。

第二十八条 学院各类处分期限如下：

警告：6个月；严重警告：8个月；记过：10个月；留校察看：12个月。到期后学生可按程序提出申请解除。

学生解除处分的程序：学生受到除开除学籍以外的处分，在处分到期后，受处分学生可向学院提出解除处分申请，经学院审核后可解除处分。

第二十九条 对学生的奖励、处理、处分及解除处分材料，学院会真实完整地归入学院文书档案和本人档案。

被开除学籍的学生，由学院发给学习证明。学生按学院规定期限离校，档案由学院退回其家庭所在地，户口应当按照国家相关规定迁回原户籍地或者家庭户籍所在地。

第五章 附 则

第三十条 本规定自2017年9月1日起施行。

第三十一条 本规定由学生工作处负责解释。

第三项 学院学生申诉处理办法

为完善学生申诉制度，维护学生合法权益，根据《普通高等学校学生管理规定》（教育部令第41号）及《江西应用工程职业学院学生管理规定》的有关规定，结合我院实际，特制定本办法。

第一章 申诉

第一条 学生对学院的处理或者处分决定有异议的，有权依据本办法提出申诉。

第二条 学生对学院的处理或者处分决定有异议的，应在接到处理或者处分决定书之日起10日内,向学院学生申诉处理委员会提出书面申诉,逾期不予受理。申诉人因不可抗力,逾期未能申诉者,可于不可抗力原因终止后两个工作日内向学院学生申诉处理委员会说明理由,请求受理。

第三条 申诉书要以书面提出,要写明以下事项:1. 申诉人姓名、年龄、所在学院、年级、专业及联系电话。2. 原处分单位。3. 申诉事由及其理由。4. 时间。5. 证据。3人以上共同申诉时,应由申诉人选出3人以下的代表人,并赋予代表委托书。

第二章 复查

第四条 学院学生申诉处理委员会对学生提出的申诉进行复查,应于接到书面申诉之日起15日内做出复查结论并告知申诉人。情况复杂不能在规定期限内做出结论的,经批准可延长15日。

学生申诉处理委员会认为必要的,可以建议学院暂缓执行有关决定。

学生申诉处理委员会经复查,认为做出处理或者处分的事实、依据、程序等存在不当,可以做出建议撤销或变更的复查意见,要求相关职能部门予以研究,重新提交校长办公会或者专门会议做出决定。

第五条 学生对复查决定有异议的,在接到学院复查决定书之日起15日内,可以向学院所在地省级教育行政部门提出书面申诉。

省级教育行政部门在接到学生书面申诉之日起30个工作日内,对申诉人的问题给予处理并做出决定。

第六条 省级教育行政部门在处理因对学院处理或者处分决定不服提起的学生申诉时,应当听取学生和学院的意见,并可根据需要进行必要的调查。根据审查结论,区别不同情况,分别做出下列处理:

(一)事实清楚、依据明确、定性准确、程序正当、处分适当的,予以维持;

(二)认定事实不存在,或者学院超越职权、违反上位法规定做出决定的,责令学院予以撤销;

(三)认定事实清楚,但认定情节有误、定性不准确,或者适用依据有错误的,责令学院变更或者重新做出决定;

(四)认定事实不清、证据不足,或者违反本规定以及学院规定的程序和权限的,责令学院重新做出决定。

第七条 自处理、处分或者复查决定书送达之日起,学生在申诉期内未提出申诉的视为放弃申诉,学院或者省级教育行政部门不再受理其提出的申诉。

处理、处分或者复查决定书未告知学生申诉期限的,申诉期限自学生知道或者应当知道处理或者处分决定之日起计算,但最长不得超过6个月。

第八条 学生认为学院及其工作人员违反本规定,侵害其合法权益的;或者学院制定的规章制度与法律法规和本规定抵触的,可以向学院所在地省级教育行政部门投诉。

教育主管部门在实施监督或者处理申诉、投诉过程中,发现学院及其工作人员有违反法律、法规及本规定的行为或者未按照本规定履行相应义务的,或者学院自行制定的相关管理制度、规定,侵害学生合法权益的,应当责令改正;发现存在违法违纪的,应当及时进行调查处理或者移送有关部门,依据有关法律和相关规定,追究有关责任人的责任。

第三章 申诉处理委员会

第九条 学院成立学生申诉处理委员会,受理学生对取消入学资格、退学处理或违规、违纪处分的申诉。学生申诉处理委员会由学院主管学生副院长、相关职能部门负责人、监察部门负责人、教师代表、学生代表组成。

第十条 学生申诉处理委员会3年一届,委员可以连任。

第十一条 学生申诉处理委员会职责范围:

(一) 受理申诉人的申诉;

(二) 组织有关人员对违纪事件进行复查;

(三) 在接到申诉请求后的15日内做出申诉处理决定。

第十二条 学生申诉处理委员会会议应有三分之二以上的委员参加方为有效,处理结论和处理书的决议应为到会委员半数以上同意方为通过。委员因故不能出席会议时,不得委托他人代理。

第十三条 学生申诉处理委员会接受申诉的地点设在监察室办公室。

第四章 学生申诉听证规定和程序

第十四条 学生申诉处理委员会根据申诉人或代理人请求,或认为应该实施听证程序的,实施听证程序。对没有请求的听证,在实施前应征得申诉人或代理人同意。听证主持人由申诉委员会成员担当。

第十五条 听证主持人就听证活动行使下列职权:

(一) 决定举行听证的时间、地点和参加人员;

(二) 决定听证的延期、中止或者终结;

(三) 询问听证参加人;

(四) 接收并审核有关证据;

(五) 维护听证秩序,对违反听证秩序的人员进行警告,对情节严重者可以责令其退场;

(六) 向申诉受理委员会提出对申诉的处理意见。

第十六条 听证主持人在听证活动中应当公正地履行主持听证的职责,保证当事人行使陈述权、申辩权。

第十七条 参加听证的当事人和其他人员应按时参加听证,遵守听证秩序,如实回答听证主持人的询问,依法举证。

第十八条 听证开始前,听证记录员应当查明听证参加人是否到场,并宣读听证纪律。

第十九条 听证应当按照下列程序进行:

(一) 听证主持人宣布听证开始,宣布案由;

(二) 做出处分或处理的经办人就有关事实和依据进行陈述;

(三) 申诉当事人就事实、理由、证据或依据进行申辩,并可以出示相关证据材料;

(四) 经听证主持人允许,听证参加人可以就有关证据进行质问,也可以向到场的证人发问;

(五) 有关当事人做最后陈述;

（六）听证主持人宣布听证结束。

第二十条　听证记录员应当将听证的全部活动进行笔录，并由听证主持人和听证记录员签名。听证笔录还应当由当事人当场签名或者盖章。

第二十一条　听证结束后，听证主持人应当主持制作听证报告。

第五章　学生申诉回避

第二十二条　申诉人、被申诉人认为听证主持人与学生申诉有直接利害关系的，有权申请回避。

第六章　附则

第二十三条　本办法自 2017 年 9 月 1 日起施行。

第二十四条　本办法由学生工作处负责解释。

第四项　学院学生日常管理办法

第一章　总则

第一条　为做好学生日常教育管理工作，落实立德树人任务，培养德、智、体、美等方面全面发展的社会主义建设者和接班人，根据《普通高等学校学生管理规定》（教育部令第41号）及《江西应用工程职业学院学生管理规定》的有关规定，特制定本办法。

第二条　学生日常行为教育管理，按照行为主管与行为管理责任相一致的原则执行。学院实行全校学生日常管理的分工协作，积极推进学院全员育人、全方位育人、全过程育人和全要素育人的工作。

第二章　日常行为管理

第三条　学生应遵守高等学校学生行为准则及日常行为规范，并自觉接受行为规范和纪律教育。学生的日常行为表现是学生综合测评、评先评优的重要依据。

第四条　学生在校学习应遵守学院教学秩序及相应管理规定。课堂是教师授课、学生学习的主要场地，全体学生必须严格遵守课堂纪律，自觉维护课堂秩序，集中精力，认真听课、做笔记。

第五条　学生应自觉遵守文明礼仪规范。上课时应保持仪容整洁，衣着大方，不得穿背心、短裤、拖鞋进入教室。

第六条　在上课铃响之前，学生应提前 10 分钟到达上课地点，做好准备，静候老师上课。若迟到，应在教室外向老师行礼报告，得到任课老师允许后方可进入教室。

第七条　学生应认真完成每一堂课的各个教学环节，除非特殊的原因，不得无故迟到、早退或旷课。因病或因事不能上课者，需事先履行有关请假手续并被批准，否则以旷课论处。如无特殊情况，不得事后补假。

第八条　学生应自觉遵守和维护课堂纪律，上课期间应关闭手机、笔记本电脑和娱乐设备，不得在教室内及附近大声喧哗。

第九条 学生按学院规定时间作息，上课、自习、政治学习、班团活动、集会都需认真参加，不得缺席。特殊情况应履行请假手续，否则以旷课论处。

第十条 为保持清洁的教学环境，学生应自觉维护教室内及走廊卫生，不得携带食物进入教室，不得在课桌、教室墙壁等处涂抹刻画，不得在教室及走廊随地吐痰，乱扔纸屑、果皮等杂物。

第十一条 学生在课堂上应举止言行得体，不得有不文明的言语和行动。男女同学之间交往应得体。不得在校园内表现出不雅言行。

第十二条 对课堂教具、设备、墙壁、门窗等须倍加爱护，不得随便移动，不得污染或损害。在教室里要爱护照明设备、节约用电，离开教室应随手关灯。

第十三条 爱护公物，不得涂抹或损坏校内的一切刊物，不得乱写乱画乱张贴。教室内课桌、椅、门、窗、玻璃、黑板，损坏照价赔偿，进行教育并酌情处罚。

第十四条 保持校内环境的安静，不得在宿舍区和教学、科研、办公区内进行影响师生工作、学习和休息的体育、文娱活动。

第十五条 学生上网行为应遵守国家相关法律、法规。

第三章 住宿管理

第十六条 凡具有学院学籍的全日制学生，学院实行统一安排住宿。学生应按照指定房间和床位入住，不得擅自变更房间、床位，不得留宿外人。如因特殊原因需要调整宿舍者，应在学期初由本人提出申请，经学工处同意并办妥相关手续后方可调整。

第十七条 学院为全体学生提供住读条件，并主张学生在校住读。学生在校住读应遵守学生宿舍管理制度。确因学习、疾病等特殊情况需要在外租房或走读的，应在征得家长同意的情况下，办理相关手续，否则按夜不归寝处理。

第十八条 住宿学生按照《江西应用工程职业学院学生宿舍管理规定》执行。

第四章 请销假管理

第十九条 学生应严格遵守作息规范，因故不能正常参加教学活动及课外活动的，应及时完善请假手续。

第二十条 学生请假按照《江西应用工程职业学院学生请假规定》执行。

第五章 学生证管理

第二十一条 凡我校录取并注册的各类学生，由教务处负责办理、发放相应的学生证。

第二十二条 学生证管理按照《江西应用工程职业学院学生证管理制度》执行。

第六章 校园安全管理

第二十三条 全体教职工要从关心学生、爱护学生出发，树立安全思想，努力做好本职工作和改善环境与条件，保护学生人身和财产安全。

第二十四条 学生发生意外事故以及学生要求保护人身或财物安全等情况时，学院应迅速采取有效措施。

第二十五条 学生必须严格遵守国家法律、法规和学院的各项规章制度，注意自身的人身和财物安全,防止各种事故的发生。

第二十六条 学生在日常教育及各项活动中,应遵守纪律和有关规定,听从指导,服从管理;在公共场所,要遵守社会公德,增强安全防范意识,提高自我保护能力。

第二十七条 学生组织集体课外活动,须经学院同意,按学院规定进行。学院须认真进行安全审查,条件不具备时不得批准。

第二十八条 学生应严格遵守宿舍管理的规定,自觉维护宿舍的安全与卫生,提高自我管理能力。

第二十九条 发现刑事、治安案件或交通、灾害等事故,在场学生应保护现场,及时报告学院或公安部门并协助处理。在学院范围内的,学院应迅速采取措施,控制事态发展,减轻伤害和损失。

第七章 大学生思想政治行为

一、志存高远,坚定信念。努力学习马克思列宁主义、毛泽东思想、邓小平理论、"三个代表"重要思想和科学发展观,面向世界,了解国情,确立在中国共产党领导下走社会主义道路、实现中华民族伟大复兴的共同理想和坚定信念,努力成为有理想、有道德、有文化、有纪律的社会主义新人。

二、热爱祖国,服务人民。弘扬民族精神,维护国家利益和民族团结。不参与违反四项基本原则、影响国家统一和社会稳定的活动。培养同人民群众的深厚感情,正确处理国家、集体和个人三者利益关系,增强社会责任感,甘愿为祖国为人民奉献。

三、勤奋学习,自强不息。追求真理,崇尚科学;刻苦钻研,严谨求实;积极实践,勇于创新;珍惜时间,学业有成。

四、遵纪守法,弘扬正气。遵守宪法、法律法规,遵守校纪校规;正确行使权利,依法履行义务;敬廉崇洁,公道正派;敢于并善于同各种违法违纪行为做斗争。

五、诚实守信,严于律己。履约践诺,知行统一;遵从学术规范,恪守学术道德,不作弊,不剽窃;自尊自爱,自省自律;文明使用互联网;自觉抵制黄、赌、毒等不良诱惑。

六、明礼修身,团结友爱。弘扬传统美德,遵守社会公德,男女交往文明;关心集体,爱护公物,热心公益;尊敬师长,友爱同学,团结合作;仪表整洁,待人礼貌;豁达宽容,积极向上。

七、勤俭节约,艰苦奋斗。热爱劳动,珍惜他人和社会劳动成果;生活俭朴,杜绝浪费;不追求超越自身和家庭实际的物质享受。

八、强健体魄,热爱生活。积极参加文体活动,提高身体素质,保持心理健康;磨砺意志,不怕挫折,提高适应能力;增强安全意识,防止意外事故;关爱自然,爱护环境,珍惜资源。

第八章 校园学生活动管理

一、学生组织举办的各类校园文化活动是我院校园文化的重要组成部分,是我院学生第二课堂的主要内容,目的在于提高我院学生的"自我教育、自我管理、自我服务"的能力及活跃校园气氛、丰富课余生活。

二、举办活动的学生组织必须是学院有关部门认可或批准成立的各级学生组织、学生团体，举办活动必须遵循导向正确、格调高雅、内容丰富、形式多样、课余开展以及有组织、非盈利原则，不得冲击正常的教学、生活秩序。举办活动必须以培养学生能力、陶冶学生情操、完善学生人格为中心，主题鲜明，内容健康，符合国家宪法和法律的有关规定，坚持四项基本原则，反对从事非法及迷信活动，遵守学校规章制度。

三、举办活动必须先经该学生组织的主管（或指导）单位的审查及提出意见，如同意举办，须有一位以上主管（或指导）单位的负责人参加指导工作和督促工作，举办活动必须有明确的负责人。负责人必须对活动目的、意义、内容、宣传形式及活动安全、保卫等方面全面了解并亲自到场指挥。

四、举办活动必须办理申报和审批手续，学生组织举办活动前一周向主管（或指导）单位以书面形式提交活动申请（活动计划书）。

五、学校积极鼓励开展校园文化活动，组织单位要遵守国家宪法和法律，遵守学校规章制度，举办活动的学生组织必须主动请主管（或指导）单位的负责人指导开展活动，把握好主题。学生组织必须按申请的内容开展活动，不得擅自改变计划，不得随意增减活动内容，不得随变改变活动的形式或扩大活动的规模和范围。

第九章　附　则

第三十条　本办法自 2017 年 9 月 1 日起施行。

第三十一条　本办法由院团委负责解释。

第五项　学院劳动课管理暂行办法

专业劳动课是实践教学体系中重要的环节之一，对培养学生学农爱农、学农知农、增强为"三农"服务意识，提高学生的综合素质具有重要意义。为规范我校专业劳动课的管理，特制定本办法：

1. 专业劳动课安排的总体原则：依据教学计划、专业培养目标的具体要求，制定相应的劳动课教学大纲或指导书，明确专业劳动课的项目与内容。在此基础上切实安排形式多样、富有创新的专业劳动课。

2. 专业劳动课的组织形式：采取灵活多样形式，可以班级或小组为单位，也可以年级或专业为单位；时间安排上可分散或者集中进行。

3. 专业劳动课的场所：以校内教学为主，同时选择校外实践教学基地、科研基地、社会实践活动基地等。

4. 专业劳动课的管理与考核：

（1）各系（部）应从提高学生专业素养，加强素质教育和大学生思想政治教育高度，充分认识加强专业劳动课管理的必要性，建立健全相应的劳动考勤制度、安全制度，教育学生严格遵守劳动纪律及操作规程。

（2）根据教学计划，专业劳动课每 30 学时为 1 学分，每学期 15 学时计 0.5 学分，每半天为 0.1 学分。教务处将加强对专业劳动课的检查与考核。

（3）各院（系）根据各专业劳动课教学大纲或指导书在前一学期期中制定各专业劳动课安排计划并及时报送教务处；教务处审定后下发计划任务书；任课教师依照专业劳动课计

划任务书认真组织劳动课教学。

（4）课程结束，任课教师根据学生出勤率、参加项目、劳动态度、操作技能和任务完成等情况，按优秀、良好、及格、不及格四级评分，并填写"专业劳动课成绩登记表"，分别报院（系）办和教务处。

（5）专业劳动课考核不合格学生，不能取得该门课程学分。

5. 本暂行办法由教务处负责解释。

第六项　学院学生宿舍管理规定

1. 学生宿舍（公寓）是供全体住宿学生休息之用。全体住宿学生都应严格遵守学院规定的学生公寓管理制度。要有爱寝室如家的思想。

2. 所有住宿学生应在开学报到时根据学院或辅导员安排的房间、床位住宿。不得随意调换，以免造成住宿混乱。

3. 学生在宿舍内应保持安静，不得打闹、大声喧哗、起哄，不在寝室内打球、奔跑、敲门、关门要小声，不准搞恶作剧，不准将同学反锁在寝室内。

4. 严格遵守学院的作息时间，按时就寝和起床。就寝时保持安静，不准点蜡烛，不准大声谈话、吹奏乐器和收听广播等，以免影响他人休息。

5. 严禁在寝室内酗酒、赌博和从事一切违法乱纪的活动。学生宿舍（公寓）内严禁使用高功率电器，严禁燃烧明火、燃放烟花爆竹等。严禁存放易燃、易爆和剧毒物品。严禁在寝室内饲养动物。

6. 经常保持室内外和个人清洁。保持地面、墙面干净。果壳纸屑等垃圾倒入垃圾桶内。严禁向室内外乱扔果壳纸屑、乱倒水和乱倒饭菜，以及随地大小便。个人床铺的脏物，要及时整理和清洗干净。经常开窗通风，保持室内空气新鲜。

7. 每天起床后，要及时整顿好内务，坚持早锻炼。室内物品按规定摆放好，衣物折叠好，毛巾、桶子、脸盆、箱子摆放成线。室内还应做到地面无积水，墙面无蜘蛛网，门窗、箱子无灰尘、床上无杂物。

8. 爱护公物，室内一切公共设施，不准损坏和随意搬动。做到人走锁门，熄灯，关水。不踢门，不私接电源，不乱钉钉子。学期结业，办理手续，完好如初交还公物。

9. 同学之间应互相关心，互相照顾。当同学受伤或生病时，应及时送校医务室或医院救治，并向学院值班老师报告。

10. 各寝室选举寝室长一人，负责本室的安全、卫生。每天指派值日生轮流清扫房间，且做到门前三包。不得随意领外人进入宿舍，不准留宿外人。

11. 不得无故晚归，不准夜不归宿，特殊情况要向辅导员请假。

12. 住宿学生应服从学院管理人员和学生会干部的检查，并配合其开展工作。

13. 除工作人员外，禁止异性进入学生宿舍（公寓）。

第七项　学院各类先进奖励及评比实施细则

为激励学生全面完成学习任务，促进学生德、智、体、美、劳全面发展，成为有理想、有道德、有文化、有纪律的适应社会需求的合格人才，学院对有突出表现的学生和集体给予奖励。

第一章 总 则

第一条 在学生中开展创"三好"、争"先进"活动，是全面贯彻执行党的教育方针，加强思想政治工作，促进学生德、智、体等方面健康发展，培养社会主义现代化建设合格人才的一项重要措施。学院每学年在学生学年综合测评基础上评选、表彰一次取得优异成绩的"三好学生""优秀学生干部"和"先进班级"。

第二条 为使创"三好"、争"先进"活动广泛、深入、持久地开展，根据教育部《高等学院学生行为准则》和《普通高等学院学生管理规定》的精神，结合我院实际情况，特制定本办法。

第二章 评选办法

第三条 "三好学生""优秀学生干部""学习积极分子""劳动、文体、宣传积极分子"评选办法。

1. "三好学生""优秀学生干部""学习积极分子""劳动、文体、宣传积极分子"评选条件：

（1）遵守学院规章制度，本学年无违纪行为。

（2）思想品德高尚，生活俭朴，乐于助人。

（3）本学年内所学各门课程（必修课、选修课、实习等）均合格，无重修课程。

（4）身体健康，积极参加体育锻炼。

（5）"三好学生"综合排名列班级前20%，单科成绩不低于70分；"优秀学生干部"综合排名名列班级前50%，且学生干部任职须在半年以上，人数系部学生干部2名，系部学生会岗员2名，院级学生会评出院学生会干部2~4名、院学生会岗员2~4名，优秀部门1~2个。

（6）学习积极分子考试成绩65分以上，考查科目60分以上，体育及格；人数各2名，劳动、文体、宣传积极分子考试成绩60分以上，考查科目及格以上，体育及格，人数各1名。

2. 评选比例：

（1）"三好学生"评选人数控制在本系（部）学生总数10%以内。

（2）"优秀学生干部"评选人数控制在本系（部）学生干部总数15%以内。

3. 评选程序：

（1）各班在辅导员组织下，对符合上述条件者，进行综合排名，选出班级人数20%的候选人，按2∶1的比例确定，采取全班学生无记名投票方式，按得票多少及辅导员综合测评（学生投票占70%，辅导员评价占30%）产生"三好学生""优秀学生干部"人选。

（2）各班将选出的"三好学生""优秀学生干部""学习积极分子""劳动、文体、宣传积极分子"人选名单报系（部）审查，由系（部）张榜公布，征求同学反馈意见后报学工处审查。

（3）学工处审查后报主管院长审批。

（4）未注册者不予参评。

4. 表彰办法：

（1）"三好学生""优秀学生干部"由学院表彰，并颁发荣誉证书和奖品。

（2）"三好学生""优秀学生干部"荣誉证书的复印件，经系（部）、学工处审核后归入学生本人档案。

第四条 "先进班级"评选办法。

1. "先进班级"评选条件：

（1）有良好的班风，全班同学模范遵守学院各项规章制度，无任何违纪现象。

（2）有良好的学风，班级学年平均出勤率排名靠前且不低于90%，各科平均成绩高，重修人次较少。

（3）积极参加学院、系（部）组织的活动，班级课外活动丰富多彩。

（4）班委会、团支部干部作风正派，团结协作，在学生中有较高威信，坚持班会制度。

（5）辅导员、班主任工作认真负责。

2. 评选比例与程序：

（1）各系（部）按本单位在评班级总数的10%评选。

（2）各系（部）审查之后张榜公布，收集反馈意见。

（3）各系（部）审查确定之后报学工处审核。

（4）学工处报主管院长审批。

3. 表彰：

"先进班级"由学院表彰，颁发奖状、奖品或奖金。

第五条 文明寝室评选办法。

为把学生宿舍创建为"整洁、舒适、文明、安全"的学生之家，特在全校学生中开展"文明寝室"评比活动，评比办法如下：

一、评比内容和评分标准

1. 卫生、内务（总分100分）：检查分为定期例检和平时抽检。例检或抽检时，如检查到寝室未搞卫生、内务、有2次（含2次）以上者，予以通报批评，院宿舍管理委员会具体执行检查并把检查情况及时予以公布。

（1）寝室每日应在上午8：00和下午14：00之前将室内垃圾清扫到走廊上。一次未扫扣10分，两次未扫则视为一次未搞卫生（未搞卫生寝室0分）

（2）寝室门前无积水，有积水扣10分。

（3）床上被子叠放整齐，不合格扣10分。

（4）门、门框、窗框干净无灰尘，玻璃明亮无斑迹，每处不合格扣2分。

（5）墙面光洁，屋顶无吊灰、蜘蛛网，每处不合格扣2分。

（6）毛巾挂放在寝室同一位置，鞋子统一摆放在床底，每处不合格扣2分。

（7）寝室成员的衣服、书籍等个人物品摆放应做到定位、美观，不合格扣2分。

（8）脸盆、桶、茶杯、热水瓶、饭碗、箱子、桌凳等物品应洁净，摆放整齐，不合格扣2分。

（9）随地吐痰、乱扔果壳、纸屑、乱倒水、饭菜，每人次扣2分。

2. 纪律（总分100分）：由学工处教师或宿舍管理委员会成员进行检查，检查情况每半月公布一次。

(1) 违反学院纪律受处分的学生所属寝室，不能评文明寝室，并每人次扣 20 分。
(2) 违反宿舍管理制度受通报批评的学生所属寝室，每人次扣 10 分。
(3) 干涉、冲撞管理人员，不服从统一管理，每人次扣 10 分，并通报批评。
(4) 私自接线接灯，使用电炉或电热器，每次扣 10 分。
(5) 擅自搬寝室或擅自搬出或搬进公物，每次扣 10 分。
(6) 损坏公物或遗失公物扣 10 分。
(7) 有破坏宿舍楼公共墙面的行为，每人次扣 10 分。
(8) 不听管理人员劝阻擅入异性寝室，每人次扣 10 分。
(9) 点蜡烛照明的（停电除外），每人次扣 2 分。
(10) 人走灯未熄，每次扣 2 分。
(11) 上课时间擅留寝室内并在室内睡觉、娱乐，每人次扣 2 分。
(12) 在寝室内大声喧哗或娱乐影响他人休息，每人次扣 2 分。
(13) 在寝室内吸烟、喝酒，每人次扣 2 分。
(14) 未经允许擅自留宿外来人员或外宿不归者，每人次扣 5 分，并予以相应的纪律处分。

每次扣分，扣违纪学生所属寝室的纪律总分。

3. 活动及其他。
(1) 凡寝室有获得校级通报表扬的好人好事加 5 分，系级通报的好人好事加 3 分。
(2) 凡系宿舍管理委员会组织的寝室文化活动，所属寝室能积极在参加配合，报宿舍管理委员会核实后予以每寝室加 3 分。
(3) 凡寝室自行组织寝室文化活动并经宿舍管理委员会核实后加 2 分。
(4) 没有床位图或寝室宣传栏的扣 2 分。
(5) 遗失或人为毁坏"文明寝室"奖状扣 2 分，并予以赔偿。

二、评分办法和评比等级

评分由院学生会负责，学工处审查。卫生、内务和纪律各占 50%，第 3 条加、减分直接计入总分，但该项最高分不得超过 50 分。根据得分，评出"文明寝室"和"最差寝室"。

三、奖罚制度

"文明寝室"及"最差寝室"每月评比一次，"文明寝室、最差寝室"由学院分别奖励和处分，评为"文明寝室"的，该寝室成员每人奖励一定价值的物资。被评为"最差寝室"的予以全校通报批评。

四、评比比例

"文明寝室"按学院寝室总数的 20% 评比，"最差寝室"按 5% 评比。

第三章 附则

第六条 本办法由学生工作处负责解释。

第八项 勤工助学管理规定

为规范管理学生勤工助学工作，促进勤工助学活动健康、有序开展，保障学生的合法权益，培养学生自立自强精神，增强学生社会实践能力，帮助学生顺利完成学业，特制定本规定。

第一章 总则

第一条 为解决家庭经济困难学生的生活困难，帮助他们顺利完成学业，培养学生的劳动观念，提高我院学生的综合素质和社会实践能力，根据教育部、财政部《关于进一步做好高等学院勤工助学工作的通知》，结合我院实际，特制定本规定。

第二条 大学生勤工助学指导中心（以下简称勤工助学中心）优先为家庭经济困难、学习勤奋刻苦且愿意参加勤工助学的学生安排勤工助学岗位。对于学习成绩差、违反校规校纪并受到纪律处分者一律不安排勤工助学。

第三条 学生在校期间参加勤工助学活动，只能利用课余和节假日时间，不得影响正常的学习。

第四条 学生参加勤工助学活动必须遵守国家法律、法规以及用工单位和学院的规章制度，履行勤工助学活动有关协议的各项义务。

第五条 本规定适用于我校的全日制在读本、专科学生。

第二章 组织机构与工作职责

第六条 学院成立勤工助学中心，在院团委的领导下开展工作。

第七条 勤工助学中心挂靠院团委，负责日常事务。

第八条 各系成立大学生勤工助学指导小组，具体负责本系学生勤工助学的报名工作。

第九条 各系负责对本系经济困难的学生进行调查登记，并建立困难学生档案，同时报校勤工助学中心备案。

第十条 勤工助学中心统一管理、指导全校学生勤工助学工作，负责全校学生勤工助学岗位设置、人员招聘、工作考核、工资发放等工作。

第十一条 校内外用工单位欲招聘大学生从事勤工助学活动，须在勤工助学中心办理登记手续，经同意后方可招聘大学生开展勤工助学活动。

第十二条 统一管理勤工助学专项资金。

第三章 学生的权利和义务

第十三条 参加勤工助学工作的学生享有以下权利：
（一）有权参加勤工助学指导中心组织的各种勤工助学工作；
（二）有权了解用工单位的有关情况及工作性质，对协议以外的要求有权拒绝；
（三）有权拒绝参与有损大学生形象、有害大学生身心健康、有碍社会公德的勤工助学活动；
（四）有权获得必要的劳动报酬；
（五）有权要求勤工助学指导中心协调解决与用工单位发生的纠纷，保障自己的合法权益。

第十四条 参加勤工助学工作的学生应履行以下义务：
（一）须提出书面申请，经校勤工助学指导中心考核同意后方可从事勤工助学工作；

（二）按照用工协议认真工作，按质按量地完成工作任务；

（三）遵守国家法律、法规及学院各项规章制度，诚实守信；

（四）参加勤工助学的学生须参加必要的岗前培训；

（五）学生在校外参加勤工助学活动须在校勤工助学指导中心备案，接受校勤工助学指导中心指导，并同用工单位签订用工协议；

（六）勤工助学中心及用工单位要求的其他应履行的义务。

第四章 资金管理

第十五条 勤工助学专项资金的主要来源是由学院直接划拨，并设立专门账户，勤工助学专项资金进行统一管理。

第十六条 勤工助学专项资金专款专用，主要用于支付学生从事勤工助学的工作报酬。

第十七条 学生勤工助学工资标准由校学生工作指导委员会依据《普通高等学院勤工助学管理暂行办法》的有关规定，视任务的简单繁杂、难易程度、完成任务质量的不同及工作量的大小研究确定，由勤工助学指导中心严格按标准发放。

第十八条 学生勤工助学工资实行基本工资＋奖励工资制，基本工资按月发放，奖励工资学期末一次性发放。

第五章 岗位设置与管理

第十九条 大学生勤工助学指导中心要积极拓展勤工助学渠道，设置勤工助学岗位，为学生提供尽可能多的勤工助学机会。

第二十条 勤工助学学生的招聘采取由各系推荐、勤工助学中心和用工单位考核相结合的办法，择优录用，但应优先安排生活特别困难的学生。

第二十一条 校内用工单位必须指定专人负责对参加本单位勤工助学的学生进行教育、管理和考核，并将考核结果及时报校勤工助学中心备案。

第二十二条 学期工作结束后，由勤工助学中心对参加勤工助学工作的学生进行考核评定，对考核优秀者进行表彰、奖励。

第二十三条 对工作不负责任、造成用工单位损失者，责任人要赔偿用工单位损失，并停止责任人工作，对造成严重后果者将给予纪律处分。

第二十四条 对因工作不负责被用工单位辞退者或连续两个月（次）工作考核不合格者，一年度内不再安排勤工助学工作。

第二十五条 学生在勤工助学活动中与用工单位发生经济纠纷或遭受意外伤害，按双方用工协议的有关条款处理，由校勤工助学服务中心进行协助。

第二十六条 校内用工单位组织学生到校外参加勤工助学活动，需做好安全教育和防范工作，因工作直接造成的伤害事故，由用工单位承担责任。

第六章 附则

第二十七条 本规定由院团委负责解释。

第九项　学生学籍管理规定

第一章　总　则

第一条　为全面贯彻党的教育方针，维护学院正常的教育教学秩序，规范我校学生的学籍管理，保障学生身心健康与正当权益，促进学生全面发展，根据《普通高等学校学生管理规定》（教育部令第41号）及《江西应用工程职业学院学生管理规定》的有关规定，特制定本办法。

第二条　本办法适用于学院按照国家招生政策、招生规定录取的全日制普通高职学生。

第二章　入学与注册

第三条　按国家招生规定录取进入我校的新生，须持录取通知书和有关证件，按规定日期到校办理入学手续。因故不能如期报到者，应向学院请假，申请延期报到。未请假或者请假逾期的，除因不可抗力等正当事由以外，视为放弃入学资格。

第四条　学院在报到时对新生入学资格进行初步审查，审查合格的学生办理入学手续，并予以注册学籍；审查发现新生的录取通知、考生信息等证明材料，与本人实际情况不符，或者有其他违反国家招生考试规定情形的，取消入学资格。

第五条　保留入学资格。

新生入伍应申请保留入学资格，并向学院提供由武装部签字盖章的江西应用工程学院保留入学资格申请表及入伍通知书或武装部开具的入伍证明，学院收到材料后，依法依规审核录取资格，按流程办理保留入学资格手续，参军入伍保留入学资格至退伍后2年。

新生因患有疾病不能或不宜坚持学习者，可申请保留入学资格。经学院指定的二级甲等以上医院（下同）诊断，学院可保留该生入学资格1年，有特殊事假的出具事假说明可保留入学资格2个月。

保留入学资格的学生不具有学籍，不享受在校生待遇。学生在保留入学资格期满后向学院提出入学申请，参军复学应提供退伍证原件及复印件、因病复学应提供医院诊断证明，审查合格后按新生报到流程办理入学手续。逾期不提出入学申请或审查不合格者，取消入学资格，逾期不办理入学手续且未有因不可抗力延迟等正当理由的，视为放弃入学资格。

第六条　新生入学后，学院在3个月内按照国家招生规定进行复查对新生的政治思想、文化和健康状况进行复查，复查标准按国家招生规定及招生体检标准执行。复查内容主要包括以下方面：

（一）录取手续及程序等是否合乎国家招生规定；

（二）所获得的录取资格是否真实、合乎相关规定；

（三）本人及身份证明与录取通知、考生档案等是否一致；

（四）身心健康状况是否符合报考专业或者专业类别体检要求，能否保证在校正常学习、生活；

（五）艺术、体育等特殊类型录取学生的专业水平是否符合录取要求。

复查中发现学生存在弄虚作假、徇私舞弊等情形的，确定为复查不合格，取消学籍；情节严重的，学院移交有关部门调查处理。

复查中发现学生身心状况不适宜在校学习，经学院指定的二级甲等以上医院诊断，需要在家休养的，可以办理休学手续。

新生入学报到后，学院在省教育厅规定的时间内按照国家招生规定、《普通高等学院学生管理规定》和《普通高等学院新生学籍电子注册暂行办法》（教育部教学〔2007〕3号文件）对其进行入学资格复查。

第七条　每学期开学时，学生应当按学院规定办理注册手续。不能如期注册的，应当履行暂缓注册手续。未按学院规定缴纳学费或者有其他不符合注册条件的，不予注册。

家庭经济困难的学生可以申请助学贷款或者其他形式资助，办理有关手续后注册。

学院按照国家有关规定为家庭经济困难学生提供教育救助，完善学生资助体系，保证学生不因家庭经济困难而放弃学业。

第三章　考核与成绩记载

第八条　学生必须参加学院教育教学计划规定的课程和各种教育教学环节（以下统称课程）考核，考核成绩记入成绩册，并归入学籍档案。

第九条　考核分为考试和考查两种。考试课在每学期结束时，由学院教务处统一组织考试。考查课由系部安排，在该课程的最后一次课进行考试。考试或考查课的划分以教学计划为依据。

（一）学期考核成绩的评定，按期末考试占60%，平时成绩占40%评定；实行期中考试的学期成绩，按期末考试占60%，期中考试成绩占20%，平时成绩占20%评定。

（二）平时成绩根据学生平时出勤、纪律、听课、完成实习实训情况、课外作业、习题课、课堂讨论、平时测验成绩等由任课教师综合评定，每门课程每学期至少应有3次平时成绩分。

（三）统考及技能鉴定的课程，其结课成绩按学院有关规定记载。

学生考试不及格者，须参加补考，如在毕业前最后一次补考仍不及格的规定课程可通过网络课程学习折算该课程成绩。

第十条　学生思想品德的考核、鉴定，采取个人小结、师生民主评议等形式进行。

学生体育成绩评定突出过程管理，根据考勤、课内教学、课外锻炼活动和体质健康等情况综合评定。

学生军训、实习及生产劳动等环节一般以考查方式考核，成绩由校内、外指导教师根据学生表现以及知识、技能、素质等情况综合评定。

第十一条　学生申请参加创新创业、社会实践等活动经学院同意后，其成果等可按学院规定折算为学院规定课程的成绩，学院指导学生参加社会实践、创新创业活动，并建立创新创业档案。

第十二条　学生因故不能参加考核时，应事先经分院审查、教务处批准，办理缓考手续。对无故缺考、严重违反考核纪律或者作弊的，该课程考核成绩记为无效，并视其违纪或者作弊情节，按照《江西应用工程学院学生处分管理规定》给予相应的纪律处分。给予警告、严重警告、记过及留校察看处分的，经教育表现较好，可以对该课程给予补考或者重修机会。

第十三条　学生应按时参加教育教学计划规定的活动。旷课累计达到课程学期课时总量三分之一的，取消该门课程考核资格，成绩记为零分。经教育表现较好的，可以对该课程给予补考机会。

第十四条　凡课程考核成绩不及格，或已办理缓考手续的学生，可以参加正常补考。正常补考时间一般安排在下学期进行。因缓考参加补考者，其课程成绩按补考时的实际评分记载；因期末考核不及格补考者，补考及格后，成绩记60分，补考不及格者，按补考时实际评分记载，并进行标注。

学院健全学生学业成绩和学籍档案管理制度，真实、完整地记载、出具学生学业成绩，对通过补考获得的成绩，予以标注。学生学籍档案由学院教务处负责管理。

学生因退学等情况中止学业，其在校学习期间所修课程及已获得的学业成绩，予以记录。如学生重新参加入学考试、符合录取条件，再次入学的，其已获得的学业成绩，经学院认定，予以承认。

第十五条　学院定期开展学生诚信教育，并建立诚信档案记录学生学业、学术、品行等方面诚信信息。对有严重失信行为的，将给予相应的纪律处分，对违背学术诚信的，将对其获得学术称号、荣誉等做出限制。

第四章　升级与留级

第十六条　学生修完本专业本学年（学期）教育教学计划规定的各门课程，经考核合格，准予升级。

第十七条　有下列情形之一的，应编入下一年级学习：

（一）学生一学年内所修读必修课课程首次考核（不含补考或重修）不及格累计达该学年所开设必修课程总和的二分之一以上，而又未达到退学标准的，或一学年内经过补考后仍有该学年所开设必修课程总和的三分之一课程不及格，应编入下一年级学习，但不再重修已考核合格的课程；

（二）毕业班学生，在允许修学年限内，未达到离校待考或退学条件的，应予留级。

留级程序：

经过学院有关部门审核，符合留级条件的学生，教务处上报省教育厅审批，审批通过后，该学生电子注册为"休学"状态。

学生对考试或考查成绩有疑问的，可申请查分，仍有疑问者可向成绩仲裁委员会申请复查。

第五章　转专业与转学

第十八条　学生在学习期间对其他专业有兴趣和专长的，可以申请转专业；以自主招生等特殊招生形式录取的学生，国家有相关规定或者录取前与学院有明确约定的，不得转专业。

为了保证学院正常的教育教学秩序和我国高校目前的专业学科状况及其办学条件，学生应当在被录取的专业完成学业。新生入校一年者不得转专业，也不得跨类转专业，每一位学生最多只能转一次专业。有下列情况之一的，经严格审查可予转专业：

（一）学生确有专长，转专业更能发挥其专长者；

（二）学生入学后发现某种疾病或生理缺陷，经学院指定的二级甲等以上检查证明，不能在原专业学习，但尚能在本院其他专业学习者；

（三）经学院认可，学生确有某种特殊困难，不转专业则无法继续学习者；

（四）根据社会对人才需求情况的发展变化以及毕业生就业制度的改革，经学生同意，必要时学院可以适当调整学生所学专业。

休学创业或退役后复学的学生，因自身情况需要转专业的，学院优先考虑。

第十九条 转专业的程序：要求转专业的学生在开学两周内向所在系（部）提出书面申请，到教务处领取并填写转专业学籍异动申请表，经学籍异动表上规定的有关部门审批签字后，交教务处报省教育厅审核确认，审核通过后，将该学生安排到新专业就读，教务处一学期统一办理一次。

学生转专业后，应修完转入专业教学计划规定的全部课程并考核合格，方可毕业。转专业以前已修课程与转入专业教学计划规定的课程相同或相近，经教务处认定，转专业后成绩仍有效。转专业后进入新班，则该班已修课程而转专业学生未修的，则转专业学生自修，参加该班的补考，但成绩作为正常考试的成绩。

第二十条 有下列情况之一者，不允许转学：

（一）入学未满一学期者或者毕业前一年；

（二）由低学历层次转为高学历层次的；

（三）以定向就业招生录取的；

（四）高考成绩低于拟转入学院相关专业同一生源地相应年份录取成绩的；

（五）无正当转学理由者。

第二十一条 学生一般应当在被录取学院完成学业，学生如患病或者确有特殊困难，特别需要，无法继续在本校学习或者不适应本校学习要求的，可以申请转学。

学生因学院培养条件改变等非本人原因需要转学的，学院应当出具证明，由所在地省级教育行政部门协调转学到同层次学院。

第二十二条 学生转学由学生本人提出申请，说明理由，经拟转出学院和拟转入学院同意，由转入学院负责审核转学条件及相关证明，认为符合本校培养要求且学院有培养能力的，经学院校长办公会或者专题会议研究决定，可以转入。

跨省转学的，由转出地省级教育行政部门商转入地省级教育行政部门，按转学条件确认后办理转学手续。须转户口的由转入地省级教育行政部门将有关文件抄送转入学院所在地的公安机关。

第二十三条 对于转入我院就读的学生，学院将对转学情况及时进行公示，并在转学完成后3个月内，报省教育厅备案。

第六章 休学与复学

第二十四条 学生可以分阶段完成学业，高职学生取得学籍后，在校最长年限不得超过5年，经批准参加创业者不超过6年。

第二十五条 学生申请休学或者学院认为应当休学的，经学院批准，可以休学。学生休学以一学年为期（因伤、病及创办企业等经学院批准，可连续休学两年），休学期限累计不能超过最长在校学习年限，否则按自动放弃入学资格做自动退学处理。

休学程序：学生提出申请，到教务处领取并填写休学学籍异动申请表，经学院有关部门审批，审批通过后，交教务处管理学籍的干事，该学生电子注册为"休学"状态。

第二十六条 新生和在校学生应征参加中国人民解放军（含中国人民武装警察部队），学院应当保留其入学资格或者学籍至退役后2年。

学生参加学院组织的跨校联合培养项目，在联合培养学院学习期间，学院同时为其保留学籍。

学生保留学籍期间，与其实际所在的部队、学院等组织建立管理关系。

第二十七条 休学学生应当办理手续离校。学生休学期间，学院为其保留学籍，但不享受在校学习学生待遇。因病休学学生的医疗费按国家及当地的有关规定处理。

第二十八条 学生休学期满前一周内向学院提出复学申请，经学院复查合格，方可复学。

学生复学按下列规定办理：

（一）学生休学期满前一周内，到教务处领取并填写复学学籍异动申请表，经学院有关部门审批，审批通过后，交教务处审核，方可复学。教务处对该学生进行电子注册。

（二）因伤、病休学的学生，申请复学时必须向学院提交由二级甲等以上医院诊断，证明恢复健康可以正常学习（外地学生可寄交），经学院指定医院复查合格，学院批准后，方可复学。服兵役退伍的学生评退伍证等相关证件经学院审批后方可复学。

（三）复学的学生，所在系（部）视其情况，编入原专业适当年级学习。

（四）未批准复学者，不得擅自听课和参加课程考核。

第二十九条 开除学籍或退学的学生，均不得申请复学。

第七章 退学

第三十条 学生有下列情形之一者，学院可予以退学处理：

（一）学业成绩未达到学院要求或者在学院规定的学习年限内未完成学业的；

（二）休学、保留学籍期满，在学院规定期限内未提出复学申请或者申请复学经复查不合格的；

（三）根据学院指定医院诊断，患有疾病或者意外伤残不能继续在校学习的；

（四）未经批准连续两周未参加学院规定的教学活动的；

（五）超过学院规定期限未注册而又未履行暂缓注册手续的；

（六）学院规定的不能完成学业、应予退学的其他情形。

学生本人申请退学的，经学院审核同意后，办理退学手续。

第三十一条 学生退学须经校长办公会研究通过后，由学院出具退学决定通知书，退学决定书应当直接送达学生本人；学生拒绝签收的，可以以留置方式送达；已离校的，可以采取邮寄方式送达；难于联系的，可以在学校网站、新闻媒体等发布公告，自发出公告之日起，经过六十日，即视为送达。同时报省教育厅备案，在高等教育学生信息网个人信息中标注"退学"。自愿退学的学生需填写退学申请审批表，并经监护人同意，方可办理离校手续。

第三十二条 退学学生，应在学院下达退学决定书后的7个工作日内办理退学手续离校，档案、户口退回其家庭户籍所在地。逾期不办者，由学院处理。

第八章 毕业、结业与肄业

第三十三条 学生在学院规定学习年限内，修完教育教学计划规定内容，成绩合格，达到学院毕业要求的，学院准予毕业，并在学生离校前发给毕业证书。

第三十四条 学生在学院规定学习年限内，修完教育教学计划规定内容，但未达到学院毕业要求的，学院可以准予结业，发给结业证书。

第三十五条 退学学生修业年限满一学年的，办理离校手续期间，经本人申请，可由学院颁发肄业证书；其他情况，可提供写实性学习证明。

第九章 学业证书管理

第三十六条 学院严格按照招生时确定的办学类型和学习形式，以及学生招生录取时填报的个人信息，填写、颁发学历证书、学位证书及其他学业证书。

学生在校期间变更姓名、出生日期等证书需填写的个人信息的，应当有合理、充分的理由，并提供有法定效力的相应证明文件。学院进行审查，需要学生生源地省级教育行政部门及有关部门协助核查的，有关部门应当予以配合。

第三十七条 学院严格执行高等教育学籍学历电子注册管理制度，完善学籍学历信息管理办法，按相关规定及时完成学生学籍学历电子注册。

第三十八条 对完成本专业学业同时辅修其他专业并达到该专业辅修要求的学生，由学院发给辅修专业证书。

第三十九条 对违反国家招生规定取得入学资格或者学籍的，学院取消其学籍，不得发给学历证书；已发的学历证书，学院依法予以撤销。对以作弊、剽窃、抄袭等学术不端行为或者其他不正当手段获得学历证书的，学院依法予以撤销。

被撤销的学历证书注册的，学院将予以注销并报教育行政部门宣布无效。

第四十条 如学历证书遗失或者损坏，经本人申请，学院核实后将出具相应的证明书。证明书与原证书具有同等效力。

第十章 附 则

第四十一条 本办法于2017年9月1日起施行，同时废止原《江西应用工程学院学生学籍管理办法》。

第四十二条 本办法由教务处负责解释。

第十项 毕业生档案管理办法

为做好学院毕业生档案管理工作，促进学院毕业生档案管理工作的制度化、规范化，根据《中华人民共和国档案法》以及《普通高等学院毕业生就业工作暂行规定》等有关文件精神，结合学院实际，制定本办法。

第一条 毕业生档案是如实记载学生在校期间学习、生活、成长的真实记录，也是用人单位了解、考察和培养、使用学生的重要依据。各相关部门应加强对毕业生档案的收集、整理和管理工作，有效地保护和利用毕业生档案。

第二条　学院毕业生档案实行统一领导，分级负责管理的管理体制。各系各班主任负责本系本班毕业生毕业前档案材料的收集、整理、归档及管理工作，班主任中途交接班时，必须有移交档案的交接清单。学生工作处负责全院毕业生毕业后档案的转递、整理及管理工作。

第三条　学生工作处、各系应有专人负责毕业生档案管理工作。

第四条　毕业生档案归档材料内容：

1. 高中档案资料。
2. 毕业生登记表。
3. 学生学籍表。
4. 奖惩材料。
5. 录取通知书。
6. 学期鉴定表。
7. 其他需要归档的材料。

第五条　归档材料必须真实，应为原件，不得涂改。

第六条　毕业生毕业离校后，各系应督促班主任将本班毕业生档案材料及时整理归档，并按学院的统一要求，按时将档案移交学生工作处。

第七条　各系在移交档案时，应附《毕业生档案移交名册》，详细记载毕业生档案材料明细。《毕业生档案移交名册》一式两份，移交人和接收人须在上面签字，各持一份，存档备查。

第八条　各系及班主任不得扣留或暂存毕业生档案，不得擅自将毕业生档案交给毕业生本人及他人。

第九条　对已就业毕业生，档案可按以下办法处理：

1. 用人单位接收档案的，根据毕业生所在用人单位的调档函，通过机要通道直接寄送用人单位的相关部门。
2. 用人单位不接收档案的，通过机要通道将档案转递到生源地人事部门。

第十条　未就业毕业生档案，按下列办法处理：

1. 自愿将档案保留学院并与学院签订《未就业毕业生档案保留协议书》的，档案可在学院免费保留两年。
2. 不愿将档案保留在学院，将档案转递到生源地人事部门。未就业毕业生档案在学院保留期间落实就业单位的，按本办法第十条规定处理。保留期限届满后，毕业生不领取本人档案的，将档案移萍乡市人才交流中心，由此产生的费用由其本人承担。

第十一条　毕业生从用人单位离职，用人单位将档案又退回学院的，毕业生应在一个月内取走，逾期不取的，将档案移交萍乡市人才交流中心，由此产生的费用由其本人承担。

第十二条　学生工作处转递寄发毕业生档案时应制作《毕业生转递寄发登记册》，并存档备查。

第十三条　毕业生档案属于机密文件，原则不允许自带档案。因特殊原因需要自提档案的，应持用人单位或人事部门出具的《调档函》或本人提出书面申请，经班主任、系、学生工作处负责人签字同意后方可提取。毕业生自提档案后，由其本人负责保管，若出现档案损坏或丢失等问题由其本人负责，学院不承担任何责任。

第十四条　毕业生本人不得私自查阅本人档案，自己提档的不得私启档案密封条。
第十五条　本办法与上级规章制度及文件不符的，按上级规章制度及文件执行。
第十六条　本办法由学生工作处负责解释。
第十七条　本办法从 2017 年 9 月 1 日起施行。

Ⅲ 资助政策和制度

第一项 普通本科高校、高等职业学院国家奖学金管理暂行办法

(一) 总则

第一条 为激励普通本科高校、高等职业学院学生勤奋学习、努力进取，在德、智、体、美等方面得到全面发展，根据《国务院关于建立健全普通本科高校、高等职业学院和中等职业学院家庭经济困难学生资助政策体系的意见》（国发〔2007〕13 号），制定本办法。

第二条 本办法所称普通本科高校、高等职业学院是指根据国家有关规定批准设立、实施高等学历教育的全日制普通本科高等学院、高等职业学院和高等专科学院（以下简称高校）。

第三条 国家奖学金由中央政府出资设立，用于奖励高校全日制本专科（含高职、第二学士学位）学生（以下简称学生）中特别优秀的学生。

中央高校国家奖学金的名额由财政部商有关部门确定。地方高校国家奖学金的名额由各省（自治区、直辖市）根据财政部、教育部确定的总人数，以及高校数量、类别、办学层次、办学质量、在校本专科生人数等因素确定。在分配国家奖学金名额时，对办学水平较高的高校、以农林水地矿油核等国家需要的特殊学科专业为主的高校予以适当倾斜。

(二) 奖励标准与基本条件

第四条 国家奖学金的奖励标准为每人每年 8 000 元。

第五条 国家奖学金的基本申请条件：

1. 热爱社会主义祖国，拥护中国共产党的领导。
2. 遵守宪法和法律，遵守学院规章制度。
3. 诚实守信，道德品质优良。
4. 在校期间学习成绩优异，社会实践、创新能力、综合素质等方面特别突出。

(三) 名额分配与预算下达

第六条 全国学生资助管理中心根据财政部、教育部确定的当年国家奖学金的总人数，按照本办法第三条的规定，于每年 5 月底前，提出各省、自治区、直辖市报送的国家奖学金名额分配建议方案，报财政部、教育部审批。

第七条 每年 7 月 31 日前，财政部、教育部结合全国学生资助管理中心审核意见，将国家奖学金分配名额和预算下达中央主管部门和省级财政、教育部门。

每年 9 月 1 日前，中央主管部门和省以下财政、教育部门负责将国家奖学金名额和预算下达所属各高校。

（四）评审

第八条 国家奖学金每学年评审一次，实行等额评审，坚持公开、公平、公正、择优的原则。

第九条 获得国家奖学金的学生为高校在校生中二年级以上（含二年级）的学生，同一学年内，获得国家奖学金的家庭经济困难学生可以同时申请并获得国家助学金，但不能同时获得国家励志奖学金。

第十条 高校要根据本办法的规定，制定具体评审办法，并报中央主管部门或省级教育部门备案。

第十一条 高校学生资助管理机构负责组织评审，提出本校当年国家奖学金获奖学生建议名单，报学院领导集体研究通过后，在校内进行不少于5个工作日的公示。公示无异议后，每年10月31日前，中央高校评审结果报中央主管部门，地方高校评审结果逐级报至省级教育部门。中央主管部门和省级教育部门于11月15日前批复。

（五）奖学金发放、管理与监督

第十二条 高校于每年11月30日前将国家奖学金一次性发放给获奖学生，颁发国家统一印制的奖励证书，并记入学生的学籍档案。

第十三条 各高校要切实加强管理，认真做好国家奖学金的评审和发放工作，确保国家奖学金用于奖励特别优秀的学生。

第十四条 各省、自治区、直辖市、各有关部门和高校必须严格执行国家相关财经法规和本办法的规定，对国家奖学金实行分账核算，专款专用，不得截留、挤占、挪用，同时应接受财政、审计、纪检监察、主管机关等部门的检查和监督。

（六）附则

第十五条 民办高校（含独立学院）国家奖学金管理办法由各省（自治区、直辖市）制定。各省（自治区、直辖市）在制定办法时，应综合考虑学院的办学质量、学费标准、招生录取分数、一次性就业率、学科专业设置等因素。

第十六条 本办法由财政部、教育部负责解释。各省（自治区、直辖市）要根据本办法制定实施细则，并报财政部、教育部备案。

第十七条 本办法自发布之日起施行。《财政部、教育部关于印发〈国家助学奖学金管理办法〉的通知》（财教〔2005〕75号）同时废止。

第二项 普通本科高校、高等职业学院国家励志奖学金管理暂行办法

（一）总则

第一条 为激励普通本科高校、高等职业学院家庭经济困难学生勤奋学习、努力进取，在德、智、体、美等方面得到全面发展，根据《国务院关于建立健全普通本科高校、高等职业学院和中等职业学院家庭经济困难学生资助政策体系的意见》（国发〔2007〕113号），

制定本办法。

第二条 本办法所称普通本科高校、高等职业学院是指根据国家有关规定批准设立、实施高等学历教育的全日制普通本科高等学院、高等职业学院和高等专科学院（以下简称高校）。

第三条 国家励志奖学金用于奖励资助高校全日制本专科（含高职、第二学士学位）学生（以下简称学生）中品学兼优的家庭经济困难学生。

中央高校国家励志奖学金的奖励资助名额由财政部商有关部门确定。地方高校国家励志奖学金的奖励资助名额由各省、自治区、直辖市根据财政部、教育部确定的总人数，以及高校数量、类别、办学层次、办学质量、在校本专科生人数和生源结构等因素确定。在分配国家励志奖学金名额时，对办学水平较高的高校，以农林水地矿油核等国家需要的特殊学科专业为主的高校予以适当倾斜。

第四条 国家励志奖学金由中央和地方政府共同出资设立。中央部门所属高校国家励志奖学金所需资金由中央财政负担。地方所属高校国家励志奖学金所需资金根据各地财力及生源状况由中央与地方财政按比例分担。国家鼓励各省、自治区、直辖市加大家庭经济困难学生资助力度，超出中央核定总额部分的国家励志奖学金所需资金由中央财政给予适当补助。

（二）奖励标准与申请条件

第五条 国家励志奖学金的奖励标准为每人每年5 000元。

第六条 国家励志奖学金的基本申请条件：

1. 热爱社会主义祖国，拥护中国共产党的领导。
2. 遵守宪法和法律，遵守学院规章制度。
3. 诚实守信，道德品质优良。
4. 在校期间学习成绩优秀。
5. 家庭经济困难，生活俭朴。

（三）名额分配与预算下达

第七条 每年5月底前，中央主管部门和各省、自治区、直辖市要根据本办法第三条的规定，提出所属高校国家励志奖学金名额分配建议方案，报财政部、教育部。财政部、教育部委托全国学生资助管理中心对中央主管部门和各省、自治区、直辖市报送的国家励志奖学金名额分配建议方案进行审核。

第八条 每年7月31日前，财政部、教育部结合全国学生资助管理中心审核意见，将国家励志奖学金分配名额和预算下达中央主管部门和省级财政、教育部门。

第九条 每年9月1日前，中央主管部门和省以下财政、教育部门负责将国家励志奖学金名额和预算下达所属各高校。

（四）申请与评审

第十条 国家励志奖学金实行等额评审，坚持公开、公平、公正、择优的原则。

第十一条 国家励志奖学金申请与评审工作由高校组织实施。高校要根据本办法的规定，制定具体评审办法，并报中央主管部门或省级教育行政部门备案。高校在开展国家励志奖学金评审工作中，要对农林水地矿油核等国家需要的特殊学科专业学生予以适当倾斜。

第十二条　国家励志奖学金按学年申请和评审。申请国家励志奖学金的学生为高校在校生中二年级以上（含二年级）的学生。

同一学年内，申请国家励志奖学金的学生可以同时申请并获得国家助学金，但不能同时获得国家奖学金。

试行免费教育的教育部直属师范院校师范类专业学生不再同时获得国家励志奖学金。

第十三条　每年9月30日前，学生根据本办法规定的国家励志奖学金的基本申请条件及其他有关规定，向学院提出申请，并递交普通本科高校、高等职业学院国家励志奖学金申请表。

第十四条　高校学生资助管理机构负责组织评审，提出本校当年国家励志奖学金获奖学生建议名单，报学院领导集体研究通过后，在校内进行不少于5个工作日的公示。公示无异议后，每年10月31日前，中央高校评审结果报中央主管部门，地方高校评审结果逐级报至省级教育部门。中央主管部门和省级教育部门于11月15日前批复。

（五）奖学金发放、管理与监督

第十五条　高校于每年11月30日前将国家励志奖学金一次性发放给获奖学生，并记入学生的学籍档案。

第十六条　地方财政部门要按有关规定落实所负担的资金，及时拨付，加强管理。

第十七条　各高校要切实加强管理，认真做好国家励志奖学金的评审和发放工作，确保国家励志奖学金真正用于资助品学兼优的家庭经济困难学生。

第十八条　各省、自治区、直辖市、各有关部门和高校必须严格执行国家相关财经法规和本办法的规定，对国家励志奖学金实行分账核算，专款专用，不得截留、挤占、挪用，同时应接受财政、审计、纪检监察、主管机关等部门的检查和监督。

（六）附则

第十九条　高校要按照国家有关规定，从事业收入中足额提取4%~6%的经费用于资助家庭经济困难学生。中央高校提取的具体比例由各省、自治区、直辖市确定。

第二十条　民办高校（含独立学院）按照国家有关规定规范办学、举办者按照本办法第十九条规定的比例从事业收入中足额提取经费用于资助家庭经济困难学生的，其招收的符合本办法规定申请条件的普通本专科（含高职、第二学士学位）学生，也可以申请国家励志奖学金。具体评审管理办法，由各省、自治区、直辖市研究制定。各省、自治区、直辖市在制定评审管理办法时，应综合考虑学院的办学质量、学费标准、招生录取分数、一次性就业率、学科专业设置等因素。

第二十一条　本办法由财政部、教育部负责解释。各省、自治区、直辖市要根据本办法制定实施细则，并报财政部、教育部备案。

第二十二条　本办法自公布之日起施行。

第三项 普通本科高校、高等职业学院国家助学金管理暂行办法

(一) 总则

第一条 为体现党和政府对普通本科高校、高等职业学院家庭经济困难学生的关怀,帮助他们顺利完成学业,根据《国务院关于建立健全普通本科高校、高等职业学院和中等职业学院家庭经济困难学生资助政策体系的意见》(国发〔2007〕13号),制定本办法。

第二条 本办法所称普通本科高校、高等职业学院是指根据国家有关规定批准设立、实施高等学历教育的全日制普通本科高等学院、高等职业学院和高等专科学院(以下简称高校)。

第三条 国家助学金用于资助高校全日制本专科(含高职、第二学士学位)在校生中的家庭经济困难学生。中央高校国家助学金的资助名额由财政部商有关部门确定。地方高校国家助学金的资助名额由各省(自治区、直辖市)根据财政部、教育部确定的总人数,以及高校数量、类别、办学层次、办学质量、在校本专科生人数和生源结构等因素确定。在分配国家助学金名额时,对民族院校、以农林水地矿油核等国家需要的特殊学科专业为主的高校予以适当倾斜。

第四条 国家助学金由中央和地方政府共同出资设立。中央部门所属高校国家助学金所需资金由中央财政负担。地方所属高校国家助学金所需资金根据各地财力及生源状况由中央与地方财政按比例分担。国家鼓励各省(自治区、直辖市)加大家庭经济困难学生资助力度,超出中央核定总额部分的国家助学金所需资金由中央财政给予适当补助。

(二) 资助标准与申请条件

第五条 国家助学金主要资助家庭经济困难学生的生活费用开支。国家助学金的平均资助标准为每生每年3 000元,具体标准在每生每年2 000～4 000元范围内确定,可以分为2～3档。中央高校国家助学金分档及具体标准由财政部商有关部门确定,地方高校国家助学金分档及具体标准由各省(自治区、直辖市)确定。

第六条 国家助学金的基本申请条件:
1. 热爱社会主义祖国,拥护中国共产党的领导。
2. 遵守宪法和法律,遵守学院规章制度。
3. 诚实守信,道德品质优良。
4. 勤奋学习,积极上进。
5. 家庭经济困难,生活俭朴。

(三) 名额分配与预算下达

第七条 每年5月底前,中央主管部门和各省(自治区、直辖市)要根据国家确定的有关原则和本办法第三条、第五条的规定,提出所属高校国家助学金名额分配建议方案,报财政部、教育部。

财政部、教育部委托全国学生资助管理中心对中央主管部门和各省(自治区、直辖市)

报送的国家助学金名额分配建议方案进行审核。

第八条 每年7月31日前，财政部、教育部结合全国学生资助管理中心审核意见，将国家助学金分配名额和预算下达中央主管部门和省级财政、教育部门。

第九条 每年9月1日前，中央主管部门和省以下财政、教育部门负责将国家助学金预算下达所属各高校。

（四）申请与评审

第十条 国家助学金的评定工作坚持公开、公平、公正的原则。

第十一条 国家助学金申请与评审工作由高校组织实施。高校要根据本办法的规定，制定具体评审办法，并报中央主管部门或省级教育部门备案。高校在开展国家助学金评审工作中，要对农林水地矿油核等国家需要的特殊学科专业学生予以适当倾斜。

第十二条 国家助学金按学年申请和评审。

第十三条 每年9月30日前，学生根据本办法规定的国家助学金的基本申请条件及其他有关规定，向学院提出申请，并递交普通本科高校、高等职业学院国家助学金申请表。

在同一学年内，申请并获得国家助学金的学生，可同时申请并获得国家奖学金或国家励志奖学金。

试行免费教育的教育部直属师范院校师范类专业学生，不再同时获得国家助学金。

第十四条 高校学生资助管理机构结合本校家庭经济困难学生等级认定情况，组织评审，提出享受国家助学金资助初步名单及资助档次，报学院领导集体研究通过后，于每年11月15日前，将本校当年国家助学金政策的落实情况按隶属关系报至中央主管部门或省级教育部门备案。

（五）助学金发放、管理与监督

第十五条 高校应按月将国家助学金发放到受助学生手中。

第十六条 地方财政部门应按有关规定落实所负担的资金，及时拨付，加强管理。

第十七条 各高校应切实加强管理，认真做好国家助学金的评审和发放工作，确保国家助学金用于资助家庭经济困难的学生。

第十八条 各省（自治区、直辖市）、有关部门和高校必须严格执行国家相关财经法规和本办法的规定，对国家助学金实行分账核算，专款专用，不得截留、挤占、挪用，同时，应接受财政、审计、纪检监察、主管机关等部门的检查和监督。

（六）附则

第十九条 高校要按照国家有关规定，从事业收入中足额提取4%~6%的经费用于资助家庭经济困难学生。中央高校提取的具体比例由财政部商中央主管部门确定，地方高校提取的具体比例由各省（自治区、直辖市）确定。

第二十条 民办高校（含独立学院）按照国家有关规定规范办学、举办者按照本办法第十九条规定的比例从事业收入中足额提取经费用于资助家庭经济困难学生的，其招收的符合本办法规定申请条件的普通本专科（含高职、第二学士学位）学生，也可以申请国家助学金，具体评审管理办法，由各省（自治区、直辖市）制定。各省（自治区、直辖市）在制定评审管理办法时，应综合考虑学院的学费标准、招生录取分数、一次性就业率、学科专业设置等因素。

第二十一条　本办法由财政部、教育部负责解释。各省（自治区、直辖市）要根据本办法制定实施细则，并报财政部、教育部备案。

第二十二条　本办法自发布之日起施行。《财政部、教育部关于印发〈国家助学奖学金管理办法〉的通知》（财教〔2005〕175号）同时废止。

第四项　中等职业学院免学费补助资金管理办法

第一条　为了规范中等职业学院免学费补助资金管理，确保免学费政策顺利实施，根据《财政部　国家发展改革委　教育部　人力资源社会保障部关于扩大中等职业教育免学费政策范围进一步完善国家助学金制度的意见》（财教〔2012〕376号）等有关规定，制定本办法。

第二条　本办法所称中等职业学院是指经政府有关部门依法批准设立，实施全日制中等学历教育的各类职业学院，包括公办和民办的普通中专、成人中专、职业高中、技工学院和高等院校附属的中专部、中等职业学院等。

第三条　中等职业学院免学费补助资金是指中等职业学院学生享受免学费政策后，为弥补学院运转出现的经费缺口，财政核拨的补助资金。

第四条　中等职业学院免学费补助资金由中央和地方财政共同承担，省级财政统筹落实，省和省以下各级财政根据各省（区、市）人民政府及其价格主管部门批准的公办中等职业学院学费标准予以补助。

第五条　中央财政统一按每生每年平均2000元测算标准和一定比例与地方财政分担，具体分担比例为：西部地区，不分生源，分担比例为8∶2；中部地区，生源地为西部地区的，分担比例8∶2，生源地为其他地区的，分担比例为6∶4；东部地区，生源地为西部地区和中部地区的，分担比例分别为8∶2和6∶4，生源地为东部地区的，分担比例分省确定。

第六条　对公办中等职业学院免学费资金的补助方式为：第一、二学年因免除学费导致学院运转出现的经费缺口，由财政按照享受免学费政策学生人数和免学费标准补助学院；第三学年原则上由学院通过校企合作和顶岗实习等方式获取的收入予以弥补，不足部分由财政按照不高于三年级享受免学费政策学生人数50%的比例和免学费标准，适当补助学院。

第七条　对民办中等职业学院学生的补助方式为：对一、二年级符合免学费条件的学生，按照当地同类型同专业公办中等职业学院免学费标准给予补助。学费标准高出公办学院免学费标准部分由学生家庭负担；低于公办学院免学费标准的，按照民办学院实际学费标准予以补助。

第八条　中央财政于每年9月30日前按照财政部提前通知转移支付指标的有关规定，根据全国中等职业学院学生管理信息系统和技工学院学生管理信息系统核定的学生数和生源结构，按照一定比例提前下达下一年度应承担的免学费补助资金预算。省级财政部门在收到提前下达的免学费中央补助资金预算后，应尽快分解下达，确保下一年度春季学期学院正常运转。

中央财政于每年10月重新核定当年应承担的免学费补助资金预算。地方各级财政部门应当足额安排应承担的免学费补助资金预算，按时拨付免学费补助资金，保证中等职业学院教育教学活动的正常开展。

第九条 中等职业学院应当根据本办法和各地制定的免学费实施细则，受理学生申请，组织初审，并通过全国中等职业学院学生管理信息系统和技工学院学生管理信息系统报至同级学生资助管理机构审核、汇总。学生资助管理机构将审核结果在相关学院内进行不少于5个工作日的公示。

第十条 中等职业学院免学费工作实行学院法人代表负责制，校长是第一责任人，对学院免学费工作负主要责任。中等职业学院应当加强财务管理，建立规范的预决算制度，按照预算管理的要求，编制综合预算，收支全部纳入学院预算管理，年终应当编制决算。

第十一条 各地职业教育行政管理部门应当加强学生学籍管理，建立健全学生信息档案，保证享受免学费政策的学生信息完整和准确。

第十二条 各级财政、教育和人力资源社会保障部门应当加强对中等职业学院免学费补助资金使用情况的监督检查。对虚报学生人数，骗取财政补助资金或挤占、挪用、截留免学费补助资金等违规行为，按照《财政违法行为处罚处分条例》有关规定追究法律责任。涉嫌犯罪的，依法移送司法机关。

第十三条 每年春季学期开学前，各地职业教育行政管理部门应当对中等职业学院办学资质进行全面清查并公示，对年检不合格的学院，取消其享受免学费补助资金的资格。各地职业教育行政管理部门应当根据《民办教育促进法》的规定，加强对民办中等职业学院的监管，纳入免学费补助范围的民办学院名单由省级教育和人力资源社会保障部门负责审定。

第十四条 本办法由财政部、教育部和人力资源社会保障部负责解释。各省（区、市）可依据本办法制定实施细则，并报财政部、教育部、人力资源社会保障部备案。

第十五条 本办法自2013年7月1日起施行。《中等职业学院免学费补助资金管理暂行办法》（财教〔2010〕3号）同时废止。

第五项 江西省中等职业学院免学费补助资金管理实施细则

第一条 为了规范我省中等职业学院免学费补助资金管理，确保免学费政策顺利实施，根据财政部、教育部、人力资源社会保障部关于印发《中等职业学院免学费补助资金管理办法》的通知（财教〔2013〕84号）和江西省财政厅、江西省发展和改革委员会、江西省教育厅、江西省人力资源和社会保障厅关于印发《江西省扩大中等职业教育免学费政策范围进一步完善国家助学金制度的实施意见》的通知（赣财教〔2013〕2号）等有关规定，制定本细则。

第二条 本细则所称中等职业学院是指经政府有关部门依法批准设立，实施全日制中等学历教育的各类职业学院，包括公办和民办的普通中专、成人中专、职业高中、技工学院和高等院校附属的中专部、中等职业学院等。

第三条 中等职业学院免学费补助资金是指中等职业学院学生享受免学费政策后，为弥补学院运转出现的经费缺口，财政核拨的补助资金。

第四条 公办中等职业学院免学费标准按照省人民政府及其价格主管部门批准的学费标准确定。

第五条　我省免学费补助资金由各级财政共同分担。中央财政统一按照每生每年2 000元的标准与地方财政按比例分担，其中，生源地为西部的，中央与地方分担比例为8∶2；生源地为其他地区的，中央与地方分担比例为6∶4。地方负担部分，按照学院隶属关系由省和市（县、区）财政分级负担，其中，省属学院全部由省财政负担；市（县、区）学院由省财政和市（县、区）财政按6∶4比例分担。

第六条　对公办中等职业学院免学费资金的补助方式为：第一、二学年因免除学费导致学院运转出现的经费缺口，由财政按照享受免学费政策学生人数和免学费标准补助学院；第三学年原则上由学院通过校企合作和顶岗实习等方式获取的收入予以弥补，不足部分由财政按照不高于三年级享受免学费政策学生人数50%的比例和免学费标准，适当补助学院。

第七条　对民办中等职业学院免学费资金的补助方式为：对一、二年级符合免学费政策条件的学生，按照当地同类型同专业公办中等职业学院免学费标准给予补助。学费标准高出公办学院免学费标准部分由学生家庭负担；低于公办学院免学费标准的，按照民办学院实际学费标准予以补助。

第八条　省财政在收到中央下达的免学费中央补助资金预算后，根据省教育厅、省人社厅提供的全国中等职业学院学生管理信息系统和技工学院学生管理信息系统核定的学生数和生源结构及免学费资金，会同省教育厅、省人社厅及时下达免学费补助资金预算。各市、县（区）级财政部门应当足额安排应承担的免学费补助配套资金预算，按时拨付免学费补助配套资金，保证中等职业学院教育教学活动的正常开展。

对由于数据漏报、不报导致的财政补助资金缺额，一律由责任单位自行承担。

第九条　学院应制定免学费认定和评审办法，成立班级、学生资助管理部门、学生资助工作领导小组三级评审机构组织对免学费对象的认定并受理学生免学费申请，实施免学费资助对象的评审认定工作。农村（含县镇）学生、城市涉农专业学生在新生入学时填写江西省中等职业学院国家免学费对象认定表（附件1）。城市家庭经济困难学生在每年秋季学期开学后向学院提出免学费申请并填写江西省中等职业学院国家免学费申请表（附件2）。

第十条　免学费对象名单确定后，学院通过全国中职学院学生管理信息系统和技工学院学生管理信息系统录入免学费资助名单。各中等职业学院应于每学期开学后完成分专业免学费标准、受助学生名单等相关系统数据的填报工作，并报送至同级学生资助管理机构审核、汇总。学院应将审核结果在校内进行不少于5个工作日的公示并拍照留存，必要时可由同级学生资助管理机构通过适当的方式进行校外公示。学期结束后填写《学院国家免学费学生综合情况花名册》（附件3）。学院根据花名册学生人数、免学费标准等情况计算本校上学期实际应得免学费补助资金额。校财务部门将根据校领导审核批准后的金额使用免学费资金，多余资金应及时缴回同级财政。

第十一条　中等职业学院免学费工作实行学院法人代表负责制，校长是第一责任人，对学院免学费工作负主要责任。中等职业学院应当加强财务管理，建立规范的预决算制度，按照预算管理的要求，编制综合预算，收支全部纳入学院预算管理，年终应当编制决算。

第十二条　各地职业教育行政管理部门应当加强学生学籍管理，建立健全学生信息档案，保证享受免学费政策的学生信息完整和准确，并留存5年。

第十三条　各级财政、教育、人力资源和社会保障部门应当加强对中等职业学院免学费补助资金使用情况的监督检查，要层层落实管理责任，实行"逐级审核负责制"和"校长负责制",对虚报学生人数,骗取财政补助资金或挤占、挪用、截留免学费补助资金等违规行为,按照《财政违法行为处罚处分条例》有关规定追究法律责任。涉嫌犯罪的,依法移送司法机关。

第十四条 每年春季学期开学前,各地职业教育行政管理部门应当对中等职业学院办学资质进行全面清查并公示,对年检不合格的学院,取消其享受免学费补助资金的资格。各地职业教育行政管理部门应当根据《民办教育促进法》的规定,加强对民办中等职业学院的监管,纳入免学费补助范围的民办学院名单由省级教育、人力资源和社会保障部门负责分别审定。

第十五条 本细则由省财政厅、教育厅、人力资源和社会保障厅负责解释。

第十六条 本细则自发布之日起开始实施。

附件:1. 江西省中等职业学院国家免学费对象认定表
2. 江西省中等职业学院国家免学费申请表
3. 学院国家免学费学生综合情况花名册

附件1　江西省中等职业学院国家免学费对象认定表

农村（含县镇）学生、城市涉农专业学生用

学院名称：

<table>
<tr><td rowspan="7">学生基本情况</td><td>姓名</td><td></td><td>性别</td><td></td><td>民族</td><td></td><td rowspan="3">1寸学生照片</td></tr>
<tr><td rowspan="2">身份证号</td><td rowspan="2"></td><td>学号</td><td colspan="3"></td></tr>
<tr><td colspan="4"></td></tr>
<tr><td>出生年月</td><td></td><td>入学时间</td><td></td><td>户籍性质</td><td colspan="2"></td></tr>
<tr><td>年级</td><td></td><td rowspan="2">专业名称</td><td rowspan="2"></td><td rowspan="2">专业性质</td><td colspan="2" rowspan="2">□涉农
□非涉农</td></tr>
<tr><td>班级</td><td></td></tr>
<tr><td colspan="7"></td></tr>
</table>

<table>
<tr><td rowspan="2">家庭经济情况</td><td>家庭住址</td><td></td></tr>
<tr><td>联系电话</td><td></td></tr>
</table>

<table>
<tr><td rowspan="2">班级审核意见</td><td>班级认定组长（签字）：

年　　月　　日</td><td>班主任（签字）：

年　　月　　日</td></tr>
</table>

<table>
<tr><td>学院学生资助管理机构审核意见</td><td>资助机构负责人（签字）：　　　（加盖机构公章）

年　　月　　日</td></tr>
</table>

<table>
<tr><td>学院审核意见及公示结果</td><td>

负责人：公章

年　　月　　日</td></tr>
</table>

说明：此表在新生入学时填写，学生在校期间有效。

附件2 江西省中等职业学院国家免学费申请表

城市家庭经济困难学生用

学院名称：　　　　　　　　　　　　　　　　　　　　　　　　　　　学年

学生基本情况	姓名		性别		民族		1寸学生照片
			学号				
	身份证号						
	出生年月		入学时间				
	专业名称		年级		班级		
家庭经济情况	家庭住址				主要收入来源		
	联系电话		家庭人口总数		人均年收入		
申请免学费的理由	申请人签名：　　　　　　　　　　　　　　　　　　年　月　日						
班级审核意见	班级评议组长（签字）：　　　　　　　　　　　班主任（签字）： 　　年　月　日　　　　　　　　　　　　　　　　年　月　日						
学院学生资助管理机构审核意见	资助机构负责人（签字）：　　　　　　　　　（加盖机构公章） 　　　　　　　　　　　　　　　　　　　　　　年　月　日						
学院审核意见及公示结果	负责人：　　　公章 　　　　　　　　　　　　　　　　　　　　年　月　日						

说明：每年秋季学期开学后填写。（每学年重新申请）

第六项 中等职业学院国家助学金管理办法

第一条 为了规范中等职业学院国家助学金管理（以下简称国家助学金），确保资助工作顺利实施，根据《财政部、国家发展改革委教育部、人力资源社会保障部关于扩大中等职业教育免学费政策范围进一步完善国家助学金制度的意见》（财教〔2012〕376号）等有关规定，制定本办法。

第二条 本办法所称中等职业学院是指经政府有关部门依法批准设立，实施全日制中等学历教育的各类职业学院，包括公办和民办的普通中专、成人中专、职业高中、技工学院和高等院校附属的中专部、中等职业学院等。

第三条 国家助学金资助对象是具有中等职业学院全日制学历教育正式学籍的一、二年级在校涉农专业学生和非涉农专业家庭经济困难学生。

六盘山区、秦巴山区、武陵山区、乌蒙山区、滇桂黔石漠化区、滇西边境山区、大兴安岭南麓山区、燕山—太行山区、吕梁山区、大别山区、罗霄山区等11个连片特困地区和西藏及四省藏区、新疆南疆三地州中等职业学院农村学生（不含县城）全部纳入享受国家助学金范围。

第四条 国家助学金由中央和地方政府共同出资设立，主要资助受助学生的生活费开支，资助标准每生每年1500元。以后年度，将根据经济发展水平和财力状况适时调整资助标准。

第五条 国家助学金按学期申请和评定，按月发放。学院应将中等职业学院国家助学金申请表及《中等职业学院国家助学金申请指南》随同入学通知书一并寄发给录取的新生。新生和二年级学生在新学年开学一周内向就读学院提出申请，并递交相关证明材料。

中等职业学院应当根据本办法和各地制定的国家助学金实施细则，受理学生申请，组织初审，并通过全国中等职业学院学生管理信息系统和技工学院学生管理信息系统报至同级学生资助管理机构审核、汇总。学生资助管理机构将审核结果在相关学院内进行不少于5个工作日的公示。

第六条 中央财政于每年9月30日前按照财政部提前通知转移支付指标的有关规定，根据全国中等职业学院学生管理信息系统和技工学院学生管理信息系统核定的受助学生数和生源结构，按照一定比例提前下达下一年度应承担的国家助学金预算。省级财政部门在收到提前下达的助学金预算后，应尽快分解下达，确保下一年度春季学期国家助学金按时发放到受助学生手中。

中央财政于每年10月重新核定当年应承担的国家助学金预算。地方各级财政部门应当足额安排应承担的国家助学金预算，按时拨付国家助学金。

第七条 国家助学金通过学生资助卡发放给受助学生。中等职业学院或学生资助管理机构为每位受助学生办理学生资助卡，学生本人持身份证原件和学生证，到发卡银行网点柜台激活资助卡后方可使用。不得向学生收取卡费或押金等费用，也不得以实物或服务等形式，抵顶或扣减国家助学金。

第八条 中等职业学院国家助学金实行学院法人代表负责制，校长是第一责任人，对学院助学工作负主要责任。学院应当制定本校国家助学金具体实施办法，设立专门机构和配备专职人员具体负责助学工作。

中等职业学院应当建立专门档案，将学生申请表、受理结果、资金发放等有关凭证和工作情况分年度建档备查。

第九条 省级教育、人力资源社会保障、财政部门要根据实际情况，对享受资助政策的民办中等职业学院，在办学条件、学费标准、招生就业、资助家庭经济困难学生措施等方面做出明确规定，督促民办中等职业学院依法办学，规范收费。

第十条 国家鼓励地方政府、行业企业和社会团体设立中等职业学院助学金、奖学金，鼓励和引导金融机构为接受中等职业教育的学生提供助学贷款。

中等职业学院应当开辟"绿色通道"，对携有可证明其家庭经济困难材料的新生，可先办理入学手续，根据核实后的家庭经济情况予以不同方式的资助，再办理学籍注册。

第十一条 各级财政、教育、人力资源社会保障部门应加强对国家助学金的管理，实行专款专用、专账核算，并接受审计、监察部门的检查和社会的监督。对弄虚作假、套取财政专项资金或挤占、挪用、滞留国家助学金的行为，将追究直接责任人和相关领导的责任。

第十二条 本办法由财政部、教育部、人力资源社会保障部负责解释，各省（区、市）可依据本办法制定实施细则，并报财政部、教育部、人力资源社会保障部备案。

第十三条 本办法自2013年7月1日起施行。原《财政部 教育部关于印发〈中等职业学院国家助学金管理暂行办法〉的通知》（财教〔2007〕84号）和《财政部 劳动保障部关于做好技工学院国家助学金发放管理工作的通知》（财教〔2007〕85号）同时废止。

第七项 江西省中等职业学院国家助学金管理实施细则

第一条 为了规范我省中等职业学院国家助学金管理（以下简称国家助学金），确保资助工作顺利实施，根据财政部、教育部、人力资源和社会保障部关于印发《中等职业学院国家助学金管理办法》的通知（财教〔2013〕110号）和江西省财政厅、江西省发展和改革委员会、江西省教育厅、江西省人力资源和社会保障厅关于印发《江西省扩大中等职业教育免学费政策范围进一步完善国家助学金制度的实施意见》的通知（赣财教〔2013〕2号）等有关规定，结合我省实际，制定本细则。

第二条 本细则所称中等职业学院是指经政府有关部门依法批准设立，实施全日制中等学历教育的各类职业学院，包括公办和民办的普通中专、成人中专、职业高中、技工学院和高等院校附属的中专部、中等职业学院等。

第三条 鼓励地方政府、行业企业和社会团体设立中等职业学院助学金、奖学金，鼓励和引导金融机构为接受中等职业教育的学生提供助学贷款。

中等职业学院应当开辟"绿色通道"制度，对携有能证明其家庭经济困难材料的新生，可先办理入学手续，根据核实后的家庭经济情况予以不同方式的资助，再办理学籍注册。

第四条 国家助学金资助对象是具有中等职业学院全日制学历教育正式学籍的一、二年级在校涉农专业学生和非涉农专业家庭经济困难学生。我省非涉农家庭经济困难学生比例按一、二年级在校生人数的15%确定。

第五条 为切实减轻贫困地区中等职业学院学生家庭经济负担，根据《中国农村扶贫开发纲要（2011—2020年）》有关精神，我省罗霄山区集中连片特困地区（包括莲花县、赣县、上犹县、安远县、宁都县、于都县、兴国县、会昌县、寻乌县、石城县、瑞金市、南康市、遂川县、万安县、永新县、井冈山市、乐安县等17个县）中等职业学院农村学生（不含县城）全部纳入享受国家助学金范围。

第六条　国家助学金由中央和地方政府共同出资设立，主要资助受助学生的生活费开支，资助标准每生每年1 500元。以后年度，将根据经济发展水平和财力状况适时调整资助标准。

第七条　省财政在收到中央下达的助学金中央补助资金预算后，根据省教育厅、省人社厅提供的全国中等职业学院学生管理信息系统和技工学院学生管理信息系统核定的学生数和生源结构，会同省教育厅、省人社厅下达应承担的国家助学金预算。各市、县（区）级财政部门应当足额安排应承担的国家助学金预算，按时拨付国家助学金。

第八条　国家助学金按学期申请和评定，按月发放。学院应将江西省中等职业学院国家助学金申请表（附件1）及《江西省中等职业学院国家助学金申请指南》（附件2）随同入学通知书一并寄发给录取的新生。新生和二年级学生在新学期开学一周内向就读学院提出申请，并递交相关证明材料。

非涉农专业家庭经济困难学生，还需提供家庭所在地村（居）委会或乡镇街道等部门出具的家庭经济困难的证明材料。

第九条　学院应成立班级、学生资助管理部门、学生资助工作领导小组三级评审机构，根据财政部、教育部、人力资源和社会保障部制定的《中等职业学院国家助学金管理办法》和本实施细则及学院国家助学金具体实施办法受理学生申请、组织初审。对非涉农专业、非国家和我省明确的连片特困地区及其他贫困地区外学生的国家助学金评审，新入学的新生原则上根据学生家庭贫困状况进行评审；新生入学第二学期以后的国家助学金评审，在依据学生家庭经济贫困的基础上，还要参照学生的在校表现、学习态度及个人在校日常消费行为等情况进行综合评定。学院在确定符合助学金条件的学生名单后，应于每学期开学后通过全国中职学院学生管理信息系统和技工学院学生管理信息系统完成录入资助名单等相关数据，同时报送至同级学生资助管理机构审核、汇总。学院应将审核结果在校内进行不少于5个工作日的公示并拍照留存，必要时可由同级学生资助管理机构通过适当的方式进行校外公示。

第十条　国家助学金通过中职学生资助卡发放给受助学生，学院或学生资助管理机构为每位受助学生办理"中职资助专用卡"，学生本人持身份证原件和学生证，到发卡银行网点柜台激活资助卡后方可使用。不得向学生收取卡费或押金等费用，也不得以实物或服务等形式，抵顶或扣减国家助学金。对于资金下达后因退学、转学、休学而产生的结余资金应及时缴回同级财政。

第十一条　中等职业学院要建立专门档案，将学生申请表、受理结果、资金发放等有关凭证和工作情况分年度建档备查，并留存5年。

第十二条　中等职业学院国家助学金实行学院法人代表负责制，校长是第一责任人，对学院助学工作负主要责任。学院要制定本校国家助学金具体实施办法，设立专门机构和配备专职人员具体负责助学工作。

第十三条　各级教育、人力资源和社会保障、财政部门要根据实际情况，对享受资助政策的民办中等职业学院，在办学条件、学费标准、涉农专业设置、招生就业、资助家庭经济困难学生措施等方面做出明确规定，督促民办中等职业学院依法办学，规范收费。

第十四条　各级财政、教育、人力资源和社会保障部门应加强对国家助学金的管理，实行专款专用、专账核算，并接受审计、监察部门的检查和社会的监督。要层层落实管理责任，实行"逐级审核负责制"和"校长负责制"。要定期通过信件、电话、巡查等方式对受助对象进行核实，对弄虚作假、套取财政专项资金或挤占、挪用、滞留国家助学金的行为，将追究直接责任人和相关领导的责任。

第十五条　本细则由省财政厅、教育厅、人力资源和社会保障厅负责解释。

第十六条　本细则自发布之日起开始实施。原《江西省财政厅 江西省教育厅关于印发〈江西省中等职业学院国家助学金管理实施细则〉的通知》（赣财教〔2007〕96号）同时废止。

附件：1. 江西省中等职业学院国家助学金申请表
　　　2. 江西省中等职业学院国家助学金申请指南

附件1　江西省中等职业学院国家助学金申请表

学院名称：　　　　　　　　　　　　　　　　　　　　　　　　　　学年　　学期

学生基本情况	姓名		性别		民族		1寸学生照片
			学号				
	身份证号						
	出生年月		入学时间				
	专业名称		年级		班级		
家庭经济情况	家庭住址				主要收入来源		
	联系电话		家庭人口总数		人均年收入		
申请免学费的理由	申请人签名：　　　　　　　　　　　　　　　　　　　　年　月　日							
班级审核意见	班级评议组长（签字）： 　　　年　月　日				班主任（签字）： 　　　年　月　日			
学院学生资助管理机构审核意见	资助机构负责人（签字）：　　　　　　　　　　　　（加盖机构公章） 　　　　　　　　　　　　　　　　　　　　　　　　年　月　日							
学院审核意见及公示结果	负责人：　　公章 　　　　　　　　　　　　　　　　　　　　　　　　年　月　日							

说明：每学期开学初填写。（每学期重新申请）

附件2　江西省中等职业学院国家助学金申请指南

一、享受国家助学金政策的学院

享受国家助学金政策的学院是指经政府有关部门依法批准设立，实施全日制中等学历教育的各类职业学院，包括公办和民办的普通中专、成人中专、职业高中、技工学院和高等学院附属的中专部、中等职业学院等。

二、国家助学金资助对象

国家助学金资助对象是具有中等职业学院全日制学历教育正式学籍的在校一、二年级在校涉农专业学生和非涉农专业家庭经济困难学生。涉农专业范围，根据教育部发布的《中等职业学院专业目录（2010年修订）》（教职成〔2010〕4号）和人社部发布的《全国技工院校专业目录（2013年修订）》（人社部函〔2013〕55号）及专业设置管理办法等规定，涉农专业范围为：农林牧渔类所有32个专业，以及轻纺食品类的粮油饲料加工技术、粮油储运与检验技术和医药卫生类的农村医学专业等3个专业。

根据《中国农村扶贫开发纲要（2011—2020年）》有关精神，我省罗宵山区集中连片特困地区（包括莲花县、赣县、上犹县、安远县、宁都县、于都县、兴国县、会昌县、寻乌县、石城县、瑞金市、南康市、遂川县、万安县、永新县、井冈山市、乐安县等17个县）中等职业学院农村学生（不含县城）全部纳入享受国家助学金范围。

三、国家助学金资助标准

国家助学金主要用于受助学生的生活费开支，资助标准为每生每年1 500元。

四、国家助学金申请、审批与发放程序

国家助学金按学期申请和评定，按学期发放。春季学期为3月到7月，秋季学期为9月到次年1月。

具体流程如下：

①学生应在入学前办理好身份证。

②学生填写江西省中等职业学院国家助学金申请表，新学期开学一周内向就读学院提交，并递交身份证原件及复印件。非涉农专业家庭经济困难学生还需提供由当地村（居）委会或乡镇街道部门出具的家庭经济困难的证明材料。

③学院受理学生申请并组织初审。

④有关部门审批，并将拟资助学生名单在校内进行不少于5个工作日的公示。

⑤学院或学生资助管理机构为每位受助学生办理中职学生资助卡，由有关部门将助学金直接发放到资助卡中。学生凭本人身份证、学生证至相关银行激活资助卡，方可取款。发卡银行不得向学生收取卡费或押金等费用，也不得从学生享受的国家助学金中抵扣。

第八项 学院国家奖学金、励志奖学金、国家助学金评审办法

根据国家财政部、教育部《普通本科高校、高等职业学院国家奖学金、励志奖学金、国家助学金管理暂行办法》和江西省《普通本科高校、高等职业学院国家奖学金、励志奖学金、国家助学金实施管理细则》结合学院实际特制定如下评审办法：

一、评选原则：坚持公平、公正、公开

二、奖励或资助标准

1. 国家奖学金奖励标准为每人每年8 000元。
2. 国家励志奖学金奖励标准为每人每年5 000元。
3. 国家助学金资助标准为每人每年2 000元、3 000元、4 000元不等。

三、资助对象

国家奖学金的资助对象为二年级以上（含二年级）德、智、体、美诸方面全面发展、各方面表现特别优秀的全日制普通大专学生；国家励志奖学金的资助对象为二年级以上（含二年级）家庭经济困难、品学兼优的全日制普通大专学生；国家助学金的资助对象为家庭经济特别困难的全日制普通大专学生。

四、资助形式

国家助学奖学金分为国家奖学金、国家励志奖学金和国家助学金3种形式。国家奖学金以奖励各方面表现特别优秀的学生为目的；国家励志奖学金以资助品学兼优的家庭经济困难学生为目的；国家助学金以资助家庭经济困难学生为目的。

五、申报条件

（一）国家奖学金基本申报条件

1. 热爱社会主义祖国，拥护中国共产党领导。
2. 自觉遵守宪法和法律，遵守学院各项规章制度，无违法违纪现象（如经常迟到、早退、旷课、打架、赌博、抽烟、公开谈恋爱、酗酒、通宵上网玩电脑游戏等）。
3. 诚实守信，道德品质优良，综合素质高，无不良信誉记录，操行评定等级为优秀。
4. 在校期间学习成绩优异（考试科目平均成绩85分以上，单科成绩80分以上），连续两次被评为校级以上"三好学生"。
5. 在校期间社会实践、创新能力、综合素质等方面表现特别突出。

（二）国家励志奖学金基本申报条件

1. 热爱社会主义祖国，拥护中国共产党领导。
2. 自觉遵守宪法和法律，遵守学院各项规章制度，无违法违纪现象（如经常迟到、早退、旷课、打架、赌博、抽烟、公开谈恋爱、酗酒、通宵上网玩电脑游戏等）。

3. 诚实守信，道德品质优良，综合素质高，无不良信誉记录，操行评定等级为优秀。
4. 在校期间学习成绩优秀（考试科目平均成绩80分以上，单科成绩75分以上），至少一次被评为校级以上"三好学生""学习积极分子""优秀班干部"。
5. 家庭经济困难，生活俭朴，无奢侈浪费行为，并已建立经济困难学生档案。

（三）国家助学金基本申报条件

1. 热爱社会主义祖国，拥护中国共产党领导。
2. 自觉遵守宪法和法律，遵守学院各项规章制度，无违法违纪现象（如经常迟到、早退、旷课、打架、赌博、抽烟、公开谈恋爱、酗酒、通宵上网玩电脑游戏等）。
3. 诚实守信，道德品质优良，无不良信誉记录，操行评定等级为良好（含良好）以上。
4. 学习勤奋，积极上进，原则上上一学年考试无不及格科目。
5. 家庭经济特别困难，生活俭朴，无奢侈浪费行为，并已建立经济困难学生档案。

（四）具备下列条件者，优先享受助学奖学金

1. 以父母的名义在生源地办理了商业贷款，且用来缴纳学费的学生。
2. 家庭人均月收入低于当地居民的平均生活水平，在校生活水平明显低于学院学生平均生活水平（家庭人均年收入1 000元以下）。
3. 持有农村特困户资助证或城市居民最低生活保障金领取证家庭的学生。
4. 父母离异或丧父、丧母等原因造成经济困难的单亲贫困家庭学生。
5. 孤残学生。
6. 烈士子女或优抚家庭的特困子女。
7. 父母患重大疾病，丧失劳动能力家庭的学生。
8. 少数民族贫困学生。
9. 因遭遇自然灾害、损失严重家庭的学生。

（五）凡有下列情况之一者，不得享受助学金

1. 违反校纪校规受到纪律处分的学生。
2. 生活不节俭，铺张浪费的。
3. 学习态度不端正，无故旷考、缺考者，上学年有一门（含一门）以上课程考试不及格的。
4. 家庭经济困难又不主动参加勤工助学，或在勤工助学等活动中表现不好的贫困生。
5. 滥用各种助学金，挥霍浪费，经常在外就餐、请客、吸烟、酗酒的学生。
6. 有个人电脑、摩托车、手机、MP3等高档消费品，平时有超过一般同学消费水平高档消费现象的（如穿名牌、戴金银首饰、使用高档化妆品、经常出入网吧、卡拉OK等娱乐场所、服滋补品等）学生。学院要求必须配备电脑的计算机类相关专业的学生除外。

六、申报及评审程序

1. 学生根据申报条件规定，通过班主任向经济困难学生认定评议小组提出申请（递交详细书面申请），填写学生经济情况调查表、经济困难学生基本情况调查表及在校表现情况表；
2. 暑假到父母单位或所在街道委员会或村委会开具贫困证明，同时加盖乡（镇）或街

道办公章，证明必须详细写明学生家庭贫困的具体原因（申请奖学金者可省略此项）。

3. 根据省财政厅、省教育厅下达的国家助学奖学金预算金额资助名额及有关文件精神，制定学院评审方案，将名额分配情况下达给系（部）。指标分配根据各系（部）在校贫困生规模按比例分配，适当向设有采矿专业的系（部）倾斜。

4. 班主任组织本班学生根据拟申请助学奖学金的同学在校消费水平及日常表现进行公开评议，拟定本班获得助学奖学金的学生名单并提交给学生经济困难认定评议小组。

5. 认定评议小组组织学生填写高等学院家庭经济困难学生认定申请表，并负责收集高等学院学生及家庭情况调查表。

6. 认定评议小组根据本地区城市居民最低生活保障标准、学生家庭人均收入以及影响其家庭经济状况的有关情况，结合学生日常消费行为和品行、学习等在校表现认真进行评议，确定本年级家庭经济困难学生资格、困难档次及拟资助方式、资助金额，报系（部）认定工作组审核。

7. 系（部）认定工作组要对认定评议小组申报的初步评议结果进行认真审核，并进行家庭经济困难学生资格复查，同时在本系（部）内公示5个工作日。如师生有异议，工作组应在接到异议材料的3个工作日内及时进行调查核实，并在征得认定评议小组意见后予以更正。

8. 学院资助办结合申请人的家庭经济情况、班主任、年级认定评议小组及系（部）意见组织复审，复审通过后报学生资助工作领导小组审批，并将审批结果在全校范围内公示7天。如师生有异议，资助办应在接到异议材料的3个工作日内及时答复。

9. 学生经评议合格、通过审批后填写相关表格。

10. 学生资助办将正式确定的资助对象上报省学生资助管理中心审批。

11. 公示期内，若发现弄虚作假以及不符合评审条件的，将取消其助学奖学金评选资格。公示完毕，若发现学生不符合评审条件，取消其助学奖学金评选资格，追回领取的助学奖学金，并按情节给予纪律处分。

12. 学生助学奖学金评审工作重点放在系（部），请各系（部）负责人、经办人及班主任务必按学院规定条件认真审核，确保助学金真正发放于经济困难学生身上，杜绝弄虚作假评选不公正现象。一旦出现学生举报助学金评选分配不公正的现象，将严肃查处，并从严追究系（部）相关人员责任。

七、发放方式

1. 国家奖学金和国家励志奖学金于评选结束后下一学期一次性发放。

2. 国家助学金于评选结束后下一学年由院学生资助办按学期领出分月发放或汇入学生银行储蓄卡。

八、补充说明

1. 原则上学生在校期间只能申请一次国家助学奖学金，特别优秀者可按学年连续申请，但同一学年内不得同时享受国家奖学金和国家励志奖学金。

2. 贫困家庭学生助学奖学金评审工作坚持"公开、公平、公正"的原则，学生对资助者有异议的（即认为受资助者不符合评审条件的），可拨打举报电话或向学生资助办提出意见，学院应在 1 个月范围内给予答复。

3. 获得助学奖学金的学生不得将助学奖学金用于请客、吃喝、送礼、购买奢侈品等不正当消费。否则，将全部追回助学奖学金，并在全校通报批评。在获得助学金或奖学金后 1 年内受到处分的学生，学院将取消其助学金或奖学金评选资格，追回领取的助学金或奖学金。

4. 各班班主任应本着德、智、体、美全面发展的要求，对学生的思想品德、课外活动、学习成绩、在校表现等方面进行综合考察，严格把关。

5. 各系（部）和学生资助办要在新生入学后 1 个月以内完成对经济困难学生的资格认定工作。建立贫困生档案，并认真做好助学金的评审和发放工作，确保国家助学奖学金真正用于品学兼优的贫困家庭学生。

6. 学生资助办和财务处必须严格执行国家有关财经法规和本办法的规定，加强助学金管理，对助学金做到专款专用，不得截留、挪用和挤占，同时接受财政、审计、主管机关等部门的检查与监督。

7. 学生资助办要及时建立资助学生档案制度。将有关学生本人签字的助学金发放凭证分年度登记造册，同时，将公示名单现场拍照。

8. 各系（部）及相关部门要加大对该项助学政策的宣传，使其家喻户晓，深入人心，使广大贫困生深切感受党和政府的温暖。

9. 评审办法具体细则由学院文件下发之日起执行。

第九项　困难学生资助和学杂费减免办法

为帮助部分家庭生活特别困难的学生能顺利完成学业，根据上级有关文件精神，结合学院实际，具体实施办法如下：

一、申请减免学杂费的条件

1. 学习认真刻苦，遵守校纪校规，无违纪记录。
2. 孤儿、烈士子女或本人属残疾人。
3. 生活艰苦朴素，勤俭节约，无抽烟、酗酒、赌博等行为，在校没有个人电脑、数码相机等高档消费品。
4. 来自边远、穷地区，家庭收入低于当地平均水平（当地政府证明），无力支付在校费用。
5. 学习成绩至少处在班级中游以上。
6. 热爱劳动，按质按量完成劳动课，热心学院和班级社会活动。

二、申请困难补助的条件

1. 学习认真刻苦，遵守校纪校规、无违纪行为。
2. 家庭经济特别困难，确实无力支付在校的费用。
3. 生活勤俭节约，无抽烟、酗酒、赌博等行为。
4. 没有购置数码相机、电脑等高档消费品。

5. 热爱劳动，按质按量完成劳动课。

三、办理程序

1. 由学生本人向学院提出书面申请，如实介绍家庭经济状况，并附上相关证明（村级以上或同学对该生本校期间消费、表现的证明材料）。

2. 由班主任进行摸底调查，经本班同学集体评议，班委讨论，将本班申报情况上报系审核。

3. 由各系转交学生资助管理中心审核经报学院批准后公示。

四、要求

1. 要求各班增强该工作公开性和透明度，必须要经过集体评议，若有举报，经查属实，将取消被举报者的补助资格。

2. 学生本人应实事求是递交困难补助申请，否则，取消补助资格。

3. 补助金发放后，若发现用于请客、购置电脑、数码相机等高层次用品，学院将收回补助金的同时，给予行政纪律处分。

本办法自2012年9月开始施行，未尽事宜由学生资助管理中心负责解释。

第十项　生源地信用助学贷款政策宣传纲要

第一章　总则

第一条　为进一步完善国家助学贷款运行机制，帮助家庭经济困难学生顺利完成学业，根据《财政部教育部银监会关于大力开展生源地信用贷款的通知》（财教〔2008〕196号）和《江西省财政厅教育厅银监局关于印发〈江西省生源地信用助学贷款实施方案〉的通知》（赣财教〔2009〕17号）的精神，结合学院实际，特制定本《纲要》。

第二条　本办法主要适用于江西省生源地信用助学贷款，外省生源地信用助学贷款实施方案与本办法不相符合的，以外省的生源地信用助学贷款管理办法为准。

第三条　生源地信用助学贷款是江西省农信社、国家开发银行等金融机构向符合条件的家庭经济困难的高校（包括全日制普通本科高校、高等职业学院和高等专科学院）新生和在读学生发放的、在学生入学前户籍所在地办理的国家助学贷款。生源地贷款为信用贷款，学生和家长（或其他法定监护人）为共同借贷人，共同承担还款责任。

第四条　生源地信用助学贷款不需要担保或抵押，学生可向当地县级教育行政部门咨询具体申请办理生源地信用贷款的相关事宜。

第二章　贷款条件及金额

第五条　生源地信用贷款的借款学生为学院家庭经济困难的全日制高职生。

第六条　借款学生必须具备以下条件：

（一）具有中华人民共和国国籍，且持有中华人民共和国居民身份证。

（二）诚实守信，遵纪守法。

（三）已被根据国家有关规定批准设定、实施高等学历教育的全日制普通本科高校、高等职业学院和高等专科学院正式录取，取得真实、合法、有效的录取通知书的新生或在读学生。

（四）学生本人入学前户籍、其父母（或其他法定监护人）户籍在江西省本县（市、区）或已开通生源地信用助学贷款工作所在地。

（五）符合以下特征之一，家庭经济困难，所能获得的收入不足以支付学生在校期间完成学业所需的基本费用：

1. 农村特困户各城镇低保户。
2. 孤儿及残疾人家庭。
3. 遭受天灾人祸，造成重大损失，无力负担学生费用。
4. 家庭成员患有重大疾病。
5. 家庭主要收入创造者因故丧失劳动能力。
6. 无稳定收入的单亲家庭。
7. 老、少、边、穷及偏远农村的贫困家庭。
8. 父母双方或一方失业的家庭。
9. 其他贫困家庭。

（六）每个学生每年申请的贷款额度不低于1 000元，不超过8 000元。

第三章 办理程序

第七条 凡申请生源地信用助学贷款的学生（新生、在校生、本省或外省就读生），应从互联网登录江西省教育厅网（www.jxedu.gov.cn）进入"信息公开"点击"学生资助"栏目，进行网上操作。所有网上操作申请的学生都需到生源户籍所在地县（市、区）教育局学生资助管理中心现场办理相关手续。

第八条 申请生源地信用助学贷款学生应提供的材料：

（一）填写高等学院学生及家庭情况调查表（新生可直接使用《高等学院学生资助政策简介》中调查表，老生可登录全国学生资助管理中心网站http://www.xszz.cee.edu.cn下载），并加盖户籍所在地村委会（或居委会）、乡（镇）政府（或街道）两级行政公章，证明材料请用黑色水笔或钢笔书写。

（二）身份证明材料：

1. 借款学生及共同借款人身份证、户口簿原件及复印件（监护人可以使用军人证或武警证）。
2. 录取通知书或学生证。新生凭录取通知书原件及复印件，在校生凭学生证原件及复印件。

（三）入学前户籍所在地县（市、区）教育局学生资助管理部门要求的其他需要提供的申请材料。如证明材料：低保证、待业证、伤残证；家庭成员重大疾病病历；特（贫）困户（民政部门登记在册）；孤儿等可用于证明符合重点照顾对象的相关材料。

第四章 审批程序

第九条 所在地的县（市、区）学生资助中心对申请资料进行审查，审查合格的与申请借款学生及共同借款人签订《生源地信用助学贷款借款合同》。借款合同一式4份，学生、共同借款人、县资助中心和银行各留一份。再次申请时，借款学生（或共同借款人）可持共同借款人（或借款学生）的《生源地信用助学贷款授权委托书》办理申请。

第十条　借款学生携带生源地信用助学贷款"确认函"和借款合同到校报到。

第十一条　江西省农信社、国家开发银行等金融机构对贷款合同进行最终审查。

第十二条　江西省农信社、国家开发银行等金融机构按审批结果将贷款发放至当地学生资助管理中心，当地学生资助管理中心将贷款资金划转至借款人就读学院的助学贷款专用账户或借款人的个人账户。

第十三条　资金划入学院指定账户的，由学生资助管理中心、财务处统一办理缴纳学费、住宿费的手续，并将缴费收据返还学生本人；资金划入借款人个人账户的，由学生本人自行到财务处缴纳学费。

第五章　贷款期限及利息等

第十四条　贷款期限原则上按全日制本专科学制加10年确定，最长不超过14年，其中，在校生按剩余学习年限加10年确定。

第十五条　贷款利率执行中国人民银行同期公布的同档次基准利率，不上浮。学生在校期间的利息由财政全部补贴，毕业后的利息由学生和家长（或其他法定监护人）共同负担。

第十六条　本细则自2013年9月1日开始施行，解释权属学生资助管理中心。

校内常用电话

部门	号码	部门	号码
院总值班电话	0799－6371013 0799－2182201	保卫处	0799－2182257
学工处	0799－2182253	图书馆	0799－2182252
资助中心	0799－2182255	就业办	0799－2182231
团委	0799－2182217	1栋宿舍	0799－2182282
心理咨询	0799－2182256	2栋宿舍	0799－2182240
总务处	0799－2182258	5栋宿舍	0799－2182285
教务处	0799－2182235	女生宿舍	0799－2182283
经济管理系	0799－2182261 0799－2182262	思政基础部	0799－2182263 0799－2182265
机电工程系	0799－2182267 0799－2182234	招生办	0799－6376776 0799－6376677
建筑工程系	0799－2182270 0799－2182271	财务处	0799－2182207 0799－2182208
计算机信息工程系	0799－2182272 0799－2182273		

参 考 文 献

[1] 中共中央党史研究室．中国共产党历史（1921—1949）第一卷［M］．北京：中共党史出版社，2002．
[2] 杨东平．大学的精神［M］．沈阳：辽海出版社，2000．
[3] 侯星芳．大学生能力素质概论［M］．苏州：苏州大学出版社，2001．
[4] 段志光．大学新生适应教育概论［M］．北京：中国科学技术出版社，2003．
[5] 饶俊南，杨应慧．大学新生入学指导［M］．武汉：武汉理工大学出版社，2007．
[6] 汪海燕．高职高专学生心理健康指导［M］．北京：高等教育出版社，2005．
[7] 黄兆康，李兰荣．大学新生入学导论［M］．武汉：武汉理工大学出版社，2008．
[8] 卢婷婷．我的大学［M］．北京：中国人事出版社，2007．
[9] 唐伯武．大学新生入学导论［M］．武汉：武汉理工大学出版社，2008．
[10] 邱国庆．大学新生入学导读［M］．武汉：武汉理工大学出版社，2011．
[11] 中华人民共和国兵役法．全国人大常委会，1984．
[12] 李欣．现代交际礼仪［M］．北京：清华大学出版社，2009．
[13] 郭志文，等．大学生职业生涯规划［M］．武汉：华中科技大学出版社，2008．
[14] 舒仁庆．《走进萍乡》丛书［M］．南昌：江西人民出版社，2007．
[15] 虞国庆．江西省情教育读本［M］．南昌：江西人民出版社，2010．
[16] 凌红，严光玉．高职学生职业生涯规划实践指导［M］．北京：高等教育出版社，2009．